Sociologia

Questões da atualidade

Cristina Costa

Mestre e Doutora em Ciências Humanas pela Faculdade de Filosofia,
Letras e Ciências Humanas da USP, livre-docente em Ciências da Comunicação
(Mediações) pela Escola de Comunicações e Artes da USP. Editora da
revista *Comunicação & Educação* e autora de *Sociologia: Introdução
à ciência da sociedade*, pela Editora Moderna.

DE ACORDO COM AS NOVAS NORMAS ORTOGRÁFICAS

São Paulo
1ª edição
2010

MODERNA

© CRISTINA COSTA, 2010

COORDENAÇÃO EDITORIAL Lisabeth Bansi
EDIÇÃO DE TEXTO Ademir Garcia Telles
COORDENAÇÃO DE PRODUÇÃO GRÁFICA Ricardo Postacchini, Dalva Fumiko N. Muramatsu
PREPARAÇÃO DE TEXTO Ana Catarina Nogueira
COORDENAÇÃO DE REVISÃO Elaine Cristina del Nero
REVISÃO Duna Dueto Editora Ltda.
EDIÇÃO DE ARTE/CAPA Camila Fiorenza
COORDENAÇÃO DE PESQUISA ICONOGRÁFICA Ana Lucia Soares
PESQUISA ICONOGRÁFICA Angelica Nakamura
DIAGRAMAÇÃO Cristina Uetake
COORDENAÇÃO DE TRATAMENTO DE IMAGENS Américo Jesus
TRATAMENTO DE IMAGENS Rubens Mendes Rodrigues
PRÉ-IMPRESSÃO Helio P. de Souza Filho, Marcio H. Kamoto
COORDENAÇÃO DE PRODUÇÃO INDUSTRIAL Wilson Aparecido Troque
IMPRESSÃO E ACABAMENTO Lis Gráfica
LOTE 236852

Dados Internacionais de Catalogação na Publicação (CIP)
(Câmara Brasileira do Livro, SP, Brasil)

Costa, Cristina
Sociologia : questões da atualidade / Cristina
Costa. — São Paulo : Moderna 2010.

Bibliografia

1. Sociologia I. Título.

ISBN 978-85-16-06697-0

10-04088   CDD-301

Índice para catálogo sistemático:
1. Sociologia 301

Reprodução proibida. Art.184 do Código Penal e Lei 9.610 de 19 de fevereiro de 1998.

Todos os direitos reservados

EDITORA MODERNA LTDA.
Rua Padre Adelino, 758 - Belenzinho
São Paulo - SP - Brasil - CEP 03303-904
Vendas e Atendimento: Tel. (0_ _11) 2790-1500
Fax (0_ _11) 2790-1501
www.moderna.com.br
2017

Impresso no Brasil

Sumário

UNIDADE I — CULTURA: DAS ORIGENS À ATUALIDADE 4
1. A origem da cultura...5
2. A importância da cultura 14
3. A antropologia contemporânea..26
4. Comunidade: a contribuição da sociologia para o estudo da cultura 36

UNIDADE II — CULTURAS CONTEMPORÂNEAS......................... 45
1. Subculturas, cultura de classe, contracultura e tribos 46
2. Cultura de massa...57
3. Localismos e comunidades virtuais 65
4. Multiculturalismo..73

UNIDADE III — IDENTIDADE.. 81
1. Identidade e subjetividade...82
2. Identidade social...91
3. Identidade narrativa..99
4. A identidade no mundo globalizado 107

UNIDADE IV — SOCIEDADE MIDIÁTICA....................................116
1. Mediações e linguagens...117
2. Comunicação e sociologia 125
3. A era da imagem 133
4. A sociologia e a sociedade midiática 141

UNIDADE V — TECNOLOGIA E SOCIEDADE 152
1 – Do *Homo faber* ao homem como força motriz...153
2 – A emergência das mídias digitais..160
3 – Sociedade e trabalho 169
4 – Comunicação em rede e informação 178

UNIDADE VI — SOCIEDADE DO CONSUMO 186
1. Consumo 187
2. A indústria de massa..194
3. Moda 202
4. Consumismo contemporâneo 209

Em antigos registros da cultura humana, encontramos manifestações que nos desafiam a entender a forma peculiar de os seres humanos se relacionar entre si e com a realidade circundante. As pinturas de Lascaux são exemplo disso.

Unidade I

Cultura: das origens à atualidade

1. A origem da cultura

Introdução

A revista *National Geographic* revelou que uma equipe de paleontropólogos descobriu na Etiópia, em dezembro de 2000, um esqueleto daquela que acreditam ser a criança mais antiga do mundo, com 3,3 milhões de anos, e que pertence à espécie *Australopithecus afarensis*.

Esse esqueleto é cerca de 100 mil anos mais antigo que o da famosa *Lucy* e foi encontrado a escassos 10 quilômetros do local onde este último foi descoberto, em 1974. Pertenceu a uma criança do sexo feminino que teria apenas 3 anos de idade quando morreu, está admiravelmente bem preservado e completo, tendo até mesmo o crânio.

A importância da descoberta do esqueleto desta criança, a quem os cientistas já apelidaram de *a filha de Lucy*, é absolutamente inegável.

Para os cientistas, veio reafirmar as teorias evolucionistas, já desenvolvidas com a descoberta do esqueleto de *Lucy* há mais de 30 anos, e veio dar novas pistas sobre a forma como se desenvolveram e evoluíram os nossos ancestrais.

Sociólogos, antropólogos, etnólogos, arqueólogos, historiadores, psicólogos, biólogos e linguistas têm se dedicado ao estudo do surgimento da cultura, ou seja, dessa forma tão peculiar de os seres humanos se relacionarem uns com os outros, de se expressarem, de refletirem sobre o mundo que os cerca e de criarem hábitos e costumes bastante diferenciados. Todos procuraram responder a essa instigante pergunta que está na origem das ciências humanas: como nos diferenciamos dos demais animais e como desenvolvemos formas tão peculiares de existir?

Não podemos dizer que haja uma resposta única para essa pergunta. Muito ainda há para ser descoberto e explicado, mas diferentes autores, cada um em sua área, procuraram identificar causas e efeitos dessa transformação radical, capaz de engendrar uma forma tão complexa de viver e de se reproduzir como a humana. Neste capítulo procuraremos sintetizar algumas dessas respostas, mostrando o que é possível entender a respeito dessa incrível aventura que é a invenção da humanidade. Exporemos aqui o que é mais aceito pelos cientistas sociais mais eminentes, descartando qualquer crença de cunho criacionista. Sem desprezar essa crença, ela vem sendo largamente desacreditada pela ciência e pela reconstituição cada vez mais precisa da história da humanidade que, na atualidade, dispõe de recursos tecnológicos avançados para desvendar nosso passado.

É importante entender que, como afirma Ernst Cassirer, o processo de evolução que resultou na criação da humanidade não encontra paralelo em outra espécie animal, mas isso não nos autoriza a eliminar as explicações genéticas ou históricas. Diz ele: "O fato da mutação súbita e da evolução emergente deve ser admitido. A biologia moderna não fala mais da evolução nos termos do darwinismo primitivo, nem explica as causas da evolução da mesma maneira".[1]

---

[1] Ernst Cassirer, *Ensaio sobre o homem* (São Paulo: Martins Fontes, 1994), p. 57.

> **Ernst Cassirer** nasceu em Breslau (Alemanha), em 1874, e morreu em Nova York, em 1945. Estudou direito, filosofia e literatura, tornando-se professor da Universidade de Hamburgo. Por ser judeu, sofreu a perseguição do nazismo, deixou a Alemanha, radicou-se inicialmente na Suécia e, depois, nos Estados Unidos, ingressando como professor na Universidade de Yale. Especializou-se na teoria da cultura e do simbolismo.

> **Evolucionismo** é o nome dado a uma escola filosófica que agrega diversas teorias que compartilham a crença de ser o progresso o princípio básico que governa a realidade. No campo biológico, refere-se à teoria desenvolvida por Charles Darwin para explicar as transformações ocorridas entre os seres vivos, desde o passado remoto. O evolucionismo foi aplicado, também, às ciências sociais, para explicar a diferença de culturas e sociedades encontrada entre os seres humanos.

Um complexo processo evolutivo

Vamos, agora, construir um quadro com contribuições de diversos autores e ramos da ciência para explicar o processo de surgimento do homem e da cultura humana.

1. Dezenas de milhões de anos nos separam de nossos mais antigos antepassados — os primeiros antropoides que iniciaram essa longa marcha em direção à criação da humanidade. Inúmeras causas foram empurrando esses seres em direção a uma maneira diferente de ser, entre as quais incluímos mudanças ambientais e geográficas. Dentre essas últimas, argumentam os estudiosos que períodos de aquecimento do planeta teriam levado ao aumento das zonas temperadas, necessárias para garantir o alimento a esses hominídeos e possibilitando seu deslocamento para áreas mais distantes de seu berço de origem — a África.

Por sua vez, esse mesmo aquecimento seria responsável pela mudança da vegetação africana, com a substituição da floresta pela savana. Essa pressão ambiental teve consequências importantes. Em primeiro lugar, levou os grupos de antropoides a se deslocar usando para isso, cada vez menos, as árvores e as mãos. Por outro lado, originários das florestas, tiveram de competir nas savanas com outros predadores que não viviam nas matas. Para isso, precisaram desenvolver outros recursos de sobrevivência.

Assim, os descendentes desses pioneiros desenvolveram diferentes formas de locomoção e de disputa pelo alimento — o bipedalismo e a visão frontal, que lhes permitia enxergar os alimentos a distância e alcançá-los mais depressa do que os demais animais que se mantinham rentes ao chão. Sabemos, então, que a aventura humana provocou a locomoção sobre duas pernas, em postura ereta, e fazendo da visão a sua mais segura fonte de informação. Diz, sobre isso, Richard Leakey:

> Essas descobertas sugerem que se locomover com duas pernas é uma prática hominídea muito antiga. Provavelmente ela é anterior ao Plioceno e ao vazio fóssil do Mioceno. Pode ter ocorrido há 8 milhões de anos. Isso é notável e certamente estende nossa visão das adaptações pré-humanas a um período bem mais recuado na nossa história do que se poderia supor até poucos anos atrás. Quando olhamos a

pré-história humana, geralmente pensamos em atividades proto-humanas, tais como a criação de indústrias de ferramentas de pedras e, talvez, a caçada organizada ocasional como parte de uma economia de alimentação compartilhada. Indubitavelmente esses tipos de comportamento tiveram influência no surgimento do gênero humano, mas certamente tiveram uma participação pequena no encorajamento dos hominídeos para se manterem sobre duas pernas e não sobre quatro.²

> **Richard Leakey**, um dos três filhos dos paleontologistas Mary Leakey e Louis Leakey, curador do Museu Coryndon, nasceu em Nairóbi, no Quênia, em 1944. Desde muito cedo começou a acompanhar os pais em pesquisas de campo e realizou inúmeras descobertas arqueológicas. Tornou-se mundialmente conhecido e chegou a ser diretor dos museus nacionais do Quênia. Desenvolveu interpretações próprias a respeito da evolução humana.

2. A postura ereta libertou as mãos de nossos antepassados, que passaram a usá-las para diferentes atividades, como a confecção de ferramentas de pedra, trabalho que tem ocupado os homens nos últimos dois milhões de anos. São objetos rudimentares feitos em pedra bruta. Em diversas regiões do planeta, foram encontradas provas de certa homogeneidade nessa confecção, por um prazo bastante amplo de tempo — cerca de um milhão e meio de anos. Segundo estudiosos como Leakey, parece que o progresso tecnológico não era estimulado entre nossos antepassados como o é hoje e, provavelmente, esses hominídeos valorizavam outro tipo de conquista, como a capacidade de sobreviver em lugares distantes, diferentes e longínquos.

As machadinhas sucederam os cortadores e raspadores feitos de lasca, e o progresso tecnológico, ainda que lento, levou esses incríveis inventores a utilizar ossos, dentes e mandíbulas como auxiliares na raspagem e moldagem de ferramentas.

3. Mas, para além dessas conquistas — o bipedalismo e o uso de ferramentas —, nossos avós mostraram uma incrível capacidade de transformação e adaptação a diferentes regiões e climas, podendo reagir e sobreviver aos desafios propostos pela natureza e pelo meio circundante. Desenvolveram uma dieta variada que incluía vegetais e carnes, adaptaram-se a climas frios e quentes. Essa flexibilidade e adaptabilidade foi sempre o maior trunfo da humanidade, permitindo percorrer o planeta e ajustar-se a diferentes sítios. Dizem Leakey e Lewin:

> A flexibilidade dos próprios bandos e dos territórios que exploram traz importantes vantagens sociais e econômicas; tensões sociais podem ser prontamente dissipadas; e escassez ou excesso de alimentos localizados podem ser acomodados com vantagem para muitos bandos que compartilham territórios sobrepostos. Na frase jargão dos biólogos, a flexibilidade é social e ecologicamente adaptativa.³

---

² Richard E. Leakey & Roger Lewin, *O povo do lago* (Brasília: Universidade de Brasília; São Paulo: Melhoramentos, 1988), p. 79.
³ *Idem*, p. 93.

4. Formar bandos de companheiros, em sua maioria constituídos de parentes, foi outra novidade que tornou os antepassados do *Homo sapiens* capazes de sobreviver e desenvolver a atividade que mais o caracteriza — improvisar. Em bandos, puderam criar diferentes formas de sociabilidade, diversas maneiras de reagir aos desafios da existência — a delicadeza, por um lado, e a agressão, por outro. Essa versatilidade dependeu de criar formas de convivência diversificadas, que iam da relação consanguínea à vizinhança e à parceria.

Essas coletividades iniciais tornaram possível a busca mais eficiente por alimentos, a ocupação de territórios mais amplos e a caça de grandes matilhas de animais. Por outro lado, a amplitude de relacionamento dilui conflitos, permitindo que o grupo se fragmente, se necessário, ou que dissidentes formem grupos menores de separatistas. Essa forma flexível de sociabilidade é até hoje encontrada em grupos ainda existentes de caçadores-coletores. Um grupo social amplo e flexível permite formas econômicas cooperativas, dependendo da estação do ano — uma vida mais coletiva nas épocas de fartura e mais isolada em tempos de carência. A pesca com rede, por exemplo, é uma técnica de coleta que depende dessa cooperação entre grupos humanos numericamente amplos.

O passo seguinte para essa experiência é a divisão de trabalho, com homens desenvolvendo certas tarefas e mulheres, outras, ou, então, jovens e idosos com tarefas próprias e diferenciadas. A complexidade que essas tarefas exigem, em termos de relacionamento e organização da vida social, mostra que nossos antepassados estavam mais preocupados em desenvolver essas competências do que em criar uma tecnologia mais elaborada. Distinguir indivíduos, percebê-los como grupos ou segmentos e designar-lhes funções é, certamente, mais complicado do que produzir novos equipamentos de abate. O esforço mental e de gerenciamento de informações necessário para esse fim é incomparavelmente maior do que o exigido na inovação tecnológica. É o que sustentam os autores ao afirmarem:

> A simplicidade da tecnologia em que se apoia a economia altamente complexa de coleta e caça é muito importante para o conceito que fazemos dos nossos antepassados... É fácil, portanto, cometer o engano de julgar as mentes dos homens com base na sofisticação da tecnologia criada por eles. [...] De acordo com o que demonstra a experiência dos coletores-caçadores contemporâneos, dificilmente se poderia estar mais errado.[4]

5. Mudanças hormonais modificaram radicalmente a reprodução humana, atribuindo cada vez maior importância à sexualidade no jogo das relações afetivas e reprodutivas. Provavelmente em razão do bipedalismo e da postura ereta, as crias humanas passaram a nascer mais imaturas, demandando cada vez mais cuidados por parte dos adultos. A dependência dos filhos em relação aos adultos foi se acentuando, fazendo com que as primeiras formas de parentesco se afirmassem. Conciliar a vida econômica, e as atribuições provenientes da divisão do trabalho, com a criação de filhos que deviam ser alimentados passou a fazer parte do cotidiano desses bandos em que se desenvolveram nossos ancestrais. Por outro lado, no bojo das transformações fisiológicas, a perda dos pelos nos quais se seguravam os filhos dos primatas superiores dificultou a locomoção das fêmeas, que aprendiam a carregar suas crias nos braços. O passo seguinte seria a tendência à sedentarização e a descoberta da agricultura

---

[4] *Idem*, p. 103.

como uma forma segura de se estabelecer num território delimitado e produzir o necessário para a sobrevivência, sem constante perambulação.

De qualquer modo, é importante perceber que a vida em bando se tornava mais complexa, exigindo cada vez mais muita criatividade e improvisação dos nossos antepassados, além de, como veremos, a capacidade de reorganizar e renomear o mundo.

6. Para gerir tantas modificações capazes de garantir a sobrevivência aos ascendentes do *Homo sapiens*, eles desenvolveram uma forma muito peculiar de vida grupal — uma associação baseada nas relações consanguíneas e de parentesco, mas flexíveis a ponto de incluir relações estabelecidas com base na troca e na cooperação. Esses bandos ou hordas, que deram origem às tribos, exigiam grande dose de criatividade e altruísmo, assim como a capacidade de discernir as bases de compromisso estabelecidas com cada membro do grupo. As relações sociais se diversificavam, afastavam-se de sua origem genética, e as regras de convivência e tolerância se tornavam mais importantes para a manutenção e reprodução do grupo. Muito tempo deve ter sido gasto na elaboração desses laços novos que se criavam no interior das hordas humanas, fazendo conviver a divisão de trabalho com as regras de exogamia e parentesco.

Esse arranjo complexo, bastante inovador, que fundia comportamentos instintivos ordenadores da reprodução sexual com formas de trabalho cooperativo, tornou-se ainda mais complicado quando, inventando a agricultura, nossos antepassados puderam fixar-se em um sítio e nele estabelecer princípios de propriedade.

7. Para administrar esse complexo de relações que nossos antepassados criaram para ultrapassar os desafios impostos pelas transformações ambientais, geográficas e anatômicas pelas quais passavam, uma solução inusitada foi o desenvolvimento da sexualidade humana — uma forma nova de reproduzir a espécie e criar laços duradouros para a manutenção da prole. Nessa sexualidade peculiar, que veio a dar origem aos casais, devemos identificar o acasalamento que ocorre fora dos períodos férteis do ciclo menstrual das fêmeas, o jogo de sedução sexual expressivo e duradouro, a monogamia e a exogamia como expectativa da relação amorosa. Também em relação à vida sexual, como em todas as outras soluções encontradas e aqui descritas, os hominídeos primaram pela versatilidade, flexibilidade e oportunismo, fazendo da sexualidade um aspecto importante de seu comportamento e uma parte significativa das suas preocupações vitais.

Vejamos o que diz, a esse respeito, o especialista Robert Burton:

> A característica ímpar da sexualidade humana é a inexistência de uma época definida para a união dos dois sexos, ou ainda de um ciclo, receptividade ou "estro" na fêmea. A cópula pode ocorrer em qualquer hora e lugar, e isso pode ser encarado como uma tática feminina visando à obtenção das atenções permanentes de um homem que a ajude a cuidar de sua futura progênie. Conforme os bebês humanos foram se tornando mais indefesos, passando a exigir mais atenção durante o longo período da adolescência, a contínua assistência masculina tornou-se mais valiosa. A recompensa para o homem é dupla: a satisfação de seu desejo sexual e a possibilidade de assegurar a sobrevivência de seus herdeiros.[5]

---

[5] Robert Burton, *O jogo do amor* (São Paulo: Pioneira, 1978), p. 153.

Sintetizando essa lenta evolução em suas etapas mais importantes, Desmond Morris assim descreve o processo que tentamos explicar:

> Não há dúvida de que o macaco pelado é o mais sensual de todos os primatas vivos. Para compreender as razões é preciso remontar de novo às suas origens. Que aconteceu? Antes de tudo, o macaco pelado tinha de caçar, para sobreviver. Em seguida, precisava ter um cérebro mais desenvolvido para suprir sua inferioridade física na caça. Em terceiro lugar, tinha de viver uma infância muito mais longa, para crescer e educar um cérebro maior. Em quarto lugar, as fêmeas tinham de dedicar-se de corpo e alma aos bebês, enquanto os machos iam à caça. Em quinto lugar, os machos tinham de cooperar entre si durante a caça. Em sexto lugar, tinham de manter-se em pé e usar armas para caçar. Não quero dizer que essas modificações tivessem sucedido pela ordem indicada; pelo contrário, elas se processaram, sem dúvida, gradual e simultaneamente, pois cada nova modificação ia interferindo nas restantes. Limito-me a enumerar as seis mudanças básicas, fundamentais, que se deram na evolução do macaco pelado. E acredito que essas mudanças contêm os ingredientes necessários para a elaboração de nossa atual complexidade sexual.[6]

Humanização, simbolismo e linguagem

Todo esse processo mostra que grandes transformações foram separando o ser humano dos demais primatas superiores, seus parentes mais próximos entre os animais. Essas mudanças exigiam que ele deixasse características típicas de sua espécie e adotasse outro tipo de sensibilidade, percepção e comportamento, o que acarretou transformações internas também drásticas em relação à aquisição de conhecimento, às formas de expressão e à comunicação com seus pares.

Essas transformações implicaram o abandono do que chamamos de "estado de natureza", no qual o homem integrava-se ao ambiente natural e agia guiado por seus instintos e pelo conhecimento genético herdado dos antepassados. Esse conhecimento e as formas de comportamento instintivo, que o faziam reagir de forma padronizada aos estímulos exteriores, foram substituídos por novas ações e atitudes que caracterizam o "estado de cultura". Esse comportamento, estabelecido por convenção, foi sendo organizado pelos grupos humanos a partir do momento que perceberam que as condições inusitadas em que se viam obrigados a viver e a interagir exigiam respostas diferentes das geneticamente condicionadas.

Clifford Geertz é um dos autores que procuram associar natureza e cultura, afirmando que as modificações que aqui descrevemos só foram possíveis porque foram impulsionadas pela cultura. Segundo o autor, a cultura foi o ingrediente essencial e orientador na produção desse animal — o homem.[7] Diz ele:

> O aperfeiçoamento das ferramentas, a adoção da caça organizada e as práticas da reunião, o início da verdadeira organização familiar, a descoberta do fogo e, o mais importante, embora seja ainda muito difí-

---

[6] Desmond Morris, *O macaco nu* (São Paulo: Círculo do Livro, s. d.), p. 56.
[7] Clifford Geertz, *A interpretação das culturas* (Rio de Janeiro: Livros Técnicos e Científicos, 1989), p. 59.

cil identificá-lo em detalhe, o apoio cada vez maior sobre os sistemas simbólicos significantes (linguagem, arte, mito, ritual) para a orientação, a comunicação e o autocontrole, tudo isso criou para o homem um novo ambiente ao qual ele foi obrigado a adaptar-se.[8]

Simbolismo é a capacidade mental e linguística do ser humano que lhe permite referir-se a determinado elemento da realidade objetiva, ou subjetiva, por intermédio de um signo (palavra, gesto ou grafismo) que o substitui por convenção, permitindo a reflexão sobre ele e sobre as ideias que essa experiência suscita.

Simbolismo é, também, o nome dado ao movimento artístico surgido na França, no século XIX, em reação ao realismo e ao naturalismo. Por seu intermédio, os artistas pretendiam expressar não a realidade objetiva, mas o mundo dos sonhos e das imagens místicas.

Como exemplo, podemos citar a alimentação. Acostumado, como outros primatas superiores, a uma dieta vegetariana, o ser humano teve de se adaptar a uma alimentação carnívora nos períodos em que escasseavam os vegetais e se encontravam disponíveis pequenos animais, com os quais ele dividia as savanas. Adotar uma alimentação carnívora, e desenvolver formas de caça coletiva e colaborativa, exigia a renúncia de uma série de atitudes instintivas que diziam respeito tanto à dieta como ao convívio e à sociabilidade. Essa mudança não se faria sem que ele passasse a perceber o mundo sob outra perspectiva e começasse a agir sobre ele de forma diferenciada. É preciso lembrar, todavia, que essa transformação radical se dava durante processo no qual os nossos antepassados passavam a viver em grupos maiores e mais complexos, com parentes, vizinhos e rivais. As decisões, inovações e criações no estilo de vida deveriam ser compartilhadas e comunicadas aos membros desses grupos e a todos que quisessem a eles pertencer. Nesse processo, o simbolismo e a linguagem foram as ferramentas mais importantes. Foram eles que possibilitaram renomear o mundo e atribuir ao meio circundante novos significados, ideias, conceitos e conteúdos. Cada palavra, gesto ou som significava uma coisa, uma ideia, um sentimento ou um valor novo que deveria ser compartilhado por todos, mesmo que em oposição aos impulsos herdados da espécie.

Surgia, assim, a cultura humana, esse conjunto artificial (no sentido de que não se origina na natureza) de preceitos que os grupos humanos elegem como sendo os mais adequados para sua vida em comum. Eles dizem respeito às formas de viver, produzir e relacionar-se uns com os outros e com o meio que os cerca; conduzem as expectativas, regulam as ações e controlam, assim como satisfazem, as necessidades básicas e os instintos. Essa satisfação, entretanto, se dá dentro dos limites estabelecidos pela vida coletiva. Essa cultura, além de artificial, é arbitrária, ou seja, flexível e variável, ao mesmo tempo que histórica — determinada por pressões e escolhas particulares de cada tempo e espaço determinado.

Dispersos pelo mundo e com maior facilidade para se locomover, os grupos huma-

---

[8] *Idem*, p. 60.

nos que enfrentaram essas transformações, aproximadamente numa mesma época, desenvolveram estilos de vida diferentes. O isolamento provocado pelas grandes distâncias e pela dificuldade de comunicação foi responsável por acentuar essa diversidade, que podemos observar tanto nos achados arqueológicos como na atualidade.

Toda essa transformação, entretanto, não teria sido possível se não tivesse ocorrido no ser humano uma modificação substancial em seus processos internos de percepção, cognição e simbolismo. Para que surgissem novos hábitos de locomoção, alimentação e relacionamento, era preciso que nossos antepassados fossem capazes de agir não sob o determinismo de seus impulsos e instintos, mas criando novos procedimentos e optando por eles em sua vida. Isso equivale a dizer que foi preciso ao homem desenvolver certa independência em relação a seu comportamento geneticamente condicionado, assumindo o que ficou conhecido por "livre arbítrio".

Essa distância, que parece se estabelecer entre o comportamento culturalmente aprendido do ser humano e aquele biologicamente determinado de outras espécies animais, se reproduz numa equivalente distância entre a sua experiência imediata com a realidade e o complexo processo cognitivo pelo qual ele processa, simbolicamente, essa experiência. Do mesmo modo que, em sua evolução, o homem foi diferenciando a pressão de suas necessidades da ação para satisfazê-las, o simbolismo foi distinguindo o contato com o mundo objetivo do conhecimento subjetivo que passou a ter sobre ele. E, assim como pode articular, julgar, escolher e projetar sua ação sobre o mundo, a capacidade simbólica permitiu-lhe refletir, analisar, ordenar e decompor a realidade abstraída de sua relação com ele. Esse processo mental foi desenvolvido, certamente, por outra capacidade também essencialmente humana — o uso da linguagem.

Portanto, foi o desenvolvimento mental, dotando o ser humano de capacidade simbólica e linguística, que tornou possível sua passagem de um "estado de natureza" para um "estado de cultura", momento esse lembrado em todas as culturas por mitos que expressam essa difícil ruptura. Por isso, sustenta George Steiner:

> A "humanidade" do homem, a identidade humana tal como ele a pode declarar para si e para os outros, é uma função da fala. Essa é a condição que o separa, por uma imensa lacuna, de todos os outros seres animados. [...]
> Nenhuma concepção da natureza do homem que deixe de registrar essa distinção essencial, que deixe de fazer de nosso estado linguístico interno e externo seu ponto de partida, é adequada aos fatos.[9]

Foi a linguagem e a fala que tornaram possível ao homem criar novas relações entre os objetos do mundo circundante, assim como estabelecer, referentes a eles, diferentes associações e significados. Por sua vez, foi a linguagem que possibilitou o estabelecimento de pactos, contratos e convenções com os membros de seu grupo, de maneira a estabelecer juízos de valor, princípios, restrições e objetivos comuns, coletivos e arbitrários, desenvolvendo a cultura.

A relação intrínseca entre linguagem e cultura pode ser comprovada ao observarmos que, onde existe diferença de língua, en-

---

[9] George Steiner, *Extraterritorial. A literatura e a revolução da linguagem* (São Paulo: Companhia das Letras/Secretaria de Estado da Cultura, 1990), p. 68.

contramos diferença de cultura. Consequentemente, a profusão de idiomas que encontramos no mundo revela-nos a diversidade cultural do mundo em que vivemos.

> **A linguagem humana** constitui-se de um conjunto limitado de signos verbais, sonoros, gestuais, musicais ou corporais articulados por um conjunto limitado de regras de combinação desses signos, possibilitando a comunicação entre pessoas, a transmissão de conhecimentos e da cultura. A comunicação envolve técnicas expressivas e meios de comunicação. E, embora todos os seres vivos usem a linguagem, entre os humanos é a linguagem que, gerada pela cultura, permite a sociabilidade e a vida em grupo.

É a linguagem, também, que permite ao ser humano distanciar-se de sua contingência — do "aqui/agora" que a experiência imediata propõe. É ela que nos projeta para o futuro, permitindo-nos organizar nossas metas e objetivos, assim como sistematiza o passado, sob a forma de memória. Dessa forma, o simbolismo e a linguagem tornaram o homem um ser histórico, sempre em trânsito entre passado e futuro, um ser não determinado pelos condicionamentos naturais do presente e da herança genética.

Complementando, gostaríamos de esposar as ideias de diversos autores para os quais a linguagem humana difere fundamentalmente de outras linguagens animais. George Steiner evoca, nesse sentido, a capacidade humana de falar consigo mesmo e de articular o tempo verbal no futuro. Cassirer lembra que o símbolo humano é flexível e, mais, que a linguagem humana é proposicional. Diz ele:

> A diferença entre a linguagem proposicional e a linguagem emocional é a verdadeira fronteira entre o mundo humano e o mundo animal. Todas as teorias e observações relativas à linguagem animal estarão bem longe do alvo se deixarem de reconhecer essa diferença fundamental. Em toda a literatura sobre o tema parece não haver uma única prova conclusiva de que algum animal jamais deu o passo decisivo que leva da linguagem subjetiva à objetiva, da afetiva à proposicional.[10]

Tendo introduzido nossos leitores no mundo humano da cultura e da linguagem, passemos ao próximo capítulo para entender como a cultura se tornou objeto dos estudos da sociedade e como, sendo um símbolo, recebeu diferentes significados em função do momento e das intenções dos interlocutores que procuraram defini-lo.

---

[10] Ernst Cassirer, *Ensaio sobre o homem*, cit., p. 56.

2. A importância da cultura

O cidadão norte-americano

O cidadão norte-americano desperta num leito construído segundo padrão originário do Oriente Próximo, mas modificado na Europa Setentrional, antes de ser transmitido à América. Sai debaixo de cobertas feitas de algodão, cuja planta se tornou doméstica na Índia; ou de linho ou de lã de carneiro, um e outro domesticados no Oriente Próximo; ou de seda, cujo emprego foi descoberto na China. Todos esses materiais foram fiados e tecidos por processos inventados no Oriente Próximo. Ao se levantar da cama faz uso dos "mocassins" que foram inventados pelos índios das florestas do Leste dos Estados Unidos e entra no quarto de banho cujos aparelhos são uma mistura de invenções europeias e norte-americanas, umas e outras recentes. Tira o pijama, que é vestuário inventado na Índia, lava-se com sabão, que foi inventado pelos antigos gauleses, e faz a barba, rito masoquístico que parece provir dos sumerianos ou do antigo Egito.

Voltando ao quarto, o cidadão toma as roupas que estão sobre uma cadeira do tipo europeu meridional e veste-se. As peças de seu vestuário têm a forma das vestes de pele originais dos nômades das estepes asiáticas; seus sapatos são feitos de peles curtidas por um processo inventado no antigo Egito e cortadas segundo um padrão proveniente das civilizações clássicas do Mediterrâneo; a tira de pano de cores vivas que amarra ao pescoço é sobrevivência dos xales usados aos ombros pelos croatas do século XVII. Antes de ir tomar o seu *breakfast*, ele olha a rua através da vidraça feita de vidro inventado no Egito; e, se estiver chovendo, calça galochas de borracha descoberta pelos índios da América Central e toma um guarda-chuva inventado no sudoeste da Ásia. Seu chapéu é feito de feltro, material inventado nas estepes asiáticas.

De caminho para o *breakfast*, para para comprar um jornal, pagando-o com moedas, invenção da Líbia antiga. No restaurante, toda uma série de elementos tomados de empréstimo o espera. O prato é feito de uma espécie de cerâmica inventada na China. A faca é de aço, liga feita pela primeira vez na Índia do Sul; o garfo foi inventado na Itália medieval; a colher vem de um original romano. Começa o seu *breakfast*, com uma laranja vinda do Mediterrâneo Oriental, melão da Pérsia, ou talvez uma fatia de melancia africana. Toma café, planta abissínia, com nata e açúcar. A domesticação do gado bovino e a ideia de aproveitar o seu leite são originárias do Oriente Próximo, ao passo que o açúcar foi feito pela primeira vez na Índia. Depois das frutas e do café vêm *waffles*, bolinhos fabricados segundo uma técnica escandinava, empregando como matéria-prima o trigo, que se tornou planta doméstica na Ásia Menor. São regados com xarope de *maple*, inventado pelos índios das florestas do leste dos Estados Unidos. Como prato adicional talvez coma o ovo de alguma espécie de ave domesticada na Indochina, ou delgadas fatias de carne de um animal domesticado na Ásia Oriental, salgada e defumada por um processo desenvolvido no norte da Europa.

Acabando de comer, nosso amigo se recosta para fumar, hábito implantado pelos índios americanos e que consome uma planta originária do Brasil; fuma cachimbo, que procede dos índios da Virgínia, ou cigarro, proveniente do México. Se for fumante valente, pode ser que fume mesmo um charuto, transmitido à América do Norte pelas Antilhas, por intermédio da Espanha. Enquanto fuma, lê notícias do dia, impressas em caracteres criados pelos antigos semitas, em material inventado na China e processo surgido na Alemanha. Ao inteirar-se das narrativas dos problemas estrangeiros, se for bom cidadão conservador, agradecerá a uma divindade hebraica, numa língua indo-europeia, o fato de ser cem por cento americano.[1]

[1] Ralph Linton, *O homem: Uma introdução à antropologia* (3ª ed., São Paulo: Livraria Martins Editora, 1959) *apud* Roque de Barros Laraia, *Cultura: um conceito antropológico* (16ª ed., Rio de Janeiro: Jorge Zahar, 2003), pp. 106-108.

Introdução

No capítulo anterior, procuramos explicar essa incrível aventura que ocorreu há milhões de anos e que transformou grupos de primatas superiores em uma espécie diferenciada quanto à forma de existir, reproduzir-se e reproduzir sua vida no planeta. Procuramos mostrar que esse processo resultou no distanciamento dessa espécie do determinismo da natureza, interpondo entre ela e o ser humano um complexo procedimento cognitivo e simbólico capaz de engendrar novas formas de comportamento, reação e relacionamento entre os pares. Estas, entretanto, foram estabelecidas nos grupos humanos sob a forma de pactos e convenções que tiveram de ser aceitos ou impostos sobre os membros de determinado grupo, organizando as ações e as relações entre eles. Tais conjuntos de padrões, regras, juízos de valor, hábitos, costumes, mitos e crenças, criados pelos seres humanos em dado momento histórico, são conhecidos como *cultura humana*, que tem sobre os grupos que a engendram uma grande força de coerção, quase tão forte quanto a que a natureza exerce sobre os demais animais, sob a forma de instintos. Daí ser a cultura um dos importantes objetos de estudo da sociologia, pois dela derivam grande parte do comportamento coletivo e das ideias e valores que dividimos com os demais membros do grupo ao qual pertencemos.

A mera observação da vida humana nos permite identificar comportamentos que são padronizados e regulados não pela vontade, desejo ou crença individual, mas pelos hábitos e costumes e, também, por certa imposição do meio social circundante. Desde que tomamos consciência de nós mesmos como pessoas, estamos sujeitos aos imperativos da vida social — encontramos uma série de expectativas em relação ao nosso comportamento e ideias estabelecendo o que é certo ou errado, ou qual a melhor maneira de procedermos diante de qualquer situação. A educação ou socialização, que se inicia na família e depois se estende à escola e aos grupos com os quais nos relacionamos, vai introjetando em nós esse conjunto de condicionamentos que diz respeito à forma de dormir, comer, vestir, aproximar-se dos outros, falar, sentir e pensar. Sim, porque essas regras, que a educação nos apresenta, não dizem respeito apenas ao nosso comportamento exterior — como andar, brincar ou comer — mas também à nossa subjetividade e às nossas atitudes internas — emoções, sentimentos e desejos. Assim, interna e externamente vamos sendo conformados por uma série de princípios que já existiam no mundo antes de nascermos e que têm por objetivo integrar-nos a um determinado grupo, permitindo a vida em comum.

Esse conjunto de regras e princípios que guiam os seres humanos, fazendo com que eles tenham comportamento semelhante e compatível e sejam capazes de entender as intenções e expectativas uns dos outros, possibilitando uma série de diferentes formas de relacionamento, que vão da vida familiar ao trabalho e à guerra, chama-se cultura. É ela a responsável por esse lento processo de desenvolvimento de nossa capacidade de convivência e comportamento social, assim como de nossa personalidade, moldando nossos impulsos e desejos às possibilidades abertas pelo meio social no qual estamos inseridos. Por outro lado, como veremos, a cultura não é uma legislação autoritária, mas um tecido flexível sobre o qual também deixamos registrados os nossos passos e os sinais de nossas ações, alterando-a em alguns momentos, quando isso é possível. Dessa forma, embora sintamos a pressão da cultura sobre a formação de nosso caráter e de nossa personalidade, também a cultura é feita por nós que a integramos, criando-se uma relação recíproca, pela qual somos criados pela cultura e, por nosso lado, também ajudamos a criá-la. Em razão disso diz Peter Berger que "a condição do homem em sociedade se assemelha à do aprendiz de feiticeiro: ele cria suas próprias realidades que, uma vez criadas, impelem constantemente seu criador".[2]

Portanto, a cultura é esse ambiente de ação coletiva que encontramos formado ao nascer, mas no qual passamos a interagir, tornando-nos um de seus agentes. Podemos dizer, portanto, que a cultura é o meio pelo qual as forças sociais se tornam perceptíveis, fazendo-nos tomar consciência de não sermos apenas um indivíduo, mas também o membro de um grupo que age e pensa de forma recíproca, inteligível e convergente.

Por toda essa importância, dedicaremos este capítulo ao estudo da cultura — o que ela é, como se formou, do que se constitui, como se apresenta na atualidade. Falaremos, também, sobre as ciências que analisam a cultura e fazem dela o seu objeto privilegiado de estudo.

Os sentidos da palavra

A origem da palavra cultura vem do latim *cultus* que significa, ao mesmo tempo, a cerimônia religiosa de homenagem a uma divindade e o cultivo da terra. Essa simbiose de significados é compreensível se pensarmos que, nas religiões mais antigas, a agricultura compreendia não só atividades de plantio ligadas à terra, mas também uma série de ações de cunho religioso, com as quais se pretendia garantir o auxílio e os favores dos deuses para uma boa colheita. Por isso até hoje as cerimônias religiosas não dispensam as dádivas de alimentos, com os quais se agradece pelos frutos obtidos com o trabalho da terra. É evidente, portanto, que cultura remeta a essas duas

---

[2] Jesús Azcona, *Antropologia II — a cultura* (Petrópolis : Vozes, 1993), p. 17.

ações — uma ligada ao plantio e outra à religião.

Com o tempo, porém, a cultura passou a ser entendida não só como o resultado do plantio, mas também, de forma metafórica, como aquilo que se obtém com esforço, cuidado e determinação. *Cultivar* passou a significar o aperfeiçoamento em relação a uma dada ação. Mas foi durante o Iluminismo, na França, entre os séculos XVII e XVIII, quando o racionalismo passou a ser cada vez mais valorizado, que a palavra começou a significar o cultivo abstrato de ideias. Cultura popularizou-se como o conjunto de princípios, conhecimentos e saberes que os homens são capazes de acumular. Daí se pensar numa pessoa culta como sendo aquela que tem conhecimentos. Mas esse é um sentido popular que acabou se associando ao desejo da burguesia, que tinha acesso à educação formal, de se sobressair do resto da população, muitas vezes analfabeta e iletrada. Com essa tendência, cultura passou a designar algum esnobismo no falar e certo virtuosismo em demonstrar leituras e conhecimentos a que poucos tinham acesso. A comédia de costumes procurou, nos séculos posteriores, tratar de forma satírica esse tipo de "cultura", desenhando personagens que dissertam sobre coisas pouco úteis, com pronúncia esnobe e a única intenção de se distinguirem em certo grupo social.

Como explica Denys Cuche:

> O termo "cultura" no sentido figurado começa a se impor no século XVIII. Ele faz sua entrada com este sentido no *Dicionário da Academia Francesa* (edição de 1718) e é então quase sempre seguido de um complemento: fala-se de "cultura das artes", da "cultura das letras", da "cultura das ciências", como se fosse preciso que a coisa cultivada estivesse explicada.[3]

Mas esse sentido de cultura não é aquele que nos interessa e que permite ao estudioso da sociedade entender o comportamento humano e a vida coletiva. Foi no século XVIII que as nações, na Europa, se consolidaram. Especialmente a Itália e a Alemanha, finalmente, conseguem superar suas divisões internas e formam um Estado Nacional. Esse esforço de união não dependeu apenas de medidas políticas, como a formação de um aparelho de estado adequado, nem só de iniciativas econômicas, como a unificação da moeda e do mercado. O nacionalismo dependeu também de certa unificação de ideias e de sentimentos em relação ao território que então se tornava comum, e às pessoas que nele viviam. Uma série de medidas, como a criação de museus e o desenvolvimento da história nacional, foi estimulada para que esse sentimento de pertencimento florescesse entre as pessoas. Entre elas encontramos, por exemplo, a valorização das tradições populares e dos costumes rurais. Danças, cantos, lendas, poemas, hábitos alimentares passaram a ser vistos como traços distintivos dos povos e passaram a ser designados como *cultura*. Esta deixava de ser apenas o conjunto de benesses obtidas com o trabalho da terra e também passava a ser mais do que o conjunto de saberes acumulados com o trabalho aprimorado do estudo e da leitura. Cultura passava a ser um conjunto de tradições e hábitos em torno dos quais os súditos de uma nação convergiam e com os quais se identificavam. Assim se fortalecia a ideia da *cultura nacional*.

---

[3] Denys Cuche, *A noção de cultura nas ciências sociais* (Bauru: Edusc, 1999), p. 20.

Porém, esse período histórico foi também de grande expansão da Europa pelos demais continentes, numa desenfreada disputa colonial que colocava os europeus frente a frente com civilizações muitos diferentes. Esse choque em torno de ideias, hábitos e costumes acabou transformando o estudo da cultura num dos elementos mais importantes das ciências sociais, cabendo à antropologia a especial função de explicá-la. Cada vez mais se sedimentava o conceito de cultura como um conjunto de tradições, valores, crenças e ritos que distinguem um povo de outro, seja ele composto pelos habitantes de uma tribo ou aldeia, ou de um país europeu. É importante salientarmos, então, que os estudos da cultura passaram a identificar, por um lado, homogeneidades internas a um grupo social e, por outro, as diferenças entre duas coletividades existentes em espaços e tempos próprios.

Antes de passarmos ao conceito científico da palavra, podemos apontar diferenças surgidas no interior dos estudos de cultura, como a noção desenvolvida pelos autores alemães que valorizavam mais uma visão interna, particular e nacional de cultura. Como afirma Cuche:

> A noção alemã de *kultur* vai tender, cada vez mais, a partir do século XIX, para a delimitação e a consolidação das diferenças nacionais. Trata-se, então, de uma noção particularista que se opõe à noção francesa universalista de "civilização", que é a expressão de uma nação cuja identidade nacional aparece como conquistada há muito tempo.[4]

E é entre a visão nacionalista dos alemães e a universalista dos franceses, estimuladas pelo crescente intercâmbio entre a sociedade europeia e os povos dos demais continentes, que a cultura passa a constituir um conceito fundante das ciências sociais e, especialmente, da nascente antropologia.

O conceito de civilização

Norbert Elias, importante sociólogo da atualidade, foi um dos estudiosos da cultura. Em seu livro *O processo civilizador*, busca explicar os conceitos de cultura e civilização, especialmente no que se referem a um distanciamento progressivo do homem em relação a um comportamento geral e instintivo, que seria comum à espécie humana. Ele admite, no entanto, estudando a raiz desses termos, que eles são históricos, relativos e abrangentes.

Para o autor, o conceito de civilização diz respeito a um conjunto quase ilimitado de atitudes e comportamentos que vão de aspectos superficiais como a reverência que acompanha um cumprimento a disposições mais profundas que envolvem o gosto estético, a ética, os sentimentos e a autoimagem. De qualquer forma, esse conjunto complexo de regras e preceitos compõe uma forma de ser que está relacionada à posição social elevada de que desfrutam certos estratos sociais como a corte europeia na época das monarquias absolutas.

Com a formação dos Estados Nacionais e sua solidificação republicana, essas formas de comportamento consideradas civilizadas ou refinadas e virtuosas passaram a caracterizar as nações e o povo que nelas habita. Assim, se o requinte e a inteligência faziam parte da autoimagem da corte louisiana, depois da Revolução Francesa essas características passaram a caracterizar o espírito francês como um todo. De qualquer

[4] *Idem*, p. 27.

modo, o conceito de civilização diz respeito a formas de distinção social adquiridas no convívio de um grupo seleto e privilegiado, em termos nacionais ou internacionais.

O conceito científico de cultura na Antropologia

Embora filósofos, sociólogos e historiadores tenham se dedicado ao estudo da cultura humana, foi na Antropologia que o conceito adquiriu cientificidade, tendo se tornado ferramenta essencial para o estudo das sociedades não europeias. Na segunda metade do século XX, com a globalização e as modificações profundas do Pós-Guerra, como a descolonização da África e a Guerra Fria, a emergência dos problemas interculturais da atualidade fez com que a cultura se tornasse objeto privilegiado do estudo de sociólogos, historiadores, cientistas políticos e da comunicação. Vamos então acompanhar o desenvolvimento desse estudo até os dias atuais.

O primeiro autor a utilizar o conceito de cultura foi Edward Burnett Tylor, que definiu cultura como sendo o conjunto composto por conhecimento, crenças, arte, moral, costumes e direitos, adquirido pelo homem na vida em sociedade. Racionalista e evolucionista, suas ideias estavam impregnadas de crença no progresso humano e no entendimento de que todas as sociedades se desenvolvem segundo lei semelhante à que Charles Darwin concebeu para explicar a seleção natural das espécies biológicas — a sobrevivência dos mais aptos e dos mais fortes. Aplicando essa teoria à análise das diferentes sociedades e culturas, procurou mostrar que todas elas têm um passado comum e um processo histórico progressivo e necessário, que as leva de um estágio "selvagem" ao caminho da "civilização". Daí Tylor classificá-las como culturas primitivas ou avançadas, conceitos que poderiam ser aplicados às diferentes sociedades mediante um rigoroso método comparativo que estudasse diversas variáveis, como, por exemplo, a religião.

> **Edward Burnett Tylor** nasceu em Londres, em 1832, e morreu em Wellington, em 1917. Etnólogo evolucionista, sua principal obra foi *Primitive Culture*, publicada em 1871. Como *quaker*, Tylor foi sensível às questões das diferenças culturais, embora acreditasse que, ao lado dessas distinções, existisse uma natureza humana universal. Mas, graças à sua tenacidade, foi professor e pesquisador na Universidade de Oxford, tendo sido sagrado cavaleiro. Morreu aos 84 anos.

Tylor acreditava, também, que houvesse uma "unidade psíquica do gênero humano" perceptível nas mais diferentes manifestações culturais, atestando a racionalidade existente mesmo em culturas primitivas. Dessa forma, procurava combater o preconceito vigente, segundo o qual os povos não europeus teriam um tipo de subjetividade, capacidade mental ou logicidade diferente e, para muitos, menos desenvolvido do que o manifestado pelos ocidentais europeus.

A contribuição de Tylor foi muito importante para o desenvolvimento das ciências sociais em geral, e da antropologia em particular, para a concepção da cultura como um conjunto de traços comportamentais e psicológicos adquiridos, e não herdados biologicamente. Com isso, avançamos para a ideia de que a cultura difere da herança biológica e racial defendida pelas ciências naturais, em prol de uma atitude mais relativista no trato da sociedade. Fundamentava-se o princípio, que seria cada vez mais aceito nas ciências humanas, de que a bagagem cultural de uma sociedade era transmitida por aprendizado, podendo ser difundida de um grupo para outro, independentemente das diferenças biológicas dos seus membros.

J. G. Frazer e Lévy-Bruhl foram seguidores do pensamento de Tylor. Mas foi Franz Boas quem acrescentou importantes elementos ao conceito de cultura e às teorias que explicavam as diferenças culturais. Rejeitando o evolucionismo, esse judeu, que sofreu na pele o antissemitismo europeu, lançou as bases da antropologia moderna ao pensar cada sociedade como um sistema integrado, resultante de um processo histórico peculiar. Em seu trabalho procurou mostrar que a cultura é independente de traços biológicos e físicos, combatendo qualquer ranço racista ainda presente nas ciências sociais. Ao contrário de Tylor, Boas se recusa a comparar as diferentes culturas como fazendo parte de um processo histórico comum. Ele propõe uma análise das culturas em sua diversidade e não da cultura humana como um objeto único — abdica, também, da ideia de um padrão único de racionalidade humana, assim como dos princípios evolucionistas em voga entre os pensadores dessa época.

Para analisar essa pluralidade de culturas, Boas desenvolveu o método indutivo na pesquisa de campo para o estudo da cultura, um

> [...] estudo cuidadoso e muito detalhado de fenômenos locais, dentro de uma área bem definida e geograficamente pequena, com as comparações limitadas à área cultural que forma a base desse estudo. Desse estudo emergiram histórias da cultura de diversas tribos. Apenas pela comparação dessas histórias individuais de crescimento é que as leis gerais do desenvolvimento humano poderiam ser descobertas.[5]

As contribuições do funcionalismo: Malinowski e Radcliffe-Brown

No início do século XX, surgiu o funcionalismo — escola antropológica que sucedeu ao evolucionismo, respondendo, em parte, às críticas que a ele se faziam por seu eurocentrismo e etnocentrismo.

De acordo com a escola funcionalista, cada sociedade deve ser estudada como uma totalidade integrada e constituída de partes interdependentes e complementa-

---

Franz Boas era judeu alemão, nascido em Minden, em 1858, de família liberal. Cursou física, matemática e geografia até interessar-se pela antropologia. Como geógrafo acabou entrando em contato com diferentes culturas, como quando participou de uma expedição à terra dos esquimós, em 1883-1884. Esteve nos Estados Unidos, onde também desenvolveu pesquisas de campo, e em 1887 emigrou para esse país. Entre suas principais obras destacam-se *A mente do homem primitivo* e *Raça, linguagem e cultura*. Influenciou uma geração de autores, entre eles Gilberto Freyre, que em seu livro *Casa grande e senzala* admite ter seguido suas ideias.

---

[5] David Kaplan & Robert A. Manners, *Teoria da Cultura* (Rio de Janeiro: Zahar, 1972), p. 113.

> **Eurocentrismo** é a tendência de interpretar as sociedades não europeias a partir dos valores e princípios europeus, isto é, tomar a sociedade europeia como modelo e padrão. **Etnocentrismo** é o princípio igualmente tendencioso de considerar uma raça como padrão e modelo, ponto mais elevado atingido pela espécie humana.

res, cuja função é satisfazer necessidades essenciais dos seus integrantes. Em seu livro *Uma teoria científica da cultura*, Malinowski definiu o conceito de função como a resposta da cultura a necessidades básicas do homem, como alimentação, defesa e habitação. "A função, nesse aspecto mais simples e básico do comportamento humano, pode ser definida como a satisfação de um impulso orgânico pelo ato adequado." Entretanto, já que as necessidades da espécie humana não se resumiam a questões biológicas, a função social de determinados costumes e instituições deveria responder às necessidades sociais do grupo. "A função das relações conjugais e da paternidade é obviamente o processo de reprodução culturalmente definido."

Se essa sociedade aparece ao pesquisador como desordenada ou desintegrada, isso se deve apenas ao seu desconhecimento em relação a ela, que apenas será superado após um longo processo de investigação em que o antropólogo deixará seu gabinete de trabalho para conviver com o grupo estudado. É a chamada observação participante, método de pesquisa que revolucionou os estudos antropológicos, substituindo a análise de informações superficiais e questionários inadequados pelo estudo sistemático das sociedades. O investigador, penetrando na cultura, desvenda seus significados guiado por suas informações, e não por teorias externas à realidade estudada.

> A **função** de um costume ou hábito numa dada sociedade pode ser entendida como a sua contribuição para o todo social, pensado como um conjunto integrado de partes. Assim, para o cientista descobrir essa função, ele precisa entender a sociedade como um sistema composto de inter-relações. Malinowski definiu função de um fato, ou traço social, como a resposta de uma cultura a uma necessidade básica do homem.

> **Funcionalismo** é escola desenvolvida pelas ciências sociais tendo por modelo as ciências naturais e biológicas, as quais concebem o organismo como uma totalidade composta de partes interdependentes, cuja natureza é definida pela sua contribuição para com a sobrevivência do todo. Transposto para o estudo das sociedades, esse princípio pretendia entender a função das instituições, das crenças e da cultura na manutenção, no equilíbrio e na conservação da sociedade.

O grande sistematizador do funcionalismo e do método da observação participante foi Malinowski, que de 1914 a 1918 viveu entre os nativos das ilhas Trobriand, próximas à Nova Guiné. Foi o primeiro a organizar e a sintetizar uma visão integrada e totalizante do modo de vida de um povo não europeu. Graças ao seu conhecimento da língua nativa — condição que ele considerava essencial para esse trabalho — e a uma observação intensa e sistemática, conseguiu reconstituir os principais aspectos da vida trobriandesa, desde as grandes cerimônias até singelos aspectos do dia a dia.

Segundo Malinowski, a tarefa do antropólogo deve iniciar-se com a observação de cada detalhe da vida social — mesmo aqueles aparentemente sem importância e incoerentes —, tentando descobrir seus significados e inter-relações. A etapa seguinte é um esforço de seleção daquilo que é mais importante e significativo para o entendimento da organização do todo integrado. Finalmente, o antropólogo deverá construir uma síntese na qual se revele o quadro das grandes instituições sociais — conceito essencial do funcionalismo referente a núcleos ordenados da sociedade que compreendem um código, um grupo humano organizado, normas, valores e uma infraestrutura material e física.

> Bronislaw Kasper **Malinowski** (1884-1942) era polonês, nascido na Cracóvia. Inicialmente formou-se em ciências exatas, das quais se afastou por motivos de saúde. Continuou seus estudos na Alemanha e depois na Inglaterra, onde se envolveu com a efervescência causada pelos estudos antropológicos de Sir James Frazer, autor de monumental trabalho sobre religiões e crenças mágicas. Ali, Malinowski tornou-se antropólogo e professor. Entre 1914 e 1918, desenvolveu seu grande estudo de campo entre os habitantes das ilhas Trobriand, o qual transpôs em várias obras. A primeira foi *Argonautas do Pacífico Ocidental*, na qual analisa o Kula, instituição responsável pela integração cultural daqueles povos à Inglaterra. De volta à Inglaterra, assumiu a cadeira de Antropologia na Universidade de Londres, em 1927. Foi aos Estados Unidos em 1938, onde se fixou por ocasião da Segunda Guerra Mundial. Outras importantes obras, referentes ao enorme material trobriandês, são *Magia, ciência e religião*, *Crime e costume na sociedade selvagem*, *Sexo e repressão na sociedade selvagem*, *A vida sexual dos selvagens* e *Uma teoria científica da cultura*.

Outro funcionalista importante foi o inglês Radcliffe-Brown que, influenciado pelas teorias e pelo método de Durkheim, procurou adaptá-los ao estudo das sociedades não europeias. Como Malinowski, considerava essas sociedades como totalidades integradas de instituições que têm por função satisfazer necessidades básicas de alimento, segurança e abrigo e de manutenção da vida social.

Podemos dizer que os evolucionistas e os funcionalistas iniciaram o estudo científico da cultura, que passou a ser um objeto privilegiado de pesquisa empírica. Por outro lado, eles começavam a estudar a diversidade cultural, quer do ponto de vista de um conjunto que se modifica de forma homogênea, quer como um conjunto de individualidades independentes. De qualquer modo, os cientistas sociais começavam a abandonar seus estúdios, nos quais se fechavam para estudar diferentes povos por intermédio de relatos, para observar, entrevistar, questionar os grupos estudados.

Por outro lado, começaram a combater fortemente os estereótipos e preconceitos com os quais as diferenças culturais eram percebidas e interpretadas. Nesse esforço teórico, os antropólogos criaram conceitos que foram, depois, amplamente utilizados pela sociologia, como *função social* e *sistema social*.

As contribuições do funcionalismo para o desenvolvimento da antropologia foram inquestionáveis. Foram esses antropólogos que primeiro deram as costas à Europa e ao evolucionismo para estudar o mundo não europeu como uma realidade de igual qualidade e capaz de ser entendida em si mesma. Foram eles que desenvolveram um método científico eficiente — e ao mesmo tempo responsável — de estudo das diferentes culturas. Apesar disso, muitos deles foram acusados de conivência com a política colonial europeia e com as elites brancas que se estabeleceram em países africanos e asiáticos colonizados. Nessa atitude de contemporização deixaram de enfocar em seus estudos os abusos praticados pelas metrópoles em suas colônias e o desrespeito à diversidade étnica e cultural dos povos colonizados.

Padrões culturais, cooperação, competição e diversidade

Considerado por muitos como funcionalista e, por outros, como culturalista, outro autor que se dedicou ao estudo da cultura em sociedades tribais e complexas foi Ralph Linton. Procurando entender o esforço da sociedade em manter a integração dos seus membros em torno de determinados princípios de vida coletiva, desenvolveu o conceito de padrão cultural.

Diz ele:

> O fato de a maioria dos membros da sociedade reagir a uma dada situação de determinada forma capacita qualquer um a prever o comportamento com um alto grau de probabilidade, se bem que jamais com absoluta certeza. Essa previsão é um pré-requisito em todo tipo de vida social organizada... A existência de padrões culturais é necessária tanto para o funcionamento de qualquer sociedade como para sua conservação.[6]

Alfred Reginald **Radcliffe-Brown** (1881-1955) era inglês, de Birmingham. Iniciou seus estudos em sua cidade natal, orientando-se para as ciências médicas. Mais tarde ingressou em Cambridge, entrando em contato com a economia e a psicologia experimental. Foi com W. H. R. Rivers, um dos primeiros grandes antropólogos britânicos, que Radcliffe-Brown se encaminhou para a antropologia. Sua primeira pesquisa de campo foi entre os nativos das ilhas Andaman, no Golfo de Bengala, a sudoeste da Birmânia. Tornou-se professor de etnologia na London School of Economics, assumiu postos universitários na Austrália e na África do Sul, lecionou na Universidade de Chicago e, entre 1942 e 1944, esteve na Universidade de São Paulo, como professor visitante. Entre suas obras destacam-se: *A organização social das tribos australianas*, *Sistemas africanos de parentesco e casamento* e *Estrutura e função na sociedade primitiva*.

---

[6] Ralph Linton, "O indivíduo, a cultura e a sociedade", em Fernando Henrique Cardoso & Octavio Ianni, *Homem e sociedade* (São Paulo: Companhia Editora Nacional, 1968), p. 99.

Ralph Linton defende que, em seu conjunto, a sociedade representa um sistema organizado de padrões culturais que regem a reciprocidade entre as pessoas. A complexidade da cultura e seu crescente afastamento dos determinismos naturais exige, entretanto, que os indivíduos sejam introduzidos na vida social passando por constantes processos de aprendizado, que envolvem tanto aqueles que nascem numa dada sociedade como os que, vindos de outras culturas, nela necessitam atuar e interagir. Essa socialização do indivíduo faz do homem um permanente aprendiz — estamos continuamente atualizando nossos padrões e acompanhando o fluxo de transformações culturais.

> **Ralph Linton** nasceu em Filadélfia (EUA), em 1893, e morreu em New Haven (EUA), em 1953. Tornou-se um dos mais importantes antropólogos norte-americanos e desenvolveu importantes estudos sobre a natureza humana. Lecionou em diversas universidades norte-americanas e participou de instituições científicas como o Field Museum of Natural History, de Chicago, e a American Anthropological Association, da qual foi presidente. Durante a Primeira Grande Guerra alistou-se e combateu na França.

Mas, se Linton preferia pensar a sociedade como um todo integrado que possui recursos para manter sua homogeneidade em torno de certos padrões, outros autores procuraram estudar a cultura em seu dinamismo e capacidade de transformação. Esse dinamismo da cultura se deve tanto às transformações históricas que fazem emergir novas necessidades sociais quanto ao fato de, no próprio interior da cultura, conflitos e contradições acabarem por interferir naquilo que, em certo momento, domina uma sociedade. Devemos pensar na cultura, portanto, como um conjunto não homogêneo e, muitas vezes, não harmonioso de tendências que conflitam pela sua hegemonia no todo da sociedade. Assim, por mais que certos padrões culturais vigentes gozem de certa unanimidade, há no interior da sociedade forças conflitantes e antagônicas que expressam essa fissura e dissidência, embora inúmeros recursos sejam usados para garantir a integração da sociedade.

Nesse sentido, autores como William F. Ogburn e Meyer F. Nimkoff admitem que faz parte da cultura e da vida social a contraposição entre forças integradoras e divisoras do todo social, forças centrípetas e centrífugas. Dizem eles:

> O termo processo social foi aplicado a estas tendências da vida grupal, a estas maneiras fundamentais de interação existentes entre os homens. Quando os homens trabalham juntos, tendo em vista um objetivo comum, seu comportamento é chamado cooperação. Quando lutam um contra o outro, a conduta é rotulada oposição. Cooperação e oposição constituem os dois processos básicos da vida em grupo.[7]

Neste capítulo, vimos a importância do conceito de cultura para os estudos da vida social e de como, com a expan-

---

[7] William F. Ogburn & Meyer F. Nimkoff, "Cooperação, competição e conflito", em Fernando Henrique Cardoso & Octavio Ianni, *Homem e sociedade*, cit., p. 236.

são europeia, o conflito entre culturas se torna objeto de pesquisa. Com o intuito de entender as diferentes manifestações culturais, povos com e sem escrita, com e sem governo central instituído, com e sem crenças escatológicas, os cientistas desenvolveram diferentes teorias procurando explicar a origem das culturas e suas diferenças. Surgiram grandes propostas teórico-metodológicas — o evolucionismo, o funcionalismo e o culturalismo — com autores que trabalharam com diferentes pressupostos e conceitos. Procuramos, aqui, expor os principais nomes de cada um desses movimentos científicos e ressaltar suas diferenças. É importante perceber que, no conjunto dessas formulações, a cultura começa a se esboçar enquanto objeto científico, separando-se da biologia e das ciências da natureza e propiciando grande desenvolvimento do pensamento antropológico e sociológico. Configuraram-se novos pressupostos teóricos e novas metodologias de pesquisa, cada uma delas elucidando parte desse objeto peculiar do estudo das humanidades, a cultura.

3. A antropologia contemporânea

Misturando os idiomas

O processo de globalização está contribuindo para a mistura de idiomas hoje, de forma mais visível ou audível na invasão de tantas línguas, do português ao japonês, por palavras e frases inglesas ou anglo-americanas. No entanto, globalmente, o encontro e a mistura de idiomas teve início há vários séculos, como consequência da invasão do resto do mundo pelos europeus, no processo mais conhecido como colonização. O português foi o primeiro idioma a expandir suas fronteiras, seguido pelo espanhol, francês, holandês e inglês.

Por um lado, alguns missionários e administradores tentaram persuadir, ou até forçar, populações indígenas, ou pelo menos a elite desses povos, a falar línguas europeias. Em 1659, no Ceilão [atual Sri Lanka], por exemplo, a administração colonial declarou que ninguém poderia usar chapéu a não ser que falasse holandês. Na Guatemala, houve um decreto semelhante, segundo o qual ninguém poderia andar a cavalo a menos que falasse espanhol. Por outro lado, alguns missionários, oficiais e imigrantes que foram ao Novo Mundo aprenderam as línguas locais. O comércio de escravos também contribuiu para a mistura de idiomas. Os mercadores de escravos separavam, propositalmente, os cativos originários da mesma parte da África precisamente com o objetivo de dificultar a comunicação entre eles.

Os escravos aprendiam a falar a língua franca ou *pidgin*, que misturava as línguas europeias com as africanas. Dessa mistura surgiram várias novas línguas ou "crioulos", com base no francês (no Haiti e na Louisiana, por exemplo), no holandês (na África do Sul), no inglês (na Jamaica) e no português em Málaca, Macau, Goa e São Tomé.

Como consequência de todos esses encontros, algumas palavras locais para designar animais, pássaros e plantas que eram desconhecidas no Velho Mundo se espalharam de uma língua europeia para outra. Hoje, as palavras em tupi "jaguar", "caju" e "mandioca" são usadas em diversos idiomas, bem como as palavras em náuatle "chocolate", "abacate" e "tomate", ou as palavras em quéchua "condor", "puma" e "quinino". De forma semelhante, certas palavras asiáticas para designar instituições ou itens da cultura material ingressaram nas línguas europeias nos séculos XVI e XVII, geralmente por meio do português; "pagode", por exemplo, e "varanda", ambas palavras indianas; "palanquim" e "cris", do malaio ou javanês. "Mandarim" veio do chinês, e "bonzo", que significa sacerdote budista, do japonês.

> As línguas africanas contribuíram com centenas de palavras para o português, de orixá a quilombo, e com alguns vocábulos para o inglês e o francês. Os contatos crescentes entre a Europa e o mundo muçulmano e, esperemos, a crescente compreensão de seus costumes se refletiram na quantidade de palavras árabes e turcas que ingressaram nas línguas europeias na época, palavras como cadi ("juiz"), aga ("senhor"), bazar, harém, xeique, sultão, paxá, dervis, muezim. Navegadores e comerciantes no Mediterrâneo usavam frequentemente o idioma conhecido como "língua franca", uma mistura de veneziano e árabe, com um pouco de português e outros idiomas.[1]
>
> [1] Peter Burke, "Misturando os idiomas", em *Folha de S.Paulo*, Caderno Mais!, 13 de abril de 2003.

Introdução

No capítulo anterior, procuramos desenvolver os conceitos trabalhados pela antropologia em sua abordagem da cultura. Procuramos mostrar que a teoria da cultura esteve ligada ao desenvolvimento das ciências sociais, bem como ao processo político que colocou a Europa em relação com povos não europeus. Impulsionado pela expansão do capitalismo e do colonialismo, pelo qual as metrópoles europeias buscavam abastecer-se de matéria-prima para sua indústria e, depois, aumentar o consumo dos produtos industrializados, o contato com povos diferentes dos europeus provocou o desenvolvimento da análise da cultura. Essas análises inicialmente tiveram a Europa como padrão desejável de civilização humana, responsável pelo desenvolvimento de teorias etnocêntricas que viam a história como um processo universal e determinista que levava todos os povos a adotar, com o passar dos anos, um mesmo modelo de sociedade.

Durante o século XIX, em que a Europa entrou em contato definitivo com sociedades completamente diferentes, as teorias evolucionistas tiveram especial ênfase nas análises das ciências humanas, a diversidade de culturas sendo vista como diferença de estágios de um mesmo processo civilizatório. A passagem do século XIX para o XX trouxe modificações significativas — de um lado, a Europa entra em crise, os países europeus passam a disputar territórios e hegemonia política dentro e fora do continente, colocando em risco a sobrevivência dos países envolvidos; de outro, diversas ciências humanas, como a psicologia, a psicanálise e a semiótica, desenvolvem-se, tendo por princípio a ideia de uma natureza humana única e de igual complexidade e evolução, existente em diferentes sociedades. A partir dessas duas tendências — uma que colocava em dúvida a superioridade europeia e outra que descartava o evolucionismo, atribuindo a todas as culturas o mesmo nível de desenvolvimento social e humano, independentemente do avanço tecnológico e científico alcançado — uma revolução ocorre na teoria da cultura, surgindo explicações teóricas baseadas menos nos elementos visíveis da ação humana e mais em seus aspectos simbólicos, linguísticos e cognoscentes.

Teorias desenvolvidas por Sigmund Freud atribuíam aos seres humanos uma mesma psique e uma mesma subjetividade, analisando mitos e tabus presentes nas mais diferentes culturas. Estudos como o de Ferdinand Saussure, em semiótica, mostravam que a linguagem humana baseava-se nos mesmos princípios sistêmicos, fosse ela baseada na oralidade ou na grafia, nos gestos ou na expressão corporal. As análises de Karl Marx, por seu lado, mostravam as contradições intrínsecas do capitalismo e demonstravam que a história do homem havia apenas alterado formas de exploração humana, sem garantir qualquer progresso à humanidade. Todas essas teorias, que passaram a predominar no pensamento científico do século XX, obrigavam os cientistas sociais a rever seus princípios e suas análises da cultura. Como resposta, surgiram teorias que levavam em conta essas propostas inovadoras, revendo os princípios comparativos das relações interculturais.

Além desses avanços e reformulações no campo científico, o século XX deparou-se com a descolonização da África e Ásia, decorrente das duas guerras mundiais e da perda da hegemonia europeia no mundo. As lutas pela independência levaram as antigas colônias a adotar novo estatuto e a pensar sobre si próprias. Começam a surgir universidades nesses países recém-libertos e estudos consistentes de ciências sociais. Desenvolve-se o autoconhecimento. É a independência científica que se processa.

O que vamos discutir neste capítulo são as escolas antropológicas surgidas no século XX que apresentam novas abordagens da cultura, baseadas menos na observação empírica, na cultura material e na comparação evolucionista e mais no relativismo cultural, na interpretação simbólica e na análise da subjetividade humana.

> **Relativismo cultural** é o pressuposto ideológico e político-social que se baseia na ideia de que as diversas culturas não podem ser comparadas entre si, segundo critérios de superioridade étnica, racial e tecnológica. Em 1948, na revista *American Anthropologist*, o termo foi usado pela primeira vez pelos alunos de Franz Boas, resumindo as principais ideias defendidas pelo mestre. Do ponto de vista ético, essa teoria propõe que o bem e o mal na sociedade só podem ser analisados em função dos valores da própria sociedade. Essa doutrina é hoje questionada devido a uma concepção universal de humanidade, contra a qual nenhuma sociedade deveria ou poderia se posicionar.

Estruturalismo: uma nova abordagem antropológica

Uma dessas correntes epistemológicas que trouxe importantes contribuições para o estudo da cultura foi o estruturalismo, que teve Claude Lévi-Strauss como um dos principais nomes, propondo um novo método de investigação e interpretação antropológica da cultura.

O estruturalismo desenvolveu-se em diferentes ciências humanas como a linguística e a fonologia, e teve especial aceitação na década de 1960. Além de um princípio teórico, tratava-se de uma postura metodológica que visava explicar as diferentes realidades empíricas por modelos teóricos que dessem conta das variedades nas quais determinados fenômenos se apresentam ao

> **Claude Lévi-Strauss** nasceu em 1908 em Bruxelas, na Bélgica. Iniciou estudos jurídicos em Paris, onde fez concurso para lecionar filosofia. Foi professor de liceu até ser convidado, em 1934, para lecionar na Universidade de São Paulo. Durante a permanência no Brasil, até 1937, realizou breves expedições ao interior e publicou seu primeiro trabalho de caráter antropológico, a respeito dos índios bororo. Em 1941 trabalhou em Nova York e foi adido cultural da França nos Estados Unidos entre 1946 e 1947. De volta à França, assumiu, em 1959, a cátedra de antropologia no Collège de France. Visitou, ainda, o Brasil em 1985. Da sua vasta produção intelectual, que lhe valeu a mais elevada condecoração científica francesa, destacam-se *Tristes trópicos*, *As estruturas elementares do parentesco*, *Antropologia estrutural* (dois volumes), *O pensamento selvagem* e *Mythologiques* (cinco volumes). Morreu em 2009, pouco antes de completar 101 anos.

cientista. Procurando utilizar análises qualitativas e quantitativas, os cientistas tentavam mostrar que as relações de parentesco, as formulações linguísticas, os tabus e os mitos poderiam ser interpretados a partir de matrizes teóricas associadas entre si. A ideia de que todas as sociedades são traduzíveis nessas mesmas estruturas, e que elas podem ser comparáveis, está na base do que ficou conhecido como análise estrutural. Assim como a língua se apresenta como uma estrutura não aleatória de elementos gramaticais e fonéticos, a vida social se mostra como uma combinação de elementos, relações e instituições.

A partir desse princípio, Lévi-Strauss propõe estudar as diferentes sociedades como formas particulares de combinação de elementos para solucionar problemas que são universais. Assim, as diferentes regras de parentesco, observáveis em diversas sociedades, seriam formulações particulares para resolver a questão universal de como distribuir as mulheres entre os homens disponíveis. Essas regras que definem os casamentos e as relações de parentesco — interdições, obrigações, contratos — refletem-se também nas demais regras de relacionamento entre famílias e entre sexos, assim como nas formulações linguísticas e nos mitos que justificam o modo de ser dessa cultura.

Lévi-Strauss exemplifica suas ideias com uma metáfora, associando as escolhas que cada sociedade promove para determinadas instâncias da vida social com as jogadas que um jogador realiza a partir de determinadas regras. Diz ele:

> De início, o homem é semelhante a um jogador, que toma nas mãos, quando se senta à mesa, cartas que não inventou, já que o jogo de cartas é um dado da história e da civilização. Em segundo lugar, cada repartição de cartas resulta de uma distribuição contingente entre os jogadores e se faz sem que eles o percebam. Há mãos aceitas passivamente, mas que cada sociedade, como cada jogador, interpreta nos termos de vários sistemas, que podem ser comuns ou particulares: regras de um jogo ou regras de uma tática. E é bem sabido que, com a mesma mão, jogadores diferentes não farão a mesma partida, se bem que não possam,

constrangidos também pelas regras, com outra qualquer, fazer qualquer partida.[2]

Aceitando a metáfora proposta, podemos dizer que cada cultura representa um jogo em que diferentes sociedades compatibilizam as regras possíveis com as cartas recebidas, as táticas aprendidas e as jogadas dos demais jogadores. Apreender essas regras, as escolhas feitas e explicar historicamente as jogadas é a função do cientista social, cuja análise resulta no desvendar das estruturas sociais, de parentesco, linguagem e produção.

Lévi-Strauss propõe um conceito de estrutura que tem um valor heurístico, ou seja, capaz de desvendar os mecanismos da vida social para o investigador. Para ele, a estrutura é uma elaboração teórica construída a partir dos dados empíricos obtidos da análise da sociedade. Utilizando, também, uma metáfora, poderíamos dizer que esse conceito para Lévi-Strauss corresponde à estrutura de um edifício que, mesmo estando oculta, organiza, distribui, relaciona e sustenta todos os elementos observáveis dessa construção — os andares, as unidades habitacionais, as entradas, as saídas e os corredores.

> Para Lévi-Strauss a estrutura é a construção teórica capaz de dar sentido aos dados empíricos.

Do mesmo modo, é a estrutura social que organiza, conecta e relaciona as diversas instâncias, estabelecendo as múltiplas relações entre os elementos, os grupos e as instituições. A construção desse arcabouço teórico se dá pela análise dos dados empíricos e do entendimento de seus significados. Os elementos constitutivos da estrutura — relações de parentesco, instituições ou grupos sociais diversos — se organizam sob a forma de um sistema, isto é, são elementos interdependentes e que estão em inter-relação. Qualquer modificação em uma das partes tem por consequência a modificação em cadeia de todas as outras.

Os estruturalistas aceitavam a existência de diferentes tipos de sociedades: as mais simples ou tradicionais, e as complexas, ou modernas. Distinguiram essas sociedades também como capitalistas e não capitalistas, mas afirmavam que essa diferença só poderia ser explicada em função de sua própria história e da relação que cada sociedade mantém com o meio natural e social. Os estruturalistas não propunham nenhuma lei ou princípio explicativo que regulasse a passagem de uma estrutura mais simples para outra mais complexa.

Raymond Firth foi um dos antropólogos que, mesmo adotando o método estruturalista de interpretação da sociedade, procuraram dar relevo à questão da mudança social. Para ele, o fato de a estrutura constituir-se de elementos interdependentes tende a favorecer a transformação social, na medida em que qualquer modificação em um dos seus componentes acarretaria a transformação da estrutura como um todo.

Ao estudar a sociedade Achech, em Sumatra, Firth percebeu que quem decidia o casamento de uma jovem menor era um parente direto da linha paterna, o próprio pai ou o avô. A jovem que não tivesse esses parentes vivos estaria numa situação de anormalidade e contradição, pois as regras sociais impunham que ela se casasse antes da maioridade, ao mesmo tempo que im-

---

[2] Claude Lévi-Strauss, *O pensamento selvagem* (São Paulo: Cia. Editora Nacional, 1970), p. 119.

pediam as menores de escolher o noivo por sua própria conta. Diante desse conflito a sociedade Achech adota um critério, o *wali*, retirado da lei muçulmana, que institui um tutor para decidir sobre o casamento das jovens que não têm pai nem avô. A adoção desse comportamento não previsto pela estrutura Achech introduz mudanças nas relações sociais, na hierarquia e na distribuição de funções. Inovam-se papéis e regras sociais.

De qualquer maneira, os teóricos estruturalistas tenderam sempre a dar mais ênfase aos estudos sincrônicos, isto é, aqueles que valorizam as análises das justificativas de por que as sociedades chegam a ser como são e como assim permanecem, do que às análises das contradições e dos processos que levam à mudança.

Mas, para nossos estudos sobre a cultura, duas contribuições são relevantes — os estruturalistas admitem um mesmo método para o estudo das sociedades totêmicas ou primitivas e para as sociedades complexas, aceitando uma mesma forma de ser e de se organizar sistemicamente. E, por outro lado, pensam a cultura não como evidências, mas como construções teóricas, fruto da pesquisa empírica e de interpretações e diagnósticos. E, ainda, como contribuição importante, esses autores partem do pressuposto de uma logicidade interna às diversas culturas, que deve justificá-las.

As contribuições dos estudos marxistas

O marxismo também trouxe importantes ideias para o estudo da cultura. Analisando criticamente o capitalismo e expondo suas contradições internas, Karl Marx ajudou a abalar a crença na superioridade da sociedade europeia e da civilização ocidental, contribuindo para fortalecer uma postura relativista baseada no princípio das relações de dominação existentes entre metrópoles europeias e suas colônias.

Por outro lado, o estudo da ideologia, como sendo a consciência do ser humano moldada pelas relações de produção, levou Marx e seus seguidores a reconhecer na própria ciência uma atitude ideológica. Assim, ao pensarem as sociedades não europeias como manifestações de um estágio passado da humanidade, os antropólogos, a serviço dos países europeus, justificariam toda forma de intervenção destinada a levar essas sociedades a um pretenso "progresso". Daí certas políticas desenvolvimentistas, que abalaram crenças religiosas e liquidaram formas produtivas mais artesanais, ou consideradas rudimentares tecnologicamente.

Os estudos marxistas da cultura, portanto, voltaram-se para uma análise crítica da própria sociedade europeia, expondo as relações de dominação política, econômica e ideológica que o colonialismo estabelecia entre nações e continentes. Tais estudos expuseram até mesmo os preconceitos que guiaram os cientistas na identificação do diferente como "exótico", "tropical" ou "tradicional". Dessa forma, propunham uma nova metodologia de trabalho que chamaram de anticolonialismo, ou seja, um estudo da cultura que respeita a especificidade dos povos não europeus e os anseios de seu povo, assim como sua autodeterminação.

Essa teoria propõe, ainda, a análise crítica da sociedade estudada por intermédio de métodos que não intervenham em seu destino, abdicando de toda postura etnográfica que sirva para fornecer informações a governos coloniais, ou defender interesses econômicos de grupos metropolitanos, apoiando sempre movimentos de independência e autonomia. Desse ponto de vista, a modernização só pode ser entendida como a sobrevivência de culturas soberanas e a salvaguarda de sua originalidade. Para se atingir esses objetivos, autores como Gerard Léclerc defenderam o pluralismo sociocultural, que correspondia à defesa da agricultura, à valorização da terra e das línguas vernáculas, ao respeito dos limites territoriais e à aceitação das diferenças.[3]

Cientistas marxistas falam em um nascente pós-colonialismo que seria perceptível especialmente nos Estados Unidos, na Inglaterra e na França, onde o etnocentrismo vinha sendo substituído por outras posturas igualmente preconceituosas, de cunho desenvolvimentista. Para combatê-lo, estimulam o desenvolvimento das ciências sociais nas ex-colônias, visando ao estudo dessas realidades sociais, ao resgate de seu passado, ao reconhecimento de sua especificidade e à descolonização ideológica e científica. Diz Léclerc a respeito do surgimento do que ele chama de multiplicidade de olhares:

> E as guerras de libertação nacional materializaram e materializam esta vontade de deixarem de ser os objetos da história para serem os sujeitos dessa mesma história... A descolonização vai (irá) mais longe. Ela não é uma posição ideológica; é um fato histórico global. Trata-se da posição nova de sociedades outrora encaradas como objetos e que, reencontrando a sua soberania, contestam essa visão.[4]

Há a proposição de um anticolonialismo que envolva a pluralidade e a diversidade nas quais as culturas não se vejam destinadas ao desaparecimento e língua e valores não sejam pensados como reminiscências do passado, resquícios da pré-história da humanidade.

Em outro extremo dos estudos marxistas tem início o estudo da própria sociedade capitalista de um ponto de vista crítico, a partir do qual começam a se delinear os estudos das culturas minoritárias, sejam elas constituídas de ex-escravos, de imigrantes, de refugiados ou, simplesmente, de grupos sociais excluídos das benesses do desenvolvimento econômico e político. Desenvolve-se a percepção clara de que o desenvolvimento, o bem-estar e o estilo de vida de que se orgulham as nações desenvolvidas não são compartilhados pelo conjunto da nação — as diferenças entre o meio urbano e rural, entre a cidade e o campo se tornam mais evidentes.

E é na esteira dessas preocupações que as ciências sociais se implantam e se desenvolvem na América Latina e no Brasil. Entre 1930 e 1940, diversos cursos são instalados nas universidades brasileiras com pesquisas em nível de pós-graduação, voltando-se principalmente para a análise da realidade brasileira. É importante mencionar que diversos professores estrangeiros estiveram por vários anos no Brasil, especialmente durante a Segunda Guerra Mundial, entre os quais destacamos Claude Lévi-Strauss e Roger Bastide, para estimular a formação de pesquisadores e o desenvolvimento da pesquisa autóctone. Aqui, diante de uma realidade múltipla e diversificada, proliferaram estudos sobre o Brasil indígena, as minorias étnicas, a luta do trabalhador no campo, o êxodo rural e as desigualdades de classe. Os teóricos marxistas foram os principais inspiradores dessa produção.

---

[3] Gérard Léclerc, *Crítica da Antropologia* (Lisboa: Estampa, 1973), p. 145.
[4] *Idem*, p. 151.

Na produção artística encontramos elementos importantes para entender os valores de uma cultura e a sua expressão através dos signos. Com *Guernica*, Pablo Picasso expressa os horrores das guerras que sacudiram a Europa de seu tempo.

A cultura como significado

Seja pelo tratamento dado por Lévi-Strauss à cultura, apresentada como um todo sistêmico apreensível pela pesquisa e pela interpretação lógica de suas manifestações; seja pela proposta da cultura como construção ideológica de um grupo, o século XX volta-se para conceitos de cultura essencialmente simbólicos e abstratos. Se é verdade que os estudos clássicos já valorizavam aspectos imateriais da cultura, como os valores e as atitudes de determinado grupo social, esses eram apreendidos por suas manifestações exteriores — tradição oral, observações sistemáticas, registros. O que se apresenta nos estudos contemporâneos é mais do que isso, é a percepção da estreita relação que existe entre o que é visível e o que só é apreensível por processos de interpretação linguística, de análise lógica ou de conteúdo.

Além das escolas aqui estudadas, há ainda uma grande teoria revolucionária proposta por Clifford Geertz, esse antropólogo que se baseia nos princípios da fenomenologia para propor um conceito novo de cultura — um conjunto de significados partilhado por um grupo. Diz ele:

> [...] o conceito de cultura ao qual eu me atenho não possui referentes múltiplos nem qualquer ambiguidade fora do comum, segundo me parece: ele denota um padrão de significados transmitido historicamente, incorporado em símbolos, um sistema de concepções herdadas expressas em formas simbólicas por meio das quais os homens comunicam, perpetuam e desenvolvem seu conhecimento e suas atividades em relação à vida.[5]

Os símbolos como portadores de informação passam a ser o principal objeto da análise da cultura, quando submetidos a uma análise sistemática. Ele reconhece que os significados dos símbolos, verdadeiros veículos do pensamento, podem ser evasivos, flutuantes e distorcidos, mas que são acessíveis ao investigador pelo estudo do conjunto de padrões culturais presentes na cultura. São os sentidos que orientam a ação do homem que devem orientar a pesquisa do estudioso da cultura.

---

[5] Clifford Geertz, *A interpretação das culturas*, cit., p. 103.

Como metodologia de pesquisa, essa antropologia interpretativa apoia-se na hermenêutica e propõe a construção de modelos explicativos criados a partir de formulações intersubjetivas, surgidas da colaboração entre o cientista pesquisador e os grupos analisados. O primeiro abre mão de sua autoridade científica para associar-se à mentalidade daqueles cuja vida deseja compreender. Nesse trânsito, os sentidos afloram de forma "negociada".

Embora afirme que o método pretendido — a fenomenologia científica da cultura — deve se diferenciar da análise literária ou do estudo "impressionista", muito de seu trabalho se orienta pela análise do conteúdo e da narratividade. Seu trabalho estimulou diversos autores no estudo dos costumes, das crenças e dos hábitos, buscando-se a construção de modelos interpretativos da cultura. Por outro lado, deu continuidade a muitos estudos que já haviam tentado essa direção interpretativa e motivacional do estudo da cultura, como Max Weber, na Alemanha.

Suas propostas influenciaram, também, historiadores da cultura que passaram a se dedicar preferencialmente à análise de documentos e das tradições, buscando desvendar significados ocultos no trânsito dos símbolos da comunicação humana que transitam sobre diferentes suportes, envolvendo fatos que se deseja investigar. Com muito sucesso e impacto entre seus contemporâneos, a teoria de Geertz vem se somar às mudanças que a história e o desenvolvimento das demais ciências traziam ao estudo da vida social e da cultura humana. Trata-se, como ele mesmo reconhece, de uma ruptura pela qual os cientistas sociais parecem, definitivamente, divorciar-se dos físicos e dos biólogos, abraçar a especificidade e o caráter histórico de seu objeto — o homem.

O pós-colonialismo

O antropólogo brasileiro Roberto Cardoso de Oliveira,[6] ao criticar a antropologia interpretativa desenvolvida por Geertz e seu seguidores, faz questão de considerá-la como manifestações pós-modernas, isto é, da mesma ordem que outras teorias literárias e históricas. Isso em razão de essa proposta manifestar-se contra os ditames do racionalismo científico e aproximar-se de modelos explicativos menos pretensiosos e mais subjetivos. A valorização do símbolo e da linguagem na análise científica da cultura seria sintoma desses novos tempos, nos quais os pressupostos da modernidade, entre eles a objetividade e a razão, estariam sendo substituídos por explicações mais humanistas, individuais e subjetivas.

Mesmo que não concordemos com esse autor, é importante seu reconhecimento de que as ciências humanas contemporâneas voltam-se para essa perspectiva diferencial em relação aos modelos explicativos clássicos. É o caso de Homi Bhabha, esse autor indo-britânico que elegeu o pós-colonialismo como objeto de estudo. Segundo esse cientista, uma tradição clássica foi deixada para trás em vista da descolonização da Ásia e África, tradição essa caracterizada pela configuração de culturas nacionais homogêneas, por povos com certa uniformidade étnica e pelo comparativismo cultural. Em lugar desses pressupostos, assiste-se hoje a uma realidade transnacional, multinacional e híbrida do ponto de vista cultural, étnico e político, que aposenta qualquer tentativa de "purismo". Nesse cenário em transformação e ruptura, Bhabha estuda o que é pós-colonialismo, mostrando a miscigenação demográfica dos grupos sociais formados por nativos, migrantes, imigrantes, re-

---

[6] Roberto Cardoso Oliveira, "A categoria de (des)ordem e a pós-modernidade da antropologia", em Roberto Cardoso Oliveira et al., *Pós-Modernidade* (Campinas: Unicamp, 1995).

fugiados e outros viajantes. Esse hibridismo cria uma nova realidade, que renova o passado e o atualiza nas condições presentes.

Segundo Bhabha, vivemos em uma época que dissolve os confrontos binários entre público e privado, centro e periferia, opressor e oprimido, indivíduo e sociedade, exigindo do cientista social uma atitude mais livre e menos polarizada. Do mesmo modo, as relações entre metrópole e colônia devem buscar novo enfoque, pois envolvem relações recíprocas de alteridade, entre as quais encontramos um espaço híbrido que ele chama de "entre lugar".[7] Como Geertz, Bhabha propõe o estudo das formas simbólicas onde essa intertextualidade pode se expressar, quer no campo da ação política, quer no da pesquisa científica.

Assim, propondo o estudo da diferença cultural, ele pretende reconhecer as manifestações de poder que se estabelecem nas relações interculturais, pois são elas que revelam a resistência às forças homogeneizadoras do discurso, da cultura, da sociedade. São elas que permitem contestar o historicismo clássico que procura reduzir diferenças radicais a um mesmo processo generalizante e unificador. Ele afirma: "A luta contra a opressão colonial não apenas muda a direção da história ocidental, mas também contesta sua ideia historicista de tempo como um todo progressivo e ordenado".[8]

Portanto, ao propor um estudo da cultura pós-colonial Bhabha rejeita as fronteiras, os dualismos, as oposições simples entre metrópole e colônia, passado e presente, ação política e ciência. Elegendo o "entre lugar" como o espaço de inteligibilidade do real e do presente, ele busca a reciprocidade, a negociação e a complementaridade que caracterizam a cultura pensada como uma relação em construção e permanente devir. E conclui: "Não é o Eu colonialista nem o outro colonizado, mas a perturbadora distância entre os dois que constitui a figura da alteridade colonial — o artifício do homem branco inscrito no corpo do homem negro".[9]

Com esse enunciado, terminamos o capítulo de nossa unidade sobre a cultura. Vejamos, agora, a contribuição dos sociólogos para o entendimento desse conceito.

---

[7] Homi K. Bhabha, *O local da cultura* (Belo Horizonte: UFMG, 2005), p. 57.
[8] *Idem*, p. 72.
[9] *Idem*, p. 76.

4. Comunidade: a contribuição da sociologia para o estudo da cultura

Introdução

Desde seus primórdios, a sociologia deu especial importância ao estudo da cultura, procurando entender os princípios que regulavam a vida em sociedade. Ao fazer isso, os sociólogos identificaram diferentes modos de vida, formas de pensar, maneiras de se comunicar, crenças e valores referentes aos diversos grupos humanos com os quais entravam em contato. Muitos deles passaram a se preocupar especialmente em entender como a cultura se diferencia no tempo e no espaço, ou seja, como a história vai diversificando os grupos sociais. Muitos tenderam ao evolucionismo, como Émile Durkheim; outros foram mais sensíveis às especificidades históricas e sociais de cada sociedade, como Max Weber.

Mas por que fazermos essa distinção entre sociologia e antropologia no estudo da cultura, sabendo que ambas são ciências sociais que procuraram estudar um objeto comum — o homem em sociedade? Porque, em suas origens, essas ciências centraram-se em perspectivas teóricas e metodológicas diversas. A sociologia dedicou-se especialmente ao estudo da sociedade europeia, que enfrentava graves problemas sociais, como o êxodo rural, a urbanização e a industrialização acelerada. Esses fenômenos punham em conflito as tradições e as inovações, o artesanato e a produção tecnológica, exigindo o estudo científico do comportamento humano em coletividade. Já a antropologia desenvolveu-se como área do conhecimento interessada em estudar sociedades não europeias — aquelas com as quais os europeus entraram em contato a partir da expansão colonialista. O choque entre culturas, o estranhamento mútuo que sentiam europeus e não europeus e a expansão do capitalismo, exigindo novas fontes de matéria-prima e mais consumidores, fez desenvolverem-se os estudos antropológicos e etnológicos.

Não podemos dizer que fosse apenas uma curiosidade científica — as metrópoles europeias, como França e Inglaterra, tinham interesse em conhecer a língua e os costumes dos povos dominados, especialmente para que a exploração colonial se efetuasse sem muito conflito ou violência. Saber a história desses povos, seu idioma, crenças e formas de poder era de especial importância para os colonizadores. Assim, deram todo o apoio à nascente ciência, permitindo-lhe testar seus conceitos e métodos de pesquisa. Do mesmo modo, os governos europeus também tinham interesse no estudo da sua própria sociedade, para desenvolver métodos adequados de manutenção da ordem social. Assim, o desenvolvimento das ciências humanas, além de ter sido desejável e bem aceito, veio ao encontro de necessidades muito específicas das elites econômicas e políticas europeias.

Entre sociologia e antropologia

A separação entre sociologia e antropologia, entretanto, não era absoluta, e durante o século XIX, quando ambas surgem e se afirmam como ciências, podemos constatar trocas e influências. Émile Durkheim, por exemplo, foi responsável por instituir o estudo da sociologia e da antropologia na França, tendo desenvolvido inúmeros estudos de cunho antropológico com seu sobrinho, Marcel Mauss. Conceitos como o de função social foram utilizados tanto por antropólogos como por sociólogos, e foram muitos os cientistas que, em suas análises, procuraram desenvolver modelos explicativos gerais que dessem conta tanto das sociedades europeias como das não europeias. As conquistas que se iam obtendo nas duas disciplinas eram disseminadas por todas as ciências sociais — os problemas sociais que se iam delineando no estudo das sociedades capitalistas ajudavam os antropólogos a relativizar suas interpretações das sociedades não capitalistas, assim como o desvendar de sociedades tradicionais auxiliava os sociólogos a colocar em dúvida a superioridade da civilização europeia. O século XX, com suas contradições e rupturas, contribuiu ainda mais para a aproximação dessas duas áreas do saber e para sua cooperação na resposta a essas questões.

O desenvolvimento tecnológico, a globalização, a metropolização das cidades, a expansão do capitalismo, a grande migração de europeus para o resto do mundo e o desenvolvimento dos meios de comunicação promoveram grandes transformações no mundo todo, tornando a vida na Europa e fora dela muito semelhante. Por outro lado, o grande prejuízo econômico-social e humano que as guerras mundiais provocaram na Europa, a emergência dos Estados Unidos, um país moderno e sem tradições, como potência mundial, foram fatores importantes para que se repensasse o desenvolvimento social das diversas nações e sociedades.

E foi nos Estados Unidos que o Culturalismo, escola sociológica que se desenvolveu principalmente na Universidade de Chicago, ajudou a derrubar as fronteiras entre as duas ciências. Os sociólogos procuraram utilizar a etnografia para a pesquisa dos grupos sociais minoritários de afrodescendentes ou imigrantes. Aplicando esse método ao estudo de pequenas cidades, bairros e aldeias, tentavam desvendar suas características culturais diferenciais. Usando estatística, análise documental, observação e questionários, desenvolviam análises qualitativas em profundidade, de forma semelhante à dos antropólogos entre povos não europeus.

Outro fator de grande importância para a aproximação entre sociologia e antropologia foi o desenvolvimento do socialismo e dos movimentos sociais revolucionários que emergiram no mundo todo. As ideias de Karl Marx e a proposta de uma revolução socialista, que resultaria do pleno desenvolvimento das contradições engendradas pelo capitalismo, levaram os cientistas sociais a fixar suas lupas sobre essas contradições existentes dentro e fora da Europa, dentro e fora do capitalismo. Essas análises mostraram que, em primeiro lugar, a sociedade capitalista caracterizava-se por enormes diferenças e desigualdades sociais, que colocavam as classes subalternas europeias em situação ainda mais adversa do que aquela em que viviam povos considerados por muitos autores como primitivos ou selvagens. Em segundo lugar, o estudo do capitalismo e de sua expansão pôs à mostra os processos de dominação que a Europa estabelecia com os demais continentes. A análise crítica dos laços coloniais denunciava a relação perversa estabelecida entre as metrópoles europeias e suas colônias, mostrando a impossibilidade de se considerar essas sociedades como estágios diversos de um mesmo processo evolutivo.

Podemos dizer, portanto, que, a partir da segunda metade do século XX, o mundo globalizado e capitalista mostrava que as diferenças entre as sociedades diminuíam vertiginosamente, tornando cada vez mais difícil pensar em grupos sociais, até mesmo os de indígenas, de forma isolada e independente. Os antropólogos passaram a incluir em seus estudos a análise das condições de inserção dos grupos estudados nessa sociedade global. Por outro lado, os sociólogos, a partir dessas drásticas transformações, também começaram a ver diferenças marcantes e relações de dominação entre grupos e segmentos da sociedade avançada ou desenvolvida. Portanto, no século XX, não subsistiam as noções com as quais os cientistas sociais diferenciavam as sociedades europeias e não europeias, a não ser de um ponto de vista geopolítico.

Nesta Unidade dedicada ao estudo da cultura, depois de apresentarmos os principais estudos antropológicos desenvolvidos para explicá-la, vamos estudar um conceito importante para o entendimento da cultura contemporânea, cuja origem está nos estudos sociológicos. Trata-se do conceito de *comunidade*, desenvolvido inicialmente por Ferdinand Tönnies.

> **Ferdinand Tönnies** nasceu na Alemanha em 1855, onde morreu em 1936. Estudou em diversas universidades alemãs e tornou-se doutor na Universidade de Kiel. Por ter sido simpático a um movimento grevista, foi considerado "democrata" pelo governo prussiano e impedido de alçar aos mais elevados cargos de sua carreira. Seu método de trabalho traía as origens alemãs no esforço interpretativo e na busca pelas diferenças. Publicou muitos livros e ajudou a fundar a Sociedade Alemã de Sociologia.

Os estudos sobre comunidade

Intelectual esforçado e profícuo, Ferdinand Tönnies tornou-se famoso por ter criado dois conceitos básicos de diferenciação social — comunidade e sociedade — que ele sintetiza na construção de dois modelos de vida e relações sociais que dizem respeito ao papel da família, à divisão de trabalho, ao uso da tecnologia, aos costumes e à memória.

Segundo o autor, comunidades seriam organizações nas quais predominam formas de vida tradicionais, em que a família tem especial importância, bem como os laços de parentesco. As pessoas se relacionam de forma pessoal, e seu comportamento é amplamente pautado pelos hábitos e tradições, transmitidos para os membros do grupo por intermédio dos ritos e da religião. Há forte coesão social, com laços muito fortes unindo os membros do grupo. Já nas sociedades os membros mantêm relações mais impessoais e superficiais, o comportamento é predominantemente individual e menos cooperativo, o conhecimento é científico e, em vez de as relações buscarem estabelecer laços e satisfazer as necessidades coletivas, procuram alcançar o benefício e as vantagens particulares. Em lugar de reinarem entre as pessoas os laços de amizade e sangue, em sociedade elas se reúnem em torno de contratos regidos por regras gerais, que estabelecem direitos e deveres de uns para com os outros. Nas comunidades, as atividades econômicas predominantes são o artesanato e a agricultura; nas sociedades, o comércio e a indústria.

Tönnies foi bastante criticado por esse modelo dualista, e seus antagonistas sustentam que a vida social tem muitas outras formas de organização que esse modelo simplificado não considera. Atribui-se a ele, também, uma visão romântica segundo a qual é nas sociedades tradicionais que se encontram as relações sociais mais saudáveis. Esse apego ao passado e ao mundo rural lembra tendência de sua época, de valorização do simples e do rural, postura que remete a Jean-Jacques Rousseau e à ideia do bom selvagem. Outro autor que trai também essa ideia é Daniel Defoe, criador do personagem Robinson Crusoé — um marinheiro que, naufragado, sobrevive sozinho em uma ilha em contato com a natureza. Embora Crusoé não viva em comunidade, as qualidades que garantem sua sobrevivência são as que valorizam o apego do homem à natureza.

Tönnies distingue as comunidades de sangue, de lugar e de espírito:

> A comunidade de sangue acha-se regularmente ligada às relações e participações comuns, quer dizer, à possessão comum dos próprios seres humanos. Na comunidade de lugar, as relações vinculam-se ao solo e à terra; e, na comunidade de espírito, os elos comuns com os lugares sagrados e as divindades honradas. [...] O parentesco tem a casa como berço e corpo. A vida comum sob o mesmo teto protetor; a posse e a fruição comum dos bens, especialmente dos alimentos tirados das mesmas provisões e repartidos sob a mesma mesa; os mortos são honrados como espíritos invisíveis sempre poderosos e que reinam sempre protetores sobre a família, de modo que o temor respeitoso e a veneração comuns reafirmam e asseguram a harmonia da vida familiar. [...] A vizinhança é o caráter geral da vida em comum, na aldeia ou entre habitações próximas. A mera contiguidade determina numerosos contatos. As necessidades do trabalho, da ordem e da administração comuns criam o hábito da vida conjunta e o conhecimento mútuo e confiante, e conduzem à súplica de favores, misericórdias e graças diante dos deuses e espíritos tutelares da terra e da água... A amizade distingue-se do parentesco e da vizinhança pela semelhança a partir das condições de trabalho ou no modo de pensar. Nasce, então, de preferência pela similitude de atividade, e, no entanto, deve ser alimentada por encontros fáceis e frequentes, que ocorrem com mais probabilidade em um ambiente urbano.[1]

É importante perceber que, na perspectiva de Tönnies, a comunidade não representa uma organização social primitiva, mas apenas outro tipo de sociabilidade e coesão entre as pessoas. A comunidade também não representa um momento histórico anterior e que precede a sociedade, mas um tipo de relações sociais que se perpetuam pela ação de fatores diferentes daqueles existentes na sociedade — nas comunidades agem a tradição e a proximidade, enquanto, na sociedade, o direito e o Estado. O conceito de comunidade, entretanto, foi amplamente usado pela antropologia em autores como Robert Redfield, que associou o tipo criado por Tönnies às populações que ele estudou no México. Mas, compreendendo que a manutenção da coesão dos membros da comunidade depende de certo isolamento em relação ao restante da sociedade, Redfield prevê o desmoronamento das fronteiras comunitárias a partir do desenvolvimento dos meios de comunicação — por estradas de ferro, assim como pelas ondas do rádio, in-

---

[1] Orlando Miranda, "A contradição identitária na Sociologia Clássica", em *Sociabilidades*, vol. II, número 1, dezembro de 2002, p. 33

formações penetram na comunidade, desmanchando sua integração. Mas, é preciso salientar que:

> A comunidade não constitui uma relação social simples e primitiva. Ela é ao mesmo tempo complexa, uma vez que associa, de maneira muito frágil, sentimentos e atitudes heterogêneos, e aprendida, uma vez que somente graças a um processo de socialização, que, a rigor, nunca termina, aprendemos a participar de comunidades solidárias. Ela jamais é pura, já que vínculos comunitários estão associados a situações de cálculo, conflito e mesmo violência.[2]

Émile Durkheim também elabora conceitos semelhantes ao distinguir a solidariedade mecânica e a solidariedade orgânica — tipos diferentes de relações entre as pessoas, determinados principalmente pela divisão de trabalho. Nas sociedades pré-capitalistas, os membros apresentam maior homogeneidade social e psíquica, expressam sentimentos comuns, pautam-se pela semelhança de valores, e as instituições, como a família, têm grande força de coerção sobre as consciências individuais — é a solidariedade mecânica. De forma diferente, nas sociedades capitalistas e industriais as relações se pautam pelas necessidades produtivas e contratuais, mas não pela homogeneidade de sentimentos e pensamento entre os agentes, o que Durkheim denominou solidariedade orgânica. Para ele, entretanto, esses conceitos representam tipos abstratos, classificatórios da história evolutiva das sociedades, que levaria à substituição, necessária, da solidariedade mecânica pela solidariedade orgânica.

O importante para nós, neste capítulo em que tratamos do estudo da cultura por antropólogos e sociólogos, é que esses autores voltavam seus olhos para as diferenças culturais, analisadas já de forma ampla, incluindo modos de agir, pensar e produzir, além de instituições e camadas sociais. Por outro lado, procuravam explicar sociedades industriais e não industriais por suas diferenças e formas de organização social. Pressupunham já as mudanças que ocorriam na Europa e no resto do mundo, aproximando diferentes formas de ser e viver. Nos Estados Unidos, Robert e Helen Lynd destacaram-se no estudo das comunidades, estudando Middletown, em Indiana, onde analisaram a importância da religião no comportamento social. Os estudos de comunidades se desenvolveram também na França, e entre os sociólogos que a eles se dedicaram devemos destacar Edgar Morin.

Comunidade como "círculo aconchegante"

O conceito de comunidade como uma forma de organização social baseada na solidariedade, na homogeneidade das formas de pensar e sentir, na proximidade e identificação dos membros passou a ser cada vez mais importante nos estudos da sociedade. Se inicialmente, entre os autores tratados, o conceito era associado a uma sociedade solidária e coesa, mas destinada ao perecimento, a partir de meados do século XX ele passou a designar grupos fortemente integrados em torno de objetivos comuns. Esses objetivos variavam de natureza, podendo referir-se a uma crença religiosa, um trabalho social, um princípio ideológico ou um hábito comum. E se, na passagem do século XIX para o século XX, o desenvol-

---

[2] R. Boudon & F. Bourricaud, *Dicionário crítico de Sociologia* (São Paulo: Ática, 1993), p. 74.

vimento tecnológico e produtivo era desejado e se mostrava inexorável, depois das grandes guerras e revoluções que marcaram o mundo contemporâneo, destruindo efetivamente estilos de vida mais naturais e integrados, grupos que conseguem manter uma sociabilidade mais espontânea e genuína acabam sendo tratados pelo conceito de comunidade, em seu sentido mais humano e solidário.

> Muitos anos depois que Tönnies identificou o "entendimento comum" que "fluía naturalmente" como a característica que separa a comunidade de um mundo de amargos desentendimentos, violenta competição, trocas e conchavos, Göran Rosemberg, o sagaz estudioso sueco, cunhou o conceito de "círculo aconchegante" para captar o mesmo tipo de imersão ingênua na união humana — outrora, quem sabe, uma condição humana comum, mas hoje somente possível, e cada vez mais, em sonhos.[3]

Vemos, assim, que, paradoxalmente, à medida que a sociedade se torna mais complexa e diversificada, que a globalização e o capitalismo avançam, mais se generaliza a comunidade, não mais significando um sistema de sociabilidade alternativa, natural ou primordial, mas uma resistência a processos massificantes da cultura e sistemas econômicos pautados por uma lógica tecnológica, racional e, muitas vezes, desumana. Assim, o tipo contemporâneo de comunidade pouco tem a ver com o conceito estudado por Tönnies e Durkheim, mas se espelha nas construções desses autores para designar processos sociais coesos, relativamente isoladores, de franca solidariedade e integração. Comunidades se formam para fazer frente a um mundo que promove desigualdade e exclusão por um lado, e massificação por outro.

Esse comunitarismo contemporâneo faz emergir inúmeras comunidades que procuram aglutinar com laços fraternais grupos de pessoas com as mais variadas similaridades. Trata-se de comunidades com outro caráter — sem passado nem história, os membros do grupo se solidarizam para uma ação conjunta que visa, na maioria das vezes, à defesa de interesses e direitos e à afirmação identitária. São comunidades religiosas, étnicas e de gênero, nacionais, regionais ou linguísticas, profissionais ou artísticas, todas elas muito mais precárias e provisórias do que as comunidades agroartesanais estudadas pelos sociólogos clássicos.

> **Oliver Sacks** nasceu na Inglaterra, em 1933. Neurologista com forte formação antropológica, estudou diversos pacientes enfocando a influência do meio, da subjetividade e da história pessoal no desenvolvimento das doenças. Autor consagrado, procurou relatar os casos de que tratou em livros que, por seu interesse, têm sido adaptados, com sucesso, para o cinema.

Oliver Sacks, neurologista britânico interessado nas questões de identidade, simbolismo e linguagem, escreveu um livro primoroso cujo título é *Vendo* vozes,[4] no

---

[3] Zygmunt Bauman, *Comunidade — a busca por segurança no mundo atual* (Rio de Janeiro: Zahar, 2003), p. 16.
[4] Oliver Sacks, *Vendo Vozes* (São Paulo: Companhia das Letras, 1998).

qual procura estudar a história e as relações que estabelecem entre si os surdos-mudos congênitos. Preocupado com o estudo da língua de sinais, procurou conhecer surdos-mudos, sua sociabilidade com surdos e ouvintes, sua forma de relacionamento, comportamento e organização social e política. Conforme Sacks evidencia, esse estudo permitiu-lhe entender não só esse 0,1% da população humana, mas a própria humanidade em seu simbolismo, linguagem, forma de pensar e interagir.

Em seu livro ele apresenta as dificuldades dos surdos em legitimar a língua de sinais como um todo estruturado que era mais do que mera gesticulação. Como em relação ao mundo agrário e não industrial, a língua de sinais era considerada um recurso deficitário e rudimentar. As crianças surdas de nascença eram obrigadas a aprender a falar, ainda que de forma incorreta e estranha. Ao contrário dessa postura característica do século XIX, Sacks mostra que a língua dos sinais, como qualquer outra linguagem, é plenamente desenvolvida e permite pensamento abstrato com a mesma qualidade da linguagem oral. A partir do século XX, quando os ouvintes passaram a admitir que os surdos-mudos criassem e formalizassem sua própria linguagem, a adaptação dos surdos à sociedade tornou-se cada vez mais fácil, tendo sido criadas escolas e até universidades para eles.

Admitir que surdos-mudos de nascença utilizassem a língua de sinais para se expressar fez com que proliferassem as diferentes línguas de sinais (correspondentes aos idiomas nacionais) e que pensadores nelas se manifestassem. Aos poucos, foi-se criando uma forma de pensar e de interagir própria das possibilidades expressivas dessa linguagem. Diz Sacks:

> Basta observar duas pessoas comunicando-se na língua de sinais para percebermos que esta possui uma qualidade divertida, um estilo muito diferente do da língua falada. Seus usuários tendem a improvisar, a brincar com os sinais, a trazer todo o seu humor, sua imaginação, sua personalidade para o que estão comunicando, de modo que o uso da língua de sinais não é só a manipulação de símbolos segundo regras gramaticais, mas, irredutivelmente, a voz do usuário — uma voz com uma força especial, porque é emitida, de um modo muito imediato, com o corpo [...] O corpo e a alma do usuário dessa língua de sinais, sua identidade humana única, expressam-se continuamente no ato de comunicar-se.[5]

Mas o que Sacks nos mostra é que a proliferação das línguas de sinais, e a liberdade de seu uso na sociabilidade dos surdos e na sua educação formal, possibilitou que eles se unissem enquanto minoria com percepção diferente do restante da população. Estabelecendo relações, rotinas de trabalho e de estudo, compartilhando experiências e criando vínculos de solidariedade, os surdos-mudos foram capazes de se organizar em comunidades nas quais conseguiam obter proteção e conforto em ambientes de semi-isolamento, mas completos e autossuficientes.

O passo seguinte dessa experiência de formação de uma comunidade nova foi a criação de uma identidade surda — o reconhecimento de sua especificidade não como uma deficiência, mas como uma diferença. A consciência de que apenas eles eram capazes de entender suas próprias necessidades possibilitou que, em uma Universidade (a Gallaudet University), os alunos exigis-

---

[5] *Idem*, p. 133.

sem a nomeação de um reitor surdo-mudo. Para isso organizaram manifestações e uma bem-sucedida militância. Foi assim, segundo Sacks, que os surdos-mudos conseguiram "despatologizar" a surdez, transformando-a numa comunidade com cultura, língua e identidade próprias. Esse movimento caracterizou a emancipação de um grupo minoritário e mostrou com especial nitidez o que procuramos explicar como sendo comunidade — um conceito importante que a sociologia criou, permitindo entender as diferenças culturais historicamente instituídas.

É importante, antes de encerrarmos este capítulo, lembrar que muitas minorias e excluídos de diversas origens tendem a se reunir e a se organizar em grupos que se isolam da sociedade como um todo por não encontrarem formas de reconhecimento, legitimidade e inserção social. Assim como os surdos-mudos, minorias étnicas, linguísticas e de gênero tendem a se reunir estabelecendo modos de vida próprios, bastante independentes e, às vezes, contrastantes do todo social. Zygmunt Bauman, sociólogo estudioso desses processos, alerta, entretanto, para o uso indevido do conceito de comunidade com populações que não se reúnem livre e independentemente em determinados espaços para desenvolverem modos próprios de pensar e agir. Esses grupos que resultam de confinamento espacial e fechamento social, como os acampamentos de refugiados ou os bairros negros que existiam na cidade de Los Angeles, nos Estados Unidos, configuram guetos e não comunidades. A comunidade exige, para existir, certo isolamento social voluntário, não forçado. Diz o autor:

> A vida no gueto não sedimenta a comunidade. Compartilhar o estigma e a humilhação pública não faz irmãos os

Entre movimentos de alcance global e uma visão particular e local do mundo, o homem contemporâneo busca formular sua identidade individual e coletiva. Esta obra, que faz parte da *Cow Parade*, expressa essa ambiguidade.

sofredores; antes alimenta o escárnio, o desprezo e o ódio. Uma pessoa estigmatizada pode gostar ou não de outra portadora do estigma, os indivíduos estigmatizados podem viver em paz ou em guerra entre si — mas algo que provavelmente não acontecerá é que desenvolvam respeito mútuo.[6]

O conceito de comunidade permite, no mundo contemporâneo, estudar as dinâmicas culturais da atualidade — à medida que a globalização se processa, aproximando culturas e rompendo as fronteiras que antes separavam o campo da cidade, o europeu do não europeu, a agricultura da indústria, as diferenças se apresentam de forma mais sutil e menos generalizada, como um espaço de particularização, identidade, defesa de interesses e ação política. Nessas comunidades é por meio da cultura que tudo isso se processa. Como nos primeiros agrupamentos humanos formados por nossos antepassados, é a cultura o meio mais adequado de enfrentamento das dificuldades, de ação sobre o meio circundante e de sobrevivência humana.

---

[6] Zygmunt Bauman, *Comunidade — a busca por segurança no mundo atual*, cit., p. 110.

Signos globais e locais tornam a cultura contemporânea complexa, ambígua e contraditória.

Unidade II

Culturas contemporâneas

1. Subculturas, cultura de classe, contracultura e tribos

O véu e a lei

O debate que se instalou na França sobre a proibição dos alunos das escolas públicas usarem sinais exteriores de sua filiação religiosa ou política provocou, no país e no mundo inteiro, uma reação maior e mais apaixonada do que era de se esperar. O que indica tratar-se de um problema da maior importância. Para a minha geração, os temas das discussões públicas eram definidos e analisados num marco socioeconômico. Falava-se de classes sociais, desigualdade entre categorias sociais ou regiões, desenvolvimentismo ou monetarismo etc. Ninguém colocaria em primeiro plano, sobretudo nos países ocidentais, tanto do Norte como do Sul, preocupações com problemas religiosos, tal como hoje se apresentam na França. Afinal, trata-se de um país laico por excelência, onde, se existe, de fato, um grande contingente de imigrantes muçulmanos, a dimensão simbólica de sua presença não é mais importante do que a política.

Mas, eis que, de repente, a opinião pública nacional e mundial se exalta diante das desventuras de jovens muçulmanas que insistem em usar véu para assistir às aulas no colégio ou no liceu. A importância que esses fatos assumiram é mais assustadora ainda quando se sabe que, até agora, das muitas jovens estudantes, ou melhor, alunas de liceu, que usam véu, apenas três foram expulsas da escola, sendo que duas delas são filhas de pai judeu e mãe berbere cristã. Não se trata, portanto, de uma grave crise política e sim do questionamento ou reexame de um princípio considerado fundamental em muitos países, mas raramente definido: o da laicidade.

Em quase todos os países do mundo, a questão dos direitos culturais é colocada no centro da vida social; uma questão que envolve o direito que cada um tem de ser reconhecido pela sociedade não apenas como cidadão ou trabalhador, mas também como portador de uma cultura, isto é, de uma língua e uma religião, tanto quanto de um sistema de parentesco ou de costumes alimentares. É verdade que muitos países, e a França em particular, criticam — muitas vezes com razão — o risco de diferencialismo, mas também resistiram a reconhecer o pluralismo cultural.[1]

[1] Alain Torraine, "O véu e a lei", em *Folha de S.Paulo*, Caderno Mais!, 11-1-2004.

Introdução

Na Unidade anterior procuramos entrelaçar três diferentes histórias — em primeiro lugar, a história de nosso objeto, a cultura humana, desde seus primórdios até a formação de uma sociedade complexa e globalizada como aquela em que vivemos. Em segundo lugar, a história das ciências sociais e das teorias que procuraram explicar a cultura humana, suas características, peculiaridades e diferenças. Em terceiro lugar, abordamos a história ocidental que tem como marco divisório a sociedade do pós-guerra, quando o desenvolvimento dos meios de comunicação, a Internet e o fim da União Soviética modificaram a sociedade como um todo, fazendo surgir o que foi chamado de pós-modernidade, dando origem a novas formas sociais e novas relações entre as pessoas, que repercutiram de forma drástica na cultura de diferentes povos.

Assim, tentamos mostrar que a história da ciência e das ideias, em geral, e das ciências sociais em particular depende não só dos achados arqueológicos e das pesquisas de campo, mas também da conjuntura social global que transforma nosso objeto de estudo, que é a sociedade. Serem históricas é uma das particularidades das ciências humanas, ou seja, estarem sujeitas ao dinamismo dos acontecimentos históricos que envolvem as sociedades nas quais vivemos e, consequentemente, a vida que levamos e a maneira de perceber a realidade que nos cerca.

Na presente Unidade, continuaremos nosso estudo da cultura, mas, tendo já estudado a formação da cultura humana e tendo mostrado como ela se torna objeto das ciências sociais, vamos nos dedicar ao estudo de fenômenos essencialmente contemporâneos que têm sido objeto de análises e pesquisas. No primeiro capítulo, falaremos sobre as subculturas, como elas atuam na sociedade mais complexa da atualidade e como formam as tribos, manifestação de sociabilidade e aglutinação de pessoas do mundo contemporâneo. No segundo, vamos nos dedicar ao estudo da cultura de massa e dos principais pensadores que procuraram explicá-la. No terceiro capítulo, vamos abordar a cibercultura, esse novo espaço de relacionamento humano, surgido graças à Internet e ao desenvolvimento dos meios de comunicação digitais. Finalmente, encerrando a Unidade, falaremos do multiculturalismo, ou seja, das relações que se estabelecem entre culturas e minorias étnicas, nacionais e de gênero no complexo mundo contemporâneo.

Esperamos estar contribuindo para que nossos leitores compreendam melhor a diversidade do mundo que os rodeia e percebam de forma mais clara sua participação na vida social.

Aculturação e assimilação

Os primeiros cientistas sociais, especialmente aqueles que desenvolveram seus estudos no século XIX e início do século XX, estavam imbuídos do espírito universalista que dominava as ciências desde o Iluminismo, no século XVII. Assim, imaginavam poder entender a realidade social a partir da formulação de leis capazes de explicar as mais diferentes manifestações da vida humana. Acreditavam que existissem leis capazes de dar conta dessa multiplicidade e variedade de modelos de vida social. Sua preocupação era, portanto, buscar semelhanças e continuidades, daí proliferarem estudos comparativos e explicações evolucionistas. "Se há diferença entre as formações sociais, essa diferença deve ser de grau", pensavam os cientistas, julgando que a transformação de um modelo em outro derivaria, principalmente, do desenvolvimento interno das sociedades, que seriam independentes entre si, como diferentes *organismos vivos*. Como vimos anteriormente, a herança das ciências exatas e biológicas é que levava os pensadores a interpretar dessa forma a realidade social. Com o tempo, entretanto, entrando em contato com diferentes grupos e sociedades e à medida que se desenvolviam as ciências humanas, os cientistas sociais começaram a perceber que as sociedades não estão isoladas e que mantêm relações profundas, interferindo na vida social umas das outras. Os olhos dos cientistas voltaram-se, então, para o estudo dessa interferência, que eles chamaram de *aculturação*.

> **Aculturação** é o nome dado à troca de influências que ocorre quando duas culturas diferentes entram em contato contínuo e direto, modificando padrões, valores, comportamento e língua originais e, muitas vezes, fazendo surgir uma cultura mestiça e híbrida, formada por traços das culturas envolvidas. O termo foi usado pela primeira vez em 1880, por J. W. Powell.

Os sociólogos norte-americanos dedicaram-se especialmente ao estudo da aculturação, interessados em entender os mecanismos das trocas culturais entre a sociedade mais ampla e os grupos de imigrantes que levavam para o país, especialmente na primeira metade do século XX, modos de vida diversos. A existência de grupos afrodescendentes e indígenas também dava especial interesse a esse campo da sociologia, permitindo-lhes estudar o contato e influência mútua entre grupos sociais culturalmente distintos.

Essa troca cultural, denominada aculturação, não deve ser confundida com *difusão* — fenômeno estudado pelos sociólogos e antropólogos e que explica como um traço cultural, ou uma invenção, passa de uma sociedade a outra até mesmo não havendo contato direto entre elas. Certas armas, ou o uso do fogo, foram rastreados pelos pesquisadores interessados em refazer a rota desses conhecimentos, ou formas de comportamento.

A aculturação leva, com o tempo, à *assimilação*, ou seja, ao abandono de traços culturais distintivos e à adoção de novos valores e formas de comportamento. Este seria o último estágio do processo de contato entre grupos com culturas diversas. Uma das formas mais evidentes de assimilação ocorre entre os descendentes de imigrantes, que abandonam o idioma dos pais e adotam comportamentos e valores do país receptor.

Aculturação, difusão e assimilação são conceitos que nascem do estudo das diferenças culturais e da dinâmica que se estabelece entre grupos e povos diferentes. Eles permitem o estudo das mudanças sociais de origem exógena, ou seja, provocadas por um fator externo ao próprio grupo. A grande crítica que se faz a essas teorias é que, via de regra, subestimam as relações de poder que estão na base dos processos de aculturação. Tais estudos, entretanto, abriram espaço para a adoção de métodos etnográficos no estudo da sociedade europeia e também possibilitaram a análise de pequenos grupos e comunidades. Além disso, essa preocupação com as diferenças internas à sociedade levou ao desenvolvimento de um conceito de cultura baseado mais na análise empírica do que no preconceito etnocêntrico. Por outro lado, as ciências sociais esposam a ideia de que a sociedade, assim como a cultura, não é um todo unívoco e uniforme, mas, ao contrário, é constituída de forças que se contrapõem e disputam espaço. Existem tendências transformadoras e conservadoras — as primeiras se voltam para o novo, as outras resistem à inovação. Do mesmo modo, certos traços culturais dominantes podem, com o tempo, transformar-se, dando espaço para ideias e crenças emergentes, mais apropriadas à integração dos membros no todo social.

Esses estudos deram origem a um conceito novo e importante para o estudo do comportamento humano — o de subcultura.

Subculturas

Subculturas são entendidas como conjuntos de formas de pensar, valores, padrões de comportamento e sociabilidade adotados por determinado grupo social unido por alguma característica comum, como a idade, o gênero ou a etnia. Um dos principais elementos de formação e coesão do grupo é a proximidade física e o convívio. As subculturas distinguem-se das comunidades, estudadas no Capítulo 4 da Unidade I, por serem menos estáveis e menos tradicionais e por se distinguirem da cultura dominante por uma atitude de oposição que, para a sociedade, as faz assemelhar-se a culturas alternativas. Podemos dizer, portanto, que as comunidades são mais fechadas, coesas e pautadas na tradição ou em instituições agregadoras, como as igrejas, por exemplo. Já as subculturas são menos institucionais ou coesas, mais difusas e de limites mais imprecisos e se caracterizam por padrões culturais de comportamento, pela visualidade e pela estética, como o movimento hippie que se desenvolveu na década de 1960.

O conceito de subcultura foi utilizado pela Escola de Chicago no estudo dos grupos de imigrantes que se estabeleciam na cidade, na primeira metade do século XX, e também para distinguir grupos de delinquentes que adotavam conjunto próprio de valores e comportamento. Até mesmo a máfia que, como um grupo de ação criminosa, havia se estabelecido em Chicago entre os imigrantes italianos, constituía uma espécie de subcultura, envolvendo família, trabalho, poder instituído e comportamento criminoso em expressiva oposição às instituições legais. O não pagamento de impostos era uma das atividades ilícitas mais adotadas pelos mafiosos.

Cultura de classe

A análise da complexidade da sociedade contemporânea e da diversidade cultural exige que estudemos outro conceito, o de cultura de classe, entendida a partir da teoria marxista que explica o capitalismo como um Modo de Produção que opõe duas classes sociais — a dos proletários e a dos burgueses. A essa oposição que diz respeito às relações impostas pela estrutura produtiva capitalista correspondem diferentes maneiras de conceber o mundo, de significá-lo e, enfim, de nele existir. Dessa forma, as classes sociais teriam não só uma existência teórica e uma efetiva posição nas relações de produção, mas também uma forma peculiar de existência material e simbólica que condicionaria seus valores, hábitos, costumes, crenças, formas de expressão artística e de entretenimento. Trata-se da cultura de classe que envolve gosto, atitudes, linguagem e sensibilidade, aquilo que Lucian Goldmann chama de *visão de mundo*. A educação e os demais processos de socialização têm importante papel na interiorização desse modelo de conduta e existência.

As diferenças entre cultura de classe das elites econômicas e políticas e das camadas subalternas do proletariado eram mais definidas nos séculos XVII e XVIII, quando a sociedade era ainda predominantemente agrária. A indústria, a urbanização e os processos de mobilidade social acabaram por aproximar as diferentes classes sociais, tornando-as menos distintas. Os meios de comunicação e a cultura de massa dissolveram ainda mais as diferenças sociais e os estilos de vida. No entanto, embora seja menos evidente, ainda é possível perceber que formas de existência cotidiana, de expressão e de gosto derivam de posições sociais que dizem respeito às relações entre classes ou ao acesso que lhes é determinado pela sociedade aos bens culturais.

Sociólogos, antropólogos, psicólogos e historiadores da cultura procuram estudar as relações de dominação e oposição que se estabelecem entre modelos de comportamento, gosto, crença e atitudes de segmentos significativos da população, constituindo diferentes culturas de classe. Pierre Bourdieu foi um dos que se debruçaram sobre a cultura procurando evidenciar que a oposição entre classes sociais se estrutura não só em diferentes posições na estrutura produtiva material, mas também na produção simbólica. O conceito de *poder simbólico* ajuda a entender que as diferenças culturais não são meras diferenças de padrões cognoscentes, mas de acesso e participação no capital simbólico da sociedade.

Contracultura

O reconhecimento da existência de subculturas no interior da sociedade complexa expressa a diversidade nela existente, evidenciando que a visão coesa e unívoca da cultura é uma falácia teórica que pouco proveito traz às ciências sociais. Também enganadora é a ideia de pensar a subcultura como um "desvio" da norma como pretendiam os positivistas e, muitas vezes, os funcionalistas. As subculturas podem representar formas de resistências grupais à cultura dominante, assim como a emergência de novos valores e padrões comportamentais na sociedade. Em ambos os casos a subcultura pressupõe conflito cultural entre grupos minoritários da sociedade e a cultura hegemônica. A história contemporânea exibe momentos de tolerância e de discriminação da sociedade mais ampla em relação às subculturas que buscam se firmar de um ponto de vista ideológico e comportamental.

Existem, entretanto, movimentos que entram em confronto aberto com a cultura hegemônica e encontram nessa oposição sua principal característica e razão de ser. Opondo-se radicalmente a determinados padrões de pensamento e comportamento social, organizam-se movimentos que visam prioritariamente rejeitá-los e combatê-los. São os movimentos de contracultura que se tornaram característicos da segunda metade do século XX, contestando o imperialismo norte-americano ou o colonialismo ainda vigente em diferentes partes do mundo. Esses movimentos propõem ações de repúdio, estilo de vida, comportamentos, valores e diferentes formas de expressão estética que permitam combater a ideologia vigente e experimentar estilos de vida alternativos e até subversivos da ordem estabelecida.

Beatniks, nos anos 1950, hippies, nos anos 1960, e punks, a partir de 1970, haviam relevado até então as manifestações simbólicas urbanas, assim como havia exemplos de movimentos contraculturais que procuravam se opor à sociedade de consumo, ao colonialismo, ao imperialismo e ao capitalismo. Amparados por um ideário revolucionário de esquerda, esses movimentos tiveram expressiva produção cultural, largamente veiculada pelos meios de comunicação. Anthony Giddens, sociólogo inglês, considera que esses movimentos tiveram repercussão profunda na contemporaneidade, modificando as formas de participação política da atualidade.

> **Hippies** eram jovens que aderiram ao movimento de contracultura que se desenvolveu na Europa e nos Estados Unidos e se espalhou pelos demais países do Ocidente, pregando um estilo de vida voltado para a liberdade e a paz. Combatiam o capitalismo, o patriarcalismo, a massificação e o poder instituído sob a forma de Estado. Tinham um estilo próprio de vida e procuravam viver em comunidades voltadas para a natureza e o artesanato.

O movimento hippie foi um exemplo de como, na sociedade globalizada e massificada, os movimentos culturais minoritários, mas também mundiais, conferem forte sentimento de pertencimento e identidade.

Os estabelecidos e os arrivistas (outsiders)

Neste ponto de nosso estudo, estamos propondo um conceito de cultura que não constitui um todo uniforme, harmonioso e integrado, mas uma formação em cujo interior diferentes grupos competem pela sobrevivência e hegemonia de seus projetos distintos. Esses grupos se organizam de maneira diversa, constituindo tipos diferentes de vida social, mais ou menos dependentes da região onde se estabelecem, de características populacionais como a etnia ou a idade, da língua na qual se expressam ou de certos princípios e objetivos que adotam. Também há grupos que se organizam pelas condições semelhantes de vida a que se veem sujeitos. Enfim, estamos diante de um fenômeno social complexo e diferenciado que, geralmente, exige o estudo de caso.

> **Estudo de caso** é uma das técnicas de investigação empírica em ciências humanas que procuram desvendar, em profundidade, a especificidade de uma dada formação social. O cientista utiliza pesquisa de campo, observação direta e, às vezes, participante, entrevista e demais métodos etnográficos.

Norbert Elias é um dos sociólogos que estudaram as relações de disputa e confronto existentes entre diferentes grupos de uma sociedade. Com John Scotson, estudou um bairro operário de uma cidade inglesa próxima de Leicester, que apresentava altos índices de violência e criminalidade e ao qual atribuiu o nome fictício de Winston Parva. Em um livro especialmente informativo, Elias e Scotson mostram que graves conflitos podem surgir entre grupos de uma sociedade, até mesmo quando pertencem a uma mesma etnia, nacionalidade, religião ou classe social.

Em Winston Parva, Elias chamou de *estabelecidos* o grupo de famílias mais antigas que se conheciam havia diversas gerações, tinham sólidos laços de amizade e até de inimizade, visitavam-se com constância e participavam de uma rede de relações conhecida e comum. Por assim dizer, faziam parte do *establishment*, justificando o nome a eles atribuído pelos pesquisadores. Depois da Segunda Guerra Mundial, entre 1950 e 1960, começou a se mudar para o bairro um novo grupo de operários, que passou a constituir uma ameaça para os estabelecidos. Desconhecendo os hábitos dos vizinhos, sem pertencer ao conjunto de suas relações, sem ter espaço na hierarquia social do grupo, esses *arrivistas* ou *outsiders*, como os chamaram, foram recebidos com hostilidade. Conta-nos Elias:

> Bastava falar com as pessoas de lá para deparar com o fato de que os moradores de uma área, na qual viviam as "famílias nativas", consideravam-se humanamente superiores aos residentes da parte vizinha da comunidade, de formação mais recente. Recusavam-se a manter qualquer contato social com eles, exceto o exigido por suas atividades profissionais; juntavam-nos todos num mesmo saco, como pessoas de uma espécie inferior. Em suma, tratavam todos os recém-chegados como pessoas que não se inseriam no grupo, como "os de fora".[2]

Os mecanismos presentes nesse conflito estudado em Winston Parva eram, portanto, a exclusão e a estigmatização, com os quais os estabelecidos demonstravam sua "superioridade" em relação ao outro grupo. Importante nesse confronto é o papel da comunicação, seja no sentido de estabelecer distâncias, seja no de menosprezar os arrivistas. Fofocas e piadas pejorativas ajudavam os estabelecidos a reafirmar sua hostilidade. O grupo dos *outsiders*, por sua vez, não conhecendo os estabelecidos e não se conhecendo entre si, não conseguia reagir ao confronto.

> Com frequência, os próprios nomes dos grupos que estão numa situação de *outsiders* trazem em si, até mesmo para os ouvidos de seus membros, implicações de inferioridade e desonra. A estigmatização, portanto, pode surtir um efeito paralisante nos grupos de menor poder.[3]

Elias mostra a importância dos locais frequentados pelos estabelecidos, seus hábitos de lazer, os costumes e rituais religiosos para reforçar a coesão e o sentimento de pertencerem a uma mesma comunidade. Os cargos de poder dentro dessas instituições comunitárias também reforçam o prestígio e a distinção dos membros do grupo. Importante para a integração dos estabelecidos é também a memória coletiva e a história, que transmitem a ideia de que estão há muito tempo juntos e que repetem situações herdadas de outras gerações. Todos esses aspectos reforçam a ação grupal e sedimentam suas atitudes.

Estas foram algumas das frases que os pesquisadores ouviram das pessoas entrevistadas:

---

[2] Norbert Elias & John L. Scotson, *Os estabelecidos e os outsiders* (Rio de Janeiro: Zahar, 2000), p. 20.
[3] *Idem*, p. 27.

"Eles simplesmente não têm padrões como nós."
"Lá, eles estão sempre brigando."
"Eles são refugiados, um bando de beberrões, isso é o que eles são."
"Tem um bocado de gente esquisita por aqui. Toda sorte de estrangeiros, de modo que não lhes dou confiança."[4]

A essas imagens que os estabelecidos tinham dos *outsiders*, estes respondiam com:

"Eles são esnobes e convencidos."
"Os da velha guarda chamam aquilo de aldeia e tratam a gente com frieza."
"Eles não se importam e nunca se importaram conosco."[5]

Elias analisa como essa estigmatização acaba por conformar condutas entre as pessoas. Os estabelecidos tendem a se fechar e a ser resistentes a qualquer argumento que venha contra suas convicções. Por sua vez, os *outsiders* terminam por internalizar a imagem depreciativa e a confirmar as expectativas do grupo hostil. Ele relata, ainda, como alguns membros arrivistas, para se sentirem aceitos e para alçarem a um espaço no *establishment*, alimentam a visão depreciativa que se tem do grupo, contando fatos e anedotas que corroboram estigmas e preconceitos. Por fim, o sociólogo aponta a educação das crianças e jovens como fonte de sedimentação desses estereótipos.

Finalizando, expressa importante pensamento nesse sentido:

A identidade coletiva e, como parte dela, o orgulho coletivo e as pretensões carismáticas grupais ajudam a moldar a identidade individual, na experiência que o sujeito tem de si e das outras pessoas. Nenhum indivíduo cresce sem esse alicerce de sua identidade pessoal na identificação com um ou vários grupos, ainda que ele possa manter-se tênue e ser esquecido em épocas posteriores...[6]

> **Norbert Elias** nasceu em Breslau (atual Polônia), em 1897, e morreu em Amsterdam, em 1990. Estudou medicina, filosofia, psicologia e ciências sociais. Em 1933, abandonou a Alemanha, indo para a França e depois para a Inglaterra, onde chegou em 1935, tendo se tornado professor em Leicester. Depois de quatro décadas, mudou-se para a Holanda, estabelecendo-se em Amsterdam. Sua obra tem tido profunda influência no entendimento da sociedade, e nela se percebe a influência da sociologia alemã e da escola interpretativa, da qual fez parte Max Weber.

Tribalismo contemporâneo

O que vimos nesses dois séculos de desenvolvimento das teorias sociais foi um abandono de teorias mais universais, ou gerais, em favor de análises mais particularizadas. Assim, no tocante à teoria da cultura percebemos que os primeiros autores buscavam análises teóricas que pudessem explicar toda e qualquer sociedade, em diferentes

[4] *Idem*, p. 112.
[5] *Idem*, p. 114.
[6] *Idem*, p. 133.

tempos e espaços. As críticas que suscitaram apontavam justamente para construções teóricas por demais abstratas, incapazes de dar conta das diferenças sociais. O desenvolvimento das ciências humanas e, em especial, da psicologia e da linguística, levaram os cientistas a outra postura, mais voltada para a identificação das diferenças e dos particularismos que passaram a ficar mais evidentes. Surgem, então, *teorias de médio alcance*, como as denomina o sociólogo Robert Merton, referindo-se aos estudos focados mais em análises empíricas do que em grandes explicações abstratas.

Essa mudança de foco foi resultado, também, das transformações históricas pelas quais passou o mundo, tornando as sociedades mais parecidas umas com as outras e próximas, no sentido de participantes de processos globais. Assim, após a Segunda Guerra Mundial, não eram mais tão evidentes as diferenças culturais envolvendo países dos diversos continentes, na medida em que todos tendiam, cada vez mais, a integrar processos produtivos complexos e complementares. A industrialização, a urbanização e o desenvolvimento das comunicações foram modificando aceleradamente as sociedades, aproximando-as.

A emergência de novas potências, como os Estados Unidos e a União Ssoviética, deslocou o eixo hegemônico do mundo da Europa para a Ásia e América, assim como do Oceano Atlântico para o Pacífico. Todas essas transformações implicaram o deslocamento epistemológico das ciências humanas e a perda de uma perspectiva totalizante para seus enunciados. O resultado foi uma percepção mais aguda dos microcosmos como miniaturas nas quais se tornaa possível examinar questões universais, como disse Norbert Elias a respeito do estudo do bairro operário de Winston Parva.[7] Em decorrência, o foco na dinâmica dos pequenos grupos, e mesmo no indivíduo, tornou-se tema preponderante na sociologia, como temos observado.

Entretanto, as teorias científicas não surgem apenas de sua própria dinâmica interna; elas são respostas a questões propostas pela realidade e que exigem solução. Assim, não só os pequenos grupos se tornaram mais visíveis pelos cientistas sociais, como se tornaram, também, mais dinâmicos e atuantes na própria sociedade. Após a segunda metade do século XX, quando os Estados Nacionais perdem sua importância e sua força aglutinadora, quer pelo declínio da importância política dos Estados em face da crescente globalização, quer pela emergência de minorias étnicas, raciais e de gênero no cenário social, os grupos sociais tornam-se alternativa viável e eficiente para os cidadãos. Então, se multiplicam, aglutinando seguidores de determinadas crenças religiosas, defensores de causas sociais, falantes de uma mesma língua ou dialeto, descendentes de certas etnias, cidadãos pertencentes à mesma faixa etária, apaixonados por esportes ou certas formas de lazer, moradores de bairros e regiões, ou portadores de alguma característica física comum. Esta lista está longe de esgotar os motivos pelos quais os cidadãos da atualidade se reúnem em grupos semiorganizados.

Michel Maffesoli percebeu essa característica da atualidade e escreveu um livro intitulado *O tempo das tribos*, no qual procura descrever o que move os membros dessas agregações "tênues, efêmeras e de contornos indefinidos".[8] Uma das razões aponta-

---

[7] *Idem*, p. 19.
[8] Michel Maffesoli, *O tempo das tribos* (Rio de Janeiro: Forense-Universitária, 1987), p. 102.

das pelo autor para a contínua agregação das pessoas nesses grupos é a perda da força do indivíduo, dominado por uma crescente massificação. Essa *união em pontilhado*, como ele a chama, é responsável por essa nova tendência contemporânea, que é a *socialidade* caracterizada pela efervescência grupal presente nas agências informáticas, nas redes, nos encontros esportivos e musicais, nos rituais religiosos e nos eventos massivos. Ligados por laços de forte emocionalidade, o ir-e-vir em grupo garante um sentimento de proteção e identidade aos seus membros. Esses microgrupos constituem o tribalismo contemporâneo, constituído por esses espaços nos quais se fixam e se escondem os indivíduos perante a sociedade massificada, da mesma forma que, nas sociedades pré-capitalistas, as tribos se apresentavam como a formação fundante da identidade social.

Emerge desse cenário outro tipo de subcultura igualmente tênue, efêmera e de contorno indefinido, na qual os indivíduos buscam construir sua identidade e por cujo intermédio tentam atuar na sociedade e interferir na realidade.

> **Michel Maffesoli** nasceu em 1944, na França, e é professor de sociologia da Sorbonne, diretor do Centro de Estudos do Atual e do Cotidiano (Paris V) e diretor do Centro de Pesquisas sobre o Imaginário. É autor de inúmeros livros, muitos dos quais já traduzidos para o português e publicados no Brasil.

Releituras de uma antiga discussão

As ciências sociais têm procurado, desde sua origem, entender as relações envolvendo culturas diferentes, seja a oposição existente entre cultura europeia versus culturas não europeias, seja o confronto entre burgueses e proletariado. A análise dessas oposições esteve sempre permeada por posturas ideológicas diversas — positivistas e funcionalistas direcionando-se para a integração e a conciliação e analisando as manifestações de resistência como anomias ou desvios. Já os marxistas procuraram revelar nessa oposição uma dinâmica de luta entre dominadores e dominados. Essas distinções epistemológicas não se dissolveram na atualidade, mas a complexificação da sociedade e a emergência de outros conflitos sociais que estavam acobertados pela Guerra Fria modificaram a abordagem dos problemas inter e intraculturais. Globalização, revolução tecnológica, meios de comunicação, mídias digitais redesenharam a sociedade e exigiram modelos mais complexos de explicação que, embora baseados em pressupostos teóricos clássicos, procuram dar conta de novas condições de existência do nosso objeto de estudo.

Anthony Giddens, um dos importantes sociólogos da atualidade, tratando dessas questões, diz o seguinte:

> As mudanças por que o mundo passa atualmente estão a tornar as diferentes culturas e sociedades muito mais interdependentes do que se passava antigamente. À medida que o ritmo de mudança se acelera, o que acontece em determinado ponto do mundo pode afetar diretamente outras regiões.[9]

---

[9] Anthony Giddens, *Sociologia* (Lisboa: Fundação Calouste Gulbenkian, 2008), p. 45.

Diz o autor que tais mudanças podem ser vistas como um novo "imperialismo cultural" dos mais ricos sobre os mais pobres, *em que os valores, os estilos e as perspectivas ocidentais são divulgados de modo tão agressivo que suprimem as outras culturas nacionais*.

Mas, continua:

> Outros autores, pelo contrário, associaram os processos de globalização a uma crescente diferenciação no que diz respeito a formas e tradições culturais. Ao contrário dos que insistem no argumento da homogeneização cultural, estes autores afirmam que a sociedade global se caracteriza atualmente pela coexistência lado a lado de uma enorme diversidade cultural.[10]

A intenção dessa unidade foi trazer para o leitor os autores e conceitos adotados e desenvolvidos para participar dessa discussão que não é apenas teórica, mas também política e ideológica — cultural, enfim.

---

[10] *Idem*, p. 64.

2. Cultura de massa

Introdução

Em 1450, Johann Gutenberg inventou a prensa de tipos metálicos e móveis que revolucionaria a cultura ocidental e a produção letrada, aposentando processos artesanais mais simples que eram usados na reprodução de textos. Até então, a reprodução de um manuscrito dependia do copista e de seu lento trabalho de inteligibilidade e decifração dos signos. Com a tipografia, esse custoso trabalho foi substituído por um processo rápido, eficiente e mecânico — cada texto passava a gerar um número ilimitado de cópias, todas absolutamente idênticas ao original, e o copista era substituído pelo compositor gráfico. A reprodução ficou mais barata e rápida, e os textos começaram a chegar a um número maior de pessoas.

As repercussões dessa invenção podem ser avaliadas pela rapidez com que as impressões gráficas se disseminaram pela Europa, apesar de todas as resistências promovidas pelos escribas, que perdiam seus postos de trabalho, pelos líderes religiosos, receosos da leitura individual e crítica dos textos bíblicos, e pelos governantes, que se sentiam ameaçados por tanta leitura. Mesmo assim, por volta de 1500 Itália, Alemanha e França concentravam mais de 200 tipografias. A produção girava em torno de 27 mil edições, com cerca de 13 milhões de livros circulando por uma Europa que comportava cem milhões de habitantes, segundo dados dos historiadores Peter Burke e Asa Briggs.[1]

Houve resistência ao invento. A Rússia, por exemplo, só conheceu a tipografia no século XVIII, graças aos esforços do czar Pedro, o Grande. Em Istambul, capital do Império Otomano, a tipografia era considerada pecaminosa. Mas, apesar desses entraves, a palavra impressa fazia cada vez mais sucesso e leitores, criavam-se bibliotecas para guardar e registrar os livros, e foi estabelecido um sistema de correio por mar e por terra, este último ligando, a cavalo, a Alemanha à Itália e a Espanha à França. Isso porque as comunicações nunca se desenvolvem isoladamente — por onde chegam informações, chegam pessoas e mercadorias —, e o mesmo acontecia no início do Renascimento.

A invenção da prensa foi acompanhada pela Reforma Religiosa, pelo desenvolvimento do comércio e dos Estados Nacionais; influenciou a disseminação de ideias revolucionárias e insuflou as trocas e os contratos comerciais. "Sem dúvida, constitui uma tradição o fluxo de informações seguir o fluxo do comércio, pois os mercadores, operando por mar ou terra, traziam novidades juntamente com a mercadoria."[2]

Com a disseminação da tipografia na Europa, lançavam-se as bases da indústria cultural — a reprodução ilimitada de um texto, mediante um processo de copiagem automática de um mesmo original, destinada a um público amplo e irrestrito. Um esforço grande se seguiu ao invento para se tirar dele o maior benefício.

---

[1] Peter Burke & Asa Briggs, *Uma história social da mídia* (Rio de Janeiro: Zahar, 2004).
[2] *Idem*, p. 33.

Os governos também se preocuparam mais com as estradas, mesmo que seja difícil ver grandes melhorias no sistema europeu antes de meados do século XVIII. Na França, uma nova função foi criada por volta de 1600: a de *Grand Voyeur*, para supervisionar o sistema. Uma das razões dessa preocupação com as estradas era a crescente necessidade, em uma época na qual os Estados europeus estavam em processo de centralização, de transmitir comandos mais rapidamente das capitais para as províncias. O interesse dos governantes pelas comunicações foi a razão principal para a rápida expansão do sistema postal no início do período moderno.[3]

O grande público

Dissemos que Gutenberg, com a invenção da prensa, lançou as bases do que viria a ser a indústria cultural. Seu invento pretendia produzir livros de forma rápida e seriada, destinados não a uma minoria culta, mas a um público amplo e crescente de leitores. Por outro lado, como na indústria de bens materiais, a tipografia substituía o trabalho humano pela tecnologia e barateava o preço final do livro impresso.

Entretanto, os livros assim impressos, a princípio, continuaram circulando por um restrito número de leitores, constituído daqueles poucos que sabiam ler e que tinham posses para adquiri-los. Mas, algumas experiências editoriais já mostravam as possibilidades de se atender também a um público mais amplo, com outro tipo de interesse literário. Uma dessas experiências foi a produção dos almanaques, publicação de assuntos diversos com seções dedicadas a jogos, horóscopos, piadas, conselhos úteis, receitas, anúncios de medicamentos e previsões do tempo. O sucesso alcançado pode ser constatado por este trecho de autoria de Machado de Assis, em *Como se inventaram os almanaques*.

> Todas tinham almanaques. Nem só elas, mas também as matronas, e os velhos e os rapazes, juízes, sacerdotes, comerciantes, governadores, fâmulos; era moda trazer o almanaque na algibeira. Um poeta compôs um poema atribuindo a invenção da obra às Estações, por ordem de seus pais, o Sol e a Lua; um astrônomo,

---

Johann Gutenberg nasceu em 1397, em Mogúncia, na Alemanha. Como seus antepassados, trabalhou na Casa da Moeda, onde aprendeu os segredos da fundição em metal. Começou a desenvolver um invento revolucionário para impressão de livros, com financiamento do ourives Johann Futz, sob provável influência do chinês Bi Zheng. Em 1456, imprimiu a primeira bíblia com uma prensa de tipos móveis com colunas de 42 linhas por página, razão pela qual ficou conhecida como "Bíblia das 42 linhas". O invento trouxe-lhe fama, mas pobreza, tendo tido que entregar sua prensa para pagar as dívidas provenientes de processos movidos por clientes, por não ter conseguido cumprir seus contratos.

---

[3] *Idem*, p. 34.

ao contrário, provou que os almanaques eram destroços de um astro onde desde a origem dos séculos estavam escritas as línguas faladas na terra e provavelmente nos outros planetas. A explicação dos teólogos foi outra. Um grande físico entendeu que os almanaques eram obra da própria terra, cujas palavras, acumuladas no ar, formaram-se em ordem, imprimiram-se no próprio ar, convertido em folhas de papel, graças... Não continuou; tantas e tais eram as sentenças, que a de Esperança foi a mais aceita do povo.

— Eu creio que o almanaque é o almanaque, dizia ela rindo.

Quando chegou o fim do ano, toda a gente, que trazia o almanaque com mil cuidados, para consultá-lo no ano seguinte, ficou espantada de ver cair à noite outra chuva de almanaques. Toda a terra amanheceu alastrada deles; eram os do ano novo. Guardaram naturalmente os velhos. Ano findo, outro almanaque; assim foram eles vindo, até que Esperança contou vinte e cinco anos, ou, como então se dizia, vinte e cinco almanaques.[4]

> **Almanaque** vem do árabe *al-manakh* e designa uma publicação anual contendo informações práticas, especialmente destinadas à população rural. Nos almanaques circulavam horóscopos, previsões do tempo, solstícios e fases lunares. O primeiro almanaque a ser produzido em Portugal data de 1496: era o *Almanach perpetuum*, de Abraão Zacuto.

Mas não eram somente os almanaques que denunciavam a existência de um público amplo e indiferenciado para o consumo da produção livresca. Os livros da *Biblioteca Azul*, constituída de romances e melodramas populares, encadernados em um papel mais barato, geralmente usado para embrulhar açúcar, esgotavam-se facilmente, circulando pelas cidades e zonas rurais pelas mãos de vendedores ambulantes.

A possibilidade de expansão da produção editorial não deixava dúvidas, mas a implantação da imprensa, com a produção de jornais diários, demorou ainda alguns séculos, nos quais o desenvolvimento tecnológico possibilitou a redução do preço do papel e do processo de impressão. Outros fatores também colaboraram para a criação da imprensa, como o desenvolvimento das línguas nacionais e da alfabetização, o crescimento das cidades e da indústria, colocando nas mãos do proletariado o mínimo necessário para a compra de jornais. A República, implantada na Europa a partir da Revolução Francesa, foi outro grande estímulo à imprensa, espaço destinado ao debate político e à aproximação entre políticos e grande público. Assim, no século XVII surgem, na Europa, os primeiros jornais diários com editoriais políticos, notícias e também a seção de variedades contendo, como os almanaques, horóscopo, jogos e os folhetins, histórias ficcionais que eram publicadas em capítulos diários. É inegável que o folhetim ajudou a criar o hábito da leitura diária, mostrando que o gosto literário de um amplo público já podia ser atendido.

Com a imprensa, consagra-se a chamada indústria cultural — uma produção seriada de bens simbólicos e não materiais, gerada com recursos tecnológicos, por iniciativa de empresários, tendo como objetivo o lucro

---

[4] Machado de Assis, *Como se inventaram os almanaques*.

e como leitores um amplo e indistinto público, que foi chamado pejorativamente de "massa".

O estudo da massa

Com o desenvolvimento da indústria, a decadência do artesanato e o êxodo rural provocado pela mecanização do campo, cresceu a migração para as cidades. Uma população de origem étnica, religiosa e regional diversificada, constituída de operários e muitos desempregados, estabeleceu-se nas áreas periféricas. Aumentava o número de pobres que aceitavam trabalhos temporários e subalternos, como o de carregadores e estivadores.

Morando em cortiços e mantendo baixo nível de vida, essa população via-se excluída das benesses do desenvolvimento tecnológico e industrial. Entretanto, mantinha laços de amizade e solidariedade e formas de divertimento que lembravam a cultura de origem deixada para trás — a contação de histórias nas rodas noturnas junto ao fogo, as poesias cantadas ao som das guitarras, os desafios musicais e esportivos, o teatro de rua e as procissões religiosas comemorativas da fé popular. Além dessas formas de sociabilidade e entretenimento, essa população migrante lutava por seus interesses e direitos em organizações políticas que promoviam manifestações e greves.

Toda essa movimentação era acompanhada a distância pelas elites, que passavam a se sentir ameaçadas. Os movimentos sociais recrudesciam, assim como as desigualdades sociais que se tornavam alarmantes — diferenças morais, ideológicas e de instrução dividiam a burguesia e o proletariado. Não tardou que estudiosos da vida social se dedicassem a estudar o que consideravam como distúrbios da ordem social.

Gabriel Tarde e Gustave Le Bon abordaram o que chamaram de *psicologia das multidões* — um estudo do comportamento social das coletividades em épocas de crise. Em seu trabalho, Le Bon afirma que a sociedade europeia de sua época vivia um período de crise caracterizada pela ação das massas ou multidões. Segundo o autor, o que as caracterizava era o abandono das individualidades em favor de comportamentos unívocos e objetivos comuns. Formando, assim, uma alma coletiva, a multidão desenvolve atitudes que pouco têm a ver com os valores e a consciência individual dos envolvidos. Essa alma coletiva, entretanto, nada tem de transcendente ou espiritual; trata-se antes de um *substrato psíquico inconsciente*.

> **Gustave Le Bon** nasceu em 1841 e morreu em 1931. Sociólogo e psicólogo social francês, estudou o comportamento social das massas em análises nas quais buscava explicar as características do comportamento coletivo. Suas obras foram muito estudadas no século XX por autores que se dedicaram ao estudo dos meios de comunicação de massa.

Surgia, assim, na sociologia e nas ciências sociais em geral o conceito de *massa*, designando um conjunto indiferenciado de pessoas, de comportamento turbulento e imprevisível. Outro termo para designá-lo é o de *turba*, nome dado aos grupos nômades do deserto, considerados por muitos como selvagens. Como se percebe, o estudo das massas, do comportamento coletivo e das coletividades exibia o preconceito desses cientistas em relação às camadas mais baixas da população de sua época. A esse respeito, nos conta Roger Silverstone:

A cultura popular sempre foi brincalhona. Ela pegou a regulação séria e muitas vezes opressora da condução da vida cotidiana, a regulação pelo Estado, pela religião e pela comunidade, e a pôs de ponta-cabeça: o carnaval, os bacanais, o charivari. [...] Essa brincadeira era escape, mas também conexão. A vida era abandonada, nem que momentaneamente, mas esse mundo permanecia inscrito, porém transformado nos jogos caóticos da discórdia e da resistência sociais. [...] O calendário era marcado pela regularidade de sua ocorrência. Eram sempre uma ameaça. A multidão. A turba. O pagão.[5]

Por sua vez, o desenvolvimento da indústria cultural e de entretenimento voltava-se para essa população ávida por informação, inserção social e entretenimento. E é em seus costumes, hábitos e anseios que ela buscará elementos para uma produção ampla, permanente e lucrativa. Exemplo disso são os folhetins, de forte apelo popular, que, publicados nos jornais diários, viabilizaram a imprensa. Tramas cheias de suspense e peripécias, com heróis e vilões em permanente disputa, ganham o apreço popular de um público indiferenciado quanto ao sexo, idade, religião, região e classe social, uma verdadeira *massa*, como diria Gustave Le Bon. Dispostos a acompanhar os capítulos diários dessas aventuras, mesmo os membros das classes menos favorecidas dispendiam alguns tostões para adquirir seu exemplar.

Foi dessa forma que *massa* começou por se referir à multidão que se aglomerava nas cidades, nos séculos XVIII e XIX, trazendo hábitos diferentes dos da burguesia e comportamento indesejado, por ser considerado ruidoso e indisciplinado, ou, muitas vezes, reivindicativo e revoltado. Passando a ser estudado pelos cientistas sociais, o conceito passou a designar a coletividade e a multidão e, consequentemente, o público consumidor dos produtos da indústria cultural — a imprensa e, mais tarde, o rádio, o cinema e a televisão.

Cultura de massa e a homogeneização da sociedade

O século XIX, considerado o século das revoluções, assistiu ao surpreendente desenvolvimento dos meios de comunicação e da indústria cultural. Não foi só a publicação de jornais — *The Times*, na Grã-Bretanha; *Herald*, *Sun* e *Tribune*, em Nova York; *Le Petit Journal*, *Le Petit Parisien* e *Le Matin*, em Paris — mas também a instalação de telégrafos, de redes ferroviárias e do telefone, cujo primeiro aparelho começou a funcionar em 1876. Nesse mesmo século é inventado o fonógrafo e a fotografia. O rádio surgiu na última década do século, assim como o cinema, cuja primeira exibição realizada pelos irmãos Lumière data de 1895.

Todos esses inventos tiveram profunda repercussão na sociedade, modificando a relação entre as pessoas e delas com o mundo à sua volta. Novos hábitos foram introduzidos na vida cotidiana e novas formas de divertimento se consolidaram. Empresários, percebendo o potencial desses meios de comunicação, trataram de usá-los para veicular anúncios e publicidade. A busca por negócios e lucros foi ficando mais evidente, ao mesmo tempo que os produtos anunciados passavam a fazer parte dos anseios da população, conformando um mesmo estilo de vida moderno e urbano. Uma grande população passou a compartilhar

---

[5] Roger Silverstone, *Por que estudar a mídia?* (São Paulo: Loyola, 2002), p. 119.

experiências comuns e uma mesma sensibilidade, moldada pelos grandes romances e pelas notícias que chegavam de lugares cada vez mais distantes. Tinha início um processo de homogeneização cultural que derrubaria barreiras de classe, de sexo, de nacionalidade e de religião. Assim, se antes o que incomodava eram as diferenças culturais existentes entre a elite e a população suburbana, agora, o que passa a preocupar é a "mesmice" da cultura de massa que chega a todos os segmentos sociais, quer da elite, quer das classes subalternas.

Se a imprensa já havia criado um universo de informações destinadas a atingir um público indiferenciado, capaz de se interessar por elas independentemente de sexo, idade, classe e religião, a partir da invenção da fotografia essa cultura coletiva passa a ser ainda mais próxima e íntima. Pois, se a recepção da escrita enfrenta barreiras — erguidas pelo analfabetismo e pelas fronteiras linguísticas —, a imagem tem um impacto muito mais amplo e ilimitado, especialmente importante em épocas de globalização. Assim, a fotografia e depois o cinema e a televisão fazem emergir a *cultura da imagem*, aposentando quinhentos anos de hegemonia da palavra escrita. As imagens assumem um estatuto de presença, de intimidade e de identidade, povoando os sonhos e criando uma nova cosmogonia, repleta de mitos compartilhados pelas mais diferentes sociedades, unidas por laços globais.

Cultura de massa, poder político e poder econômico

A imprensa, o rádio, a televisão, o cinema são indústrias ligeiras pelo aparelhamento produtor, são ultraligeiras pela mercadoria produzida: esta fica gravada sobre a folha de jornal, sobre a película cinematográfica, voa sobre as ondas e, no momento do consumo, torna-se impalpável, uma vez que esse consumo é psíquico. Entretanto, essa indústria ultraligeira está organizada segundo o modelo da indústria de maior concentração técnica e econômica.[6]

> **Edgar Nahoun**, que mais tarde adota o sobrenome Morin, nasceu em Paris, em 1921. Sociólogo e filósofo, apaixonou-se pelo cinema, que estudou em profundidade. Como judeu e comunista viveu na clandestinidade no período da Segunda Guerra Mundial. É pesquisador emérito do Centre National de la Recherche Scientifique, na Sorbonne (Paris). Esteve diversas vezes no Brasil, onde suas obras tiveram grande repercussão.

Com essas considerações, Edgar Morin explica que a indústria cultural é produtora de bens simbólicos, *impalpáveis* em seu consumo — quando estamos diante da tela do cinema, tudo que obtemos é o enredo, as emoções e o entretenimento. Mas, por sua vez, para a indústria cultural existir depende do poder político responsável pelas concessões, pela infraestrutura de comunicação e pelas leis a que está sujeita. Depende, ainda, do poder econômico, pois cada uma dessas manifestações e programações exige investimento, cujo objetivo é o lucro. Por outro lado, essa indústria tem profunda influência na vida do público, que se

---

[6] Edgar Morin, *Cultura de massas no século XX* (Rio de Janeiro: Forense-Universitária, 1984), p. 24.

orienta por suas informações e ideologia. Por esse aspecto trata-se de uma indústria, como diz Morin, *ultrapesada*, levando-se em consideração tudo o que ela mobiliza.

Mas essa indústria, além de entreter e divertir, transmite valores, promove experiências, cria expectativas e interfere na opinião pública, daí ser chamada de 4º poder, aquele que se acresce aos três poderes existentes nas Repúblicas — o Executivo, o Legislativo e o Judiciário. O 4º poder é a mídia, que persuade, convence, informa, educa, mobiliza, desperta ideais e estimula desejos e o consumo fetichista de mercadorias. Por isso o que ela produz é chamado cultura de massa, nome que se deve ao fato de os meios de comunicação estarem voltados para um público amplo e indiferenciado que se confunde com a multidão estudada por Le Bon, cuja individualidade se encontra mergulhada num *substrato psíquico inconsciente*.

Como o conceito de multidão ao qual se associa, a cultura de massa também desperta críticas e gera preconceitos devido a diversos fatores. O primeiro é o fato de submeter o público à sua hegemonia, atuando de forma subliminar e autoritária, impedindo o diálogo e a controvérsia. O segundo é a sua submissão aos interesses comerciais dos patrocinadores ou às conveniências do Estado que, mesmo de forma indireta, é seu mantenedor. Por último, a cultura de massa é responsabilizada por apagar diferenças, iludir o público e impedir a crítica.

Hoje, os estudos mais recentes sobre cultura de massa admitem que esse poder da mídia não é tão evidente. As pesquisas comprovam que há um diálogo entre aquilo que ela divulga e prega e as demais culturas às quais pertencem os diversos segmentos do público. Estudos feitos com os espectadores do seriado norte-americano *Dallas* mostram que a interpretação da trama diverge dependendo da nacionalidade das diferentes audiências, o que significa que as culturas nacionais interferem na recepção do seriado.

De qualquer maneira, é importante considerar que a cultura de massa é um dos processos responsáveis pela globalização, na medida em que as mesmas histórias são ouvidas e os mesmos programas são assistidos em diferentes partes do mundo, interferindo na experiência coletiva desses grupos. Marc Augé, antropólogo francês que tem estudado a influência dos meios de comunicação nas culturas da África, sustenta que a exposição às imagens midiáticas é responsável pela transformação observável nas crenças religiosas dos africanos. Diz ele que os fenômenos de possessão estão perdendo sua sacralidade por estarem as pessoas expostas a uma série de experiências ficcionais, que vão dos

---

A palavra **fetiche** foi usada por filósofos e sociólogos para designar os poderes imateriais ou sobrenaturais de objetos e mercadorias. Em Auguste Comte, o fetichismo corresponde a uma tendência humana a transcender o real, buscando os aspectos transcendentais da realidade. Em Karl Marx, o fetichismo corresponde a características que os consumidores buscam nas mercadorias e que não são proporcionadas por suas qualidades materiais, mas interferem em seu valor. O fetiche da mercadoria é pensado, também, como a ilusão a respeito das propriedades de um produto, uma qualidade imaterial em torno da qual se desenvolvem o *marketing* e a publicidade.

seriados à publicidade. Essa exposição acabaria por banalizar os rituais sagrados, enquanto as imagens midiáticas adquirem cada vez mais credibilidade.

Os mitos da cultura de massa se transformaram numa nova cosmologia, num panteão de super-heróis que substituem os antigos deuses?

> **Marc Augé** é francês e nasceu em Poitiers, em 1935. Passou muitos anos na África, estudando a civilização, para depois voltar à França e dedicar-se ao estudo da antropologia urbana. Seus trabalhos mais recentes envolvem a análise da globalização e seus efeitos sobre as relações sociais e culturais.

3. Localismos e comunidades virtuais

Introdução

Ao longo dos capítulos anteriores, temos procurado definir a cultura como sendo a produção coletiva de formas de ser que possibilitam a sobrevivência diante dos desafios impostos pela existência e que desenvolvem características que nos distinguem como seres humanos. A cultura está, portanto, intrinsecamente relacionada com nossa humanidade. Por outro lado, vimos que a cultura se traduz por hábitos, costumes e comportamentos externos e observáveis, assim como pela formação de subjetividades correspondentes que permitem que tais comportamentos, além de possuírem funções práticas e materiais, sejam a afirmação de visões de mundo, envolvendo emoções, crenças, valores e memória. Isso se traduz pela identificação de aspectos materiais e imateriais da cultura. Completando nossos estudos, sustentamos que as culturas são totalidades complexas, compostas por unidades em oposição e conflito que podem ser entendidas como subculturas, cuja dinâmica interfere na caracterização das totalidades mais abrangentes que as contêm, sejam elas as culturas nacionais ou a cultura globalizada, própria da contemporaneidade. Finalmente, sustentamos que a cultura, na atualidade, passa por desafios imperiosos decorrentes das características históricas da época contemporânea, também conhecida como pós-modernidade.

> **Pós-modernidade** é termo que se refere ao período histórico que sucede à Segunda Guerra Mundial quando, em consequência das mudanças geopolíticas e das invenções tecnológicas, especialmente a comunicação por rede de computadores, o mundo desenvolve novo paradigma societário, envolvendo a formação dos Estados Nacionais e a produção industrial. Assistimos, em consequência, à hegemonia do mercado sobre a ação de outras instâncias sociais como as relações políticas, e a uma produção industrial orientada pela demanda. Essas mudanças aliadas a outras, como a perda da hegemonia europeia no mundo, levaram ao abandono de preceitos básicos que caracterizavam a Modernidade, tais como a crença no progresso e na solidez das instituições sociais. O termo pós-modernidade foi utilizado inicialmente na Arquitetura, para designar um tipo de edificação, apoiada em alta tecnologia, que feria os princípios de unicidade defendidos pela arquitetura moderna.

No estudo da cultura, seja em seus aspectos mais gerais, como em seus princípios históricos, dois aspectos se mostram especialmente importantes — o tempo e o espaço. Só podemos compreender a cultura de um grupo se o situarmos em um tempo e espaço determinado, assim como os membros de um grupo só podem se perceber como participantes de uma cultura quando esta os localiza em um espaço e tempo. Neste capítulo, vamos abordar a concepção cultural dos espaços em que vivemos e sua importância na localização cultural da nossa realidade e do ambiente que nos cerca.

Lugar e cultura

Ao estudar os Nuer, povo africano do Sudão, o antropólogo Evans-Pritchard afirma:

> As principais características da terra dos Nuer são: 1) Ela é absolutamente plana. 2) Possui solo argiloso. 3) Possui florestas muito ralas e esporádicas. 4) Fica coberta com relva alta nas chuvas. 5) Está sujeita a chuvas fortes. 6) É cortada por grandes rios que transbordam anualmente. 7) Quando cessam as chuvas e os rios baixam de nível, fica sujeita a seca severa.
> Tais características interagem umas com as outras e compõem um sistema ambiental que condiciona diretamente a vida dos Nuer e influencia sua estrutura social. A determinação é de natureza tão variável e complexa que não tentamos resumir neste estágio de nossa descrição; em vez disso, faremos a nós mesmos uma pergunta mais simples: até que ponto os Nuer são controlados pelo meio ambiente enquanto pastores, pescadores e agricultores?[1]

Antonio Candido, cientista social, historiador e crítico literário, escreveu um livro importante, intitulado *Os parceiros do Rio Bonito*, no qual fala sobre a cultura paulista dos séculos XVI a XVIII, que ele descreve como nômade e bandeirista. Descrevendo as formas de sociabilidade e de exploração territorial típicas dos paulistas ancestrais, ele diz:

> Do ponto de vista deste estudo, o bandeirismo pode ser compreendido, de um lado, como vasto processo de invasão ecológica; de outro, como determinado tipo de sociabilidade, com suas formas próprias de ocupação do solo e determinação das relações intergrupais e intragrupais.[2]

> **Edward Evan Evans-Pritchard** nasceu em 1902, em Sussex (Inglaterra) e morreu em 1973, em Oxford. Etnógrafo, foi um dos responsáveis pelo desenvolvimento da antropologia em seu país. Começou sua pesquisa de campo em 1926, estudando os Aznade. Serviu na Segunda Guerra Mundial e lecionou em universidades africanas. Foi professor na Universidade de Oxford. Adotou o estruturalismo funcionalista, que busca estudar os padrões culturais de um grupo em sua interdependência.

Diversos cientistas sociais têm dado também especial importância ao espaço ocupado por um grupo. A descrição de fronteiras

---

[1] E. E. Evans-Pritchard, *Os nuer* (São Paulo: Perspectiva, 1978), p. 66.
[2] Antonio Candido, *Parceiros do Rio Bonito* (São Paulo: Duas Cidades, 1971), p. 36.

e de demarcações parece ser igualmente importante para os povos estudados, bem como para aqueles que os estudam. A relação com a terra e a ideia de que o território ocupado é uma dádiva divina é parte da mitologia de povos de diferentes origens.

Marc Augé chama de lugar *antropológico* esse espaço em que o cientista social localiza uma cultura a partir dos referenciais do grupo estudado. Não se trata, entretanto, de uma região delimitada, mas de um espaço que contém a totalidade da cultura — as trocas, as relações, os cerimoniais, os jogos, a comunicação e a memória. Isso faz do lugar um conceito menos ambiental e mais relacional, identitário e histórico. Segundo o autor, *nascer é nascer num lugar*, ser designado à residência,[3] mas o lugar compreende também as relações e a ancestralidade, a história. Com esse princípio, Augé propõe um conceito de espaço apenas parcialmente materializado ou geográfico. No restante, ele é mítico e simbólico.

Thomas Gregor, no estudo dos Mehináku, indígenas do Alto Xingu, analisa os costumes, relações e crenças de um ponto de vista dramatúrgico, isto é, como se um texto coerente e estruturado estivesse sendo encenado na aldeia pelos membros do grupo, de maneira a expressar sua visão de mundo. Dessa forma, ele percebe o espaço como uma metáfora das demais relações sociais e políticas. A construção da aldeia e a das casas constituem cenários nos quais se revelam as distinções espacialmente concebidas entre o reino do homem e o da natureza, entre o público e o privado, o sagrado e o profano, os homens e as mulheres. Trata-se, portanto, de um espaço simbólico e discursivo.[4]

> **Thomas Gregor** nasceu em 1940, é etnólogo brasilianista e professor da Vanderbilt University Nashville, nos Estados Unidos. O estudo dos Mehináku deu-lhe o título de doutor pela Universidade de Columbia. Recebeu prêmios por suas pesquisas de campo e sua contribuição foi no sentido de deixar os estudos estruturalistas para analisar costumes e crenças por seu desempenho na vida coletiva.

O lugar, portanto, distingue-se do espaço na medida em que ele é o espaço ocupado, vivido e construído. Assim, o lugar é o espaço da cultura, do compartilhamento e da formulação de significados. Podemos considerar o lugar antropológico proposto por Augé como o espaço de fixações e de fluxos entre os quais se desenrola a vida social e os ritos que a compõem. O lugar é o cenário da ação em sociedade.

O lugar nas sociedades complexas

Os espaços possuem pontos, pelo menos temporariamente, fixos — a casa, o templo, o totem, a feira, a fronteira. Mas possuem também fluxos — o trânsito de pessoas, a troca das mercadorias, as guerras, as viagens, as migrações —, que geralmente os alargam. A cultura se dá nessa rede de relações que se estabelecem entre o fixo e o móvel no espaço. Mesmo os deslocamentos têm em vista o lugar da chegada — o porto, a estação, a praia, a barra. No imaginário os

---

[3] Marc Augé, *Os não lugares* (Campinas: Papirus, 1994), p. 52.
[4] Thomas Gregor, *Mehináku — o drama da vida diária em uma aldeia do alto Xingu* (São Paulo: Cia. Editora Nacional, 1982), p. 59.

viajantes criam as metáforas do lugar de chegada — o Eldorado, a Terra do Nunca, o País das Maravilhas. As cidades, os países, as nações também apresentam esses fluxos reais e imaginários.

Octavio Ianni, um dos grandes sociólogos brasileiros, afirma que a viagem marca a história da humanidade. Diz ele:

> À medida que viaja, o viajante se desenraíza, solta, liberta. Pode lançar-se pelos caminhos da imaginação, atravessar fronteiras e dissolver barreiras, inventar diferenças e imaginar similaridades. A sua imaginação voa longe, defronta-se com o desconhecido, que pode ser exótico, surpreendente, maravilhoso ou insólito, absurdo, terrificante. Tanto se perde como se encontra, ao mesmo tempo que se reafirma e modifica.[5]

> **Octavio Ianni** nasceu em 1926, na cidade de Itu, e morreu em São Paulo, em 2004. Formou-se na Faculdade de Filosofia, Letras e Ciências Humanas da Universidade de São Paulo (USP), onde se doutorou e se tornou professor. Aposentado pelo AI-5, passou a lecionar na Pontifícia Universidade Católica de São Paulo. Foi colega de Florestan Fernandes e um dos fundadores do Centro Brasileiro de Análise e Planejamento. Escreveu inúmeros livros e, nos últimos anos de vida, voltou a lecionar na USP, na Escola de Comunicações e Artes, quando suas pesquisas voltavam-se para as questões de poder e comunicação.

Nas sociedades complexas e urbanas, os diversos lugares que ancoram a vida social tendem a se sobrepor, na medida em que participamos de diferentes fluxos, trânsitos e rituais. Há o espaço da casa, da igreja, da escola, do trabalho, do lazer e a própria rua, que se torna um lugar de sociabilidade. Cada um desses lugares colabora para nossa identidade e afirmação. Passamos a conviver com múltiplos espaços, fluxos e relações, mas, conforme crescem as cidades, mais anônima e impessoal se torna a vida social, acentuando a importância dos espaços identitários, aqueles que, como na explicação de Marc Augé, configuram, ainda, em meio à metropolização das cidades, um lugar antropológico, com memória e história. Esses lugares é que são mencionados por Gastón Bachelard em seu livro a *Poética do Espaço*, mostrando como tais lugares, por sobreviverem à expansão do mundo moderno, carregam-se de significado e emoção.

O lugar é o espaço preenchido de cotidiano compartilhado e, nesse sentido, a cultura que daí deriva é o conteúdo concreto do *localismo contemporâneo* — assim, as fronteiras que se estabelecem entre fluxos, pessoas, habitantes, significados são demarcadas pelos limites da cultura local. É ela que é capaz de identificar o que é de dentro e o que é de fora, o que é nativo e o que é estrangeiro. Mas o lugar não pode ser pensado como parte, enquanto a sociedade abrangente, ou a metrópole, é o todo, porque o local é o espaço onde a diversidade se processa. O local é um microcosmo gerador de identidade, com a qual o indivíduo se integra no todo.

Instituições totais

No lado oposto a esses estudos da metrópole em que os cientistas sociais identificam

---

[5] Octavio Ianni, *Enigmas da modernidade-mundo* (Rio de Janeiro: Civilização Brasileira, 2000), p.31.

uma multiplicidade de espaços de trânsito e relações, de fluxos e trocas, Erving Goffman pesquisou as relações sociais que se estabelecem em determinadas instituições que constituem espaços únicos em que convivem, de forma isolada, certos grupos de pessoas. Essas instituições ele chamou de instituições totais; são, por exemplo, os manicômios, as prisões e os conventos, onde os habitantes se encontram confinados seja por motivos de saúde, de segurança nacional, de dependência, seja para realização de determinado trabalho, como os tripulantes de um submarino ou de uma nave espacial.

Essas instituições possuem uma administração controladora e se caracterizam pelo fato de os internos realizarem uma série de atividades diferentes num mesmo lugar e sempre com certo grupo de pessoas, seguindo um rígido conjunto de regras e um cronograma detalhado. O conjunto de internos é bastante diverso e denota diferentes origens sociais e regionais, mas essa pluralidade acaba por ser diminuída pela rígida disciplina a que são submetidos os indivíduos. Assim, com o tempo as marcas da cultura de origem começam a se apagar. Goffman chama esse fenômeno de *desculturamento*. O contato entre os internos pode ser forte e possibilitar a formação de pequenos grupos, as "panelinhas", mas estas não chegam a ser fonte de cultura alternativa, dada a rigidez da disciplina estabelecida.[6]

Essas instituições vivem em função de seus objetivos, e a disciplina é pensada em função deles. Para assegurar o cumprimento das regras há uma série de castigos para os indisciplinados e de recompensas para os que se sujeitam ao comportamento desejado. Os contatos com a sociedade exterior são pequenos e controlados. As relações entre os internos são muito planejadas e pouco espontâneas, não havendo espaço para a criatividade, a identidade e formação de uma cultura própria.

Tais *instituições totais* descritas por Goffmann lembram os guetos sobre os quais já falamos na Unidade I — que se caracterizam por serem agrupamentos involuntários de pessoas separadas da sociedade mais abrangente por algum critério de exclusão. Claro que, ao nos referirmos às ordens religiosas, aos seminários e mosteiros, não podemos estar nos referindo a uma exclusão involuntária, mas no caso dos hospitais, dos manicômios, das prisões e centros de reabilitação a definição de gueto é bastante apropriada. As instituições totais se distinguem dos guetos, entretanto, na medida em que estes se baseiam em uma determinada característica étnica ou social da população, o que não acontece nos manicômios ou na tripulação de navios.

> **Erving Goffman** nasceu em 1922, no Canadá, e morreu em 1982, nos Estados Unidos. Sociólogo e escritor, estudou o comportamento social do ser humano especialmente na vida cotidiana, a partir do conceito de interação *simbólica*. Formou-se na Universidade de Toronto, mas desenvolveu importantes pesquisas na Universidade de Chicago.

---

[6] Erving Goffmann, *Manicômios, prisões e conventos* (São Paulo: Perspectiva, 1987), p. 58.

Os não lugares

Também no sentido oposto do localismo, da importância crescente dos espaços identitários onde concentramos nosso cotidiano e nossa memória, onde processamos nosso trânsito por múltiplos contextos relacionais, estão os não lugares, amplamente estudados por Marc Augé. Estes, por oposição, são aqueles espaços que se reproduzem no mundo todo, apresentando as mesmas características impessoais e a-históricas. Augé se pergunta:

> Hoje, não é nos locais superpopulosos, onde se cruzam, ignorando-se, milhares de itinerários individuais, que subsiste algo do encanto vago dos terrenos baldios e dos canteiros de obras, das estações e das salas de espera, onde os passos perdem, de todos os lugares de acaso e encontro, onde se pode sentir de maneira fugidia a possibilidade mantida da aventura, o sentido de que só se tem que "deixar acontecer"?[7]

Shopping centers, caixas eletrônicos, elevadores, vagões de metrô, saguões de aeroportos, interiores de avião, máquinas de café expresso são alguns desses não lugares, semelhantes em todo o mundo, com as mesmas cores, a mesma ambiência e até o mesmo aroma, independentemente dos países e regiões onde se instalem. Espaços de trânsito, impessoais e anônimos que, segundo o autor citado, transmitem uma sensação de aventura e de acaso, onde coisas novas podem acontecer.

Nesses não lugares as pessoas geralmente estão em trânsito, não se conhecem e não estão lá para se encontrar — passam rapidamente e sentem-se desconfortáveis quando devem lá permanecer. São espaços de deslocamento e tráfego. Um filme muito interessante explora essa qualidade dos não lugares — trata-se de *O Terminal*,[8] que conta a história de um viajante proveniente da Europa

Em diversos espaços no mundo globalizado, há ambientes impessoais e anônimos, organizados pela tecnologia de ponta e por relações funcionais, que podem ser chamados de *não lugares*.

---

[7] Marc Augé, *Os não lugares*, cit., p. 8.
[8] Steven Spielberg, *O Terminal* (EUA, 1994). Com Tom Hanks e Catherine Zeta-Jones.

Oriental, Viktor Navorski, que desembarca em um aeroporto dos Estados Unidos, mas não consegue entrar no país porque, durante a viagem, seu país sofrera um golpe de estado, o que invalidava o seu passaporte. Até se resolverem as questões burocráticas, Navorski passa dias e noites no aeroporto tendo de se instalar, de alguma forma, num espaço completamente inadequado para a permanência de pessoas. A comicidade do filme vem justamente do conflito entre atividades cotidianas — como cozinhar e tomar banho — e esses não lugares.

O desenvolvimento tecnológico e a globalização têm feito proliferar os não lugares pelo mundo, criando esses espaços que passam a fazer parte de nossa vida. Resultantes de projetos, de franquias, de empresas que se espalham pelo mundo, esses espaços vão tornando as paisagens não identificáveis, na medida em que uma arquitetura pré-fabricada implanta em todos os países as mesmas marcas, as mesmas lojas, o mesmo tipo de máquina, de elevadores e de edifícios. O confronto entre esses não lugares e as culturas que os recebem é grande e resulta geralmente em soluções estranhas.

Culturas virtuais

Uma das características dos não lugares é o uso de planejamento e programação, peças pré-moldadas, material sintético e tecnologia de ponta. Cada vez mais se prevê o relacionamento do homem com a máquina, ou intermediado por ela. Percebe-se o uso do autoatendimento, mensagens gravadas, integração com outras mídias como telefones, computadores e câmeras. Esse aparato tecnológico que prevê a mediação das relações de prestação de serviço, venda e consumo de produtos por meio de máquinas faz parte do que chamam de *ambientes inteligentes*, que resultam do desenvolvimento tecnológico e da globalização. São edifícios climatizados, com controle de ventilação e energia elétrica, acesso por sistemas eletrônicos, vigilância sincronizada, isolamento acústico e sonorização ambiental, transporte vertical programado, sistema de sensores controlando a iluminação e o uso de água e de energia, gerenciamento da circulação pública e privada, comunicação por rede de computadores, reciclagem de água e lixo. O uso de sensores, *chips*, fibras óticas, comunicação por satélite, monitores, base de dados e memória artificial transformam esses ambientes em espaços *hi-tech*, muito diferenciados. Nesses ambientes inteligentes há quase completo isolamento em relação ao entorno e ao mundo exterior. Como ilhas tecnológicas, comunicam-se com outros espaços equivalentes e distantes, alcançáveis mediante videoconferência.

Esses espaços são muito diferentes daqueles ocupados pelos Nuer, ou pelos Mehinákus, muito diversos dos lugares antropológicos estudados por Marc Augé. Impessoais e sem identidade, eles se impõem ao mundo globalizado como formas novas de se viver. A substituição do trabalho humano pela máquina, a transformação da ocupação em gerenciamento de informações, a autonomia em relação ao entorno, tudo isso colabora para que esses ambientes se instalem na vida contemporânea como espaços dominados pela tecnologia e pela programação. Verdadeiras ilhas de realidade virtual, implantam no globo uma vivência nova comandada por circuitos e sistemas — o ciberespaço.

O prefixo ciber vem do termo grego *kyberne*, ou *kibernetes*, que significa pilotado ou governado pela máquina. Era utilizado na Antiguidade em referência ao projeto, na época ainda inviável, de um veículo que se locomovesse dirigido por um piloto ou dispositivo mecânico. Na tradução latina passou a ser *gubernaetes*, do qual deriva *gubernare*, com o sentido de controlar ações e condutas. Depois da revolução tecnológica e do advento dos computadores, ciber passou a ser usado como prefixo de todos os fenômenos que dizem respeito ao fluxo e gerenciamento de informações por computadores ligados em rede. Mais especificamente, remete a formas de comunicação ligadas à Internet. Cibernética foi cunhada por Norbert Weinwe, em 1948, com a seguinte definição: "Decidimos chamar todo o campo da teoria do controle e da comunicação, quer se trate de máquina ou animal, pelo nome de cibernética, que formamos a partir da palavra grega para timoneiro".[9]

Assim, a palavra se refere a diversas formas de controle — pilotar, conduzir, governar. Daí uma série de sinônimos ligados ao uso dos computadores e da Internet, como navegar, que recuperam a ideia presente no uso do prefixo. Já ciberespaço, designando os espaços integrados por sistemas de informação, foi usado pela primeira vez por William Gibson, em 1984. Sendo mais comum em ficção científica ou em atividades experimentais, o ciberespaço é formado pelo conjunto integrado de sistemas, programas e computadores com os quais interagem os usuários, acessando informações e, ao mesmo tempo, alimentando uma base de dados.

Enaltecido pelos otimistas e condenado pelos pessimistas, o ciberespaço estabelece formas peculiares de relações entre máquinas e destas com os usuários com elas conectadas. As relações entre as pessoas, por sua vez, são concebidas como distantes, impessoais e mediadas por equipamentos digitais — câmeras, sensores, computadores e telas, capacetes virtuais. Essas relações assim estabelecidas — das máquinas entre si, dos usuários com as máquinas e deles entre si — promovem outras formas de interação que caracterizam uma nova forma de cultura, a cibercultura.

Grupos que mantêm relações por intermédio da comunicação a distância, medida por redes de computadores, constituem o que chamamos de comunidades virtuais — pessoas unidas por interesses comuns, ou por proximidade de crenças e objetivos, cuja relação não exige a presença nem o convívio. Em espaços virtuais e imersos na cibercultura, essas comunidades aproximam pessoas num mundo globalizado.

---

[9] Augusto CAMPOS, "Do caos ao espaço ciberal", em *Folha de S.Paulo*, Caderno Mais!, São Paulo, 9-11-2003, p. 11.

4. Multiculturalismo

Introdução

No ano 2000, foi organizada uma exposição comemorativa dos 500 anos de nascimento do Brasil — a Mostra do Redescobrimento. Para esse evento, diversas relíquias que datam do período colonial, guardadas desde então por museus europeus, foram cedidas para apresentação ao público brasileiro que, pela primeira vez, tinha contato com elas. A exposição aconteceu na Oca, no Parque do Ibirapuera, em São Paulo. Uma dessas peças teve especial importância — o Manto Tupinambá, levado do Brasil por Maurício de Nassau e hoje pertencente ao Museu Real da Dinamarca. Esse manto xamânico raríssimo foi exposto com ampla divulgação pela imprensa. Descendentes dos Tupinambás, que vivem na Comunidade de Olivença, em Ilhéus, na Bahia, estiveram presentes ao evento e, ao tomar conhecimento da existência da relíquia que teria pertencido a seus antepassados, solicitaram que a mesma fosse devolvida aos remanescentes da tribo.

Houve muita discussão a respeito do direito de propriedade ou guarda do manto: teriam direito a ele os Tupinambás, descendentes dos indígenas que o haviam confeccionado? Seria o manto privilégio do governo brasileiro, que responde pelos direitos de todos os cidadãos sob sua autoridade? Deveria ele retornar para a guarda dos dinamarqueses, responsáveis desde os tempos coloniais por sua preservação? Sem que se chegasse a um consenso, terminado o evento, o manto retornou à Europa, para a câmera climatizada em que era mantido pelos museólogos dinamarqueses. Mas, apesar desse desfecho, esse fato ilustra aspectos importantes para o estudo da cultura na atualidade — embora o manto fosse um só, diferentes culturas disputavam sua guarda, por julgarem que ele fazia parte de seu patrimônio cultural.

Naturalmente que aquilo que era disputado pelos diversos povos em questão — brasileiros, dinamarqueses e o grupo minoritário dos Tupinambás — não era simplesmente a posse do manto, mas também a diferente interpretação que cada cultura dava à relíquia. O que estava em jogo não era simplesmente a peça, mas o significado a ela atribuído, o que nos coloca diante de uma noção desmaterializada da cultura, menos apegada à produção material dos povos e mais aos processos simbólicos da cultura. Temos certeza de que aquilo que disputavam os Tupinambás não era a simples posse do manto, mas o direito de introduzi-lo no contexto histórico do grupo, criado por seus membros. O que estava em disputa era a atribuição de sentido à peça e não a mera posse. Isso porque tais significados estão relacionados aos processos identitários dos grupos e ao consequente comportamento de seus membros frente a si próprios e aos demais grupos em questão.

O que importa no entendimento da cultura não é a mera materialidade de seus signos, mas a repercussão destes no contexto das relações sociais. Território, objetos e monumentos, assim como o manto exposto no evento, extrapolam sua materialidade e integram-se em totalidades mais amplas de repertórios culturais que incluem valores, crenças e estruturas mentais, tudo aquilo que define o ser de um grupo, seja ele um europeu, um latino-americano ou um indígena.

Assim, este acontecimento tem especial importância para os estudos da cultura, notadamente no que diz respeito às pesquisas da atualidade, pois torna evidente que os fenômenos culturais, hoje, envolvem diferentes grupos sociais e diversos processos simbólicos. Se, no passado, os conflitos se davam nas disputas territoriais, na crença da supremacia cultural ou social de um grupo sobre outro, hoje, os confrontos envolvem a produção simbólica e a disputa por diferentes visões de mundo. Com a globalização e o desenvolvimento dos meios de comunicação, o embate entre as forças simbólicas se acirra e os processos culturais se tornam mais complexos e difíceis de definir. Neste último capítulo da Unidade II vamos tratar da interpenetração de culturas, seja por intermédio de um mesmo signo disputado por diversos grupos e repertórios culturais, seja por meio dos atritos que se evidenciam num mundo que coloca, cada vez em contato mais próximo, repertórios bastante diferentes. Estamos falando do multiculturalismo, processo simbólico complexo, difícil e importante que caracteriza os estudos sociais do momento.

Um frade francês, Claude d'Abbeville, que teve contato com um grupo Tupinambá, no Maranhão, escreveu: "Imaginava que iria encontrar verdadeiros animais ferozes, homens selvagens e rudes. Enganei-me totalmente".

O declínio do Estado-nação

Sabemos que uma das mais importantes e bem-sucedidas formas de organização social criadas pelas sociedades humanas foi o Estado-nação, capaz de engendrar formas de identidade e desenvolver mecanismos de adaptação e hegemonia territorial e histórica entre seus cidadãos e perante os estrangeiros. Em razão disso, sustenta Octavio Ianni que nas ciências sociais predominam os estudos "do caráter nacional, identidade nacional, vocação nacional, destino nacional, projeto nacional, cultura nacional, literatura nacional, teatro nacional, música nacional, cinema nacional".[1]

Mas o que é uma nação senão uma forma de estabelecer relações de proximidade e distância, identidade e estranhamento, promovendo sentimentos de pertencimento e exclusão em relação a uma entidade abstrata e simbólica, que é o Estado? Esse modelo de administração geopolítica, que teve início com a Modernidade e foi responsável pelo desenvolvimento do capitalismo, se espalhou pelos diversos continentes. Baseia-se na força bélica, no conjunto de ordenações determinadas pela Constituição, no estabelecimento de fronteiras espaciais e no sentimento mútuo de inclusão/exclusão — ou se pertence a uma nacionalidade ou se pertence a outra. A identidade dos cidadãos com a nação floresce graças às políticas culturais e educativas que afirmam e oficializam a unidade linguística da nação e criam um imaginário comum que os aproxima — é a cultura nacional que se impõe, enfraquecendo as diferenças regionais.

As culturas nacionais foram soberanas por quase cinco séculos, estabelecendo fronteiras rígidas às formas de viver, comportar-se e sentir dos povos no mundo, impondo-se sobre as populações para além das diferenças étnicas, religiosas e mesmo linguísticas. A formação de impérios coloniais expandiu as culturas metropolitanas pelos territórios colonizados, provocando o enfraquecimento das culturas nativas. Toda essa hegemonia levou ao fortalecimen-

---

[1] Octavio Ianni, *Enigmas da modernidade-mundo*, cit., p.94.

to dos nacionalismos e de suas formas de identidade cultural, tornando-os sentimento predominante sobre outros sentimentos de pertencimento.

Como disse Wallerstein:

> [...] estivemos formando uma rede de "estados soberanos", com fronteiras territoriais bem definidas e com leis nacionais, assembleias, idiomas, passaportes, bandeiras, dinheiro e, acima de tudo, com os próprios cidadãos. Toda a superfície terrestre do planeta está agora exaustivamente dividida nessas unidades, que atualmente somam mais de 150.[2]

A partir da década de 1990, porém, a força dos Estados-nacionais foi profundamente abalada por diversos fatores: a descolonização do mundo, que deu nova força aos grupos étnicos e às culturas nativas; o neoliberalismo, que colocou os interesses do mercado acima dos protecionismos nacionais; a intensa migração de povos pelo mundo e a globalização, que acelerou a troca de informações, mercadorias e mensagens entre nações e continentes. Todos esses processos enfraqueceram o Estado como força aglutinadora das nações, levando à multiplicação de formações culturais no interior dos diversos países, promovendo o embate, a troca de influências e o convívio entre culturas díspares. O resultado foi o reconhecimento do direito de existência de culturas minoritárias no interior das culturas nacionais e o crescente apego dessas minorias às suas tradições originais. Assim, as culturas nacionais sofrem um duplo golpe nesse momento histórico, chamado por muitos autores de pós-nacional — por um lado, assistem ao fortalecimento das culturas locais e regionais; por outro, sentem a potência de uma cultura nova globalizada, que estimula a formação de grandes blocos e corporações de âmbito mundial. De um lado, reforça-se o *localismo*, de outro, o *cosmopolitismo*.

É exatamente isso que demonstra, de forma especial, a disputa pelo direito ao manto Tupinambá ocorrida no Brasil, na Mostra do Redescobrimento — de um lado, está o localismo presente no discurso dos descendentes do grupo indígena, que valorizam a relíquia feita pela mão de seus antepassados. De outro, está o Estado brasileiro, que reivindica sua soberania perante o grupo numa atitude nacionalista e, de certo modo, passadista. Numa terceira posição está a Dinamarca, que dispõe de capital e da tecnologia necessária para a conservação da relíquia que recebera dos descendentes de Maurício de Nassau. Três visões de mundo distintas, três interpretações diversas do significado do manto, três discursos díspares que brotam de um evento que também se pretendia transnacional. A descoberta da América foi um dos acontecimentos que marcaram a Modernidade, tanto o surgimento das nações ibéricas como também, paradoxalmente, a migração dos Estados para fora de si mesmos, constituindo os primeiros passos em direção à globalização e ao cosmopolitismo.

Segundo Anthony Smith:

> [...] nós ainda estamos longe de um mapeamento do tipo de cultura global e do ideal cosmopolita que pode realmente sobrepor-se ao mundo das nações, cada qual cultivando

---

[2] Immanuel Wallerstein, "A cultura como campo de batalha ideológico do sistema mundial moderno", em Mike Featherstone, *Cultura global* (Petrópolis: Vozes, 1990), p. 53.

a sua característica histórica distinta e redescobrindo os seus mitos, memórias e símbolos nacionais das épocas áureas e das paisagens sagradas do passado histórico. Um mundo de culturas em competição, que buscam melhorar a sua condição de *status* comparativo e ampliar os seus recursos culturais, proporciona uma base mínima para projetos globais.[3]

Uma reação à cultura de massa e à industrialização da cultura

Outra razão para essa existência de diferentes formações culturais, com origem diversa e abrangência distinta, é o próprio desenvolvimento da indústria cultural e da cultura de massa, promovendo a homogeneização dos hábitos e comportamentos e apagando as fronteiras culturais. Como dissemos em capítulo anterior, a cultura de massas é aquela produzida pelos meios de comunicação — a imprensa, o rádio, o cinema e a televisão, que chegam a um público indiferenciado quanto a sexo, região, idade e religião, promovendo experiências comuns que moldam o gosto e o imaginário. Daí o uso do conceito de "massa" como sendo uma multidão indefinível e indistinguível de pessoas que, passivamente, se deixam orientar pelos apelos emocionais e ideológicos veiculados pelos programas destinados ao chamado grande público.

Já no alvorecer do século XX, quando o cinema produzido em Hollywood alcançava imenso sucesso em diferentes países e quando o rádio mostrava seu poder de convencimento e persuasão, diversos autores da chamada Escola de Frankfurt passaram a denunciar o poder que emanava dos meios de comunicação e do uso que as elites políticas faziam de seu poder de penetração. Não foi sem razão que esses protestos repercutiram na obra de importantes autores como Theodor Adorno e Walter Benjamin, constituindo o que ficou conhecido como Teoria Crítica.

Teoria Crítica — Escola de Frankfurt

A Escola de Frankfurt, nome pelo qual ficaram conhecidos os pesquisadores do Instituto para Pesquisa Social, criado na Alemanha, em 1923, foi perseguida e fechada pelo nazismo, mas teve enorme influência no pensamento social contemporâneo e deixou inúmeros herdeiros pelo mundo afora. Na própria Alemanha, finda a Segunda Guerra, o Instituto de Pesquisa Social voltou a funcionar com cientistas sociais importantes. Entre eles está Jürgen Habermas, que faz parte dessa nova geração dedicada à Teoria Crítica. Com uma visão menos radical quanto ao poder manipulador dos meios de comunicação sobre a população, Habermas preocupa-se com o espaço público como lugar de reconstituição democrática e da cidadania. Nesse processo dialógico, os meios de comunicação de massa podem ter papel decisivo, na medida em que colocam em confronto diferentes interpretações da sociedade.

Porém, mesmo com autores defendendo uma visão menos hegemônica e alienante dos meios de comunicação, é inegável que o avanço da globalização, o desenvolvimento da cultura de massa e a importância da mídia na sociedade contemporânea têm levado a uma homogeneização da cultura que dissolve as diferenças culturais, fazendo prevalecer os padrões culturais dominantes. Mas esse processo é respondido pelas culturas minoritárias com a resistência, ou seja, defesa e recrudescimento de padrões cultu-

---

[3] Anthony D. Smith, "Para uma cultura global?", em Mike Featherstone, *Cultura global*, cit., p. 201.

rais locais, regionais ou que se relacionem a segmentos populacionais que se veem ameaçados diante da cultura hegemônica, como os imigrantes, os refugiados, os afrodescendentes. Algumas manifestações procuram tornar evidente que as distinções resistem sob a camada superficial da massificação, promovida pelas grandes corporações.

Para se vivenciar a resistência cultural de segmentos da população, basta visitar, por exemplo, as salas dos milagres dos grandes templos católicos do país como Nossa Senhora Aparecida, em São Paulo, e Senhor Bom Jesus do Bonfim, na Bahia. Os ex-votos são peças em madeira ou cera, pinturas ou fotografias que são depositadas em uma ala especial do templo por um devoto, como agradecimento por um milagre recebido. Prática que teve sua origem na cultura medieval, foi trazida ao Brasil pelos portugueses, tendo se firmado e espalhado no Brasil durante o período colonial, quando os perigos e as ameaças a que estavam expostos os colonos levavam-nos a exacerbada devoção. Porém, mesmo com a racionalização da vida moderna, com o fim das grandes ameaças, como acidentes e pestes, com o desenvolvimento e a multiplicação de religiões protestantes que rejeitam a devoção aos santos, a prática dos ex-votos resiste e persiste. Esse exemplo é importante, pois responde a disposições profundas da cultura e não a atitudes mais superficiais e passageiras como o uso de certos adereços e instrumentos musicais.

A resistência cultural mostra que as relações que se estabelecem entre uma cultura dominante e as culturas minoritárias são de luta e oposição, havendo uma tendência da primeira de apagar os traços distintivos das outras. Entretanto, o que a contemporaneidade nos ensina é que quanto mais os processos de homogeneização se fortalecem, mais promovem a dissidência, a resistência e a fragmentação cultural plenamente observáveis na atualidade. O multiculturalismo é, portanto, a relação dialética entre o poder homogeneizador da cultura dominante e a resistência cultural de segmentos sociais que preservam diferentes formas de interpretar o mundo e de nele agir. Essa relação dialética não diz respeito apenas às oposições entre as culturas de classe, entre cultura erudita e popular, entre ideologia burguesa e proletária, mas também a conflitos que envolvem minorias étnicas, religiosas, raciais e de gênero.

Sincretismos

Assumimos aqui o sincretismo como termo-chave para a compre-

> **Theodor Adorno** nasceu em 1903 em Frankfurt am Main, na Alemanha, e morreu em 1969. Sociólogo, filósofo, musicólogo e compositor, foi um dos membros da chamada Escola de Frankfurt, grupo de filósofos que, na década de 1920, se dedicaram aos estudos marxistas da produção cultural. A ele é atribuída a criação do conceito de *indústria cultural*.

> **Walter Benjamin** nasceu em Berlim, em 1892, e morreu em Portbou, em 1940. Sociólogo, filósofo, ensaísta e tradutor, sua obra reflete diversas influências, como o materialismo dialético, o idealismo e o misticismo judaico. Interessou-se pelas questões estéticas e analisou o impacto do cinema na produção artística. Durante o nazismo, refugiou-se na Itália e, numa tentativa de fuga pelos Pireneus, teria cometido suicídio.

ensão da transformação que está se dando naquele processo de globalização e localização que envolve, transforma e arrasta os modos tradicionais de produção de cultura, consumo e comunicação.[4]

Segundo Massimo Canevacci, trata-se de um sinônimo de outros termos em voga nos estudos da cultura e das manifestações artísticas, tais como pastiche, *patchwork*, "marronização", "hibridismo", "mulatismo" e "aculturação", que tratam das formas de contaminação que se processa na produção simbólica de diferentes grupos sociais, sejam eles formados por diferentes etnias, religiões ou classes sociais. A origem do termo vem da civilização grega, significando a união dos habitantes da Ilha de Creta diante de inimigos comuns. Sin-cretismo = união dos cretenses. Há referência, portanto, à capacidade de se ultrapassar as cisões imediatas em função de objetivos mais importantes.

Para Canevacci, esse processo de sincretismo é observável no Ocidente desde os primórdios do século XX, quando diversos artistas europeus, entre eles Pablo Picasso, se mostraram inspirados pela cultura africana e asiática. Nessa mesma época, as teorias começavam a assumir a impossibilidade de se ver a cultura de forma unitária.

Sincretismo foi conceito utilizado inicialmente para o estudo dos fenômenos religiosos, quando uma divindade ou uma crença de uma religião passa a ser adotada pelos devotos de outra fé. Esse fenômeno é particularmente observável no colonialismo, quando os povos conquistados se veem obrigados a abdicar de sua religião por imposição dos colonizadores. Para não perder sua identidade e cultura, promovem o sincretismo, adotando os novos deuses, mas identificando-os com as suas divindades tradicionais. Dessa forma, no Brasil, por exemplo, o culto a Iemanjá identifica-se com o de Nossa Senhora da Conceição.

Em países onde houve domínio colonial e escravidão, os sincretismos são observáveis em diversas instâncias da cultura, não só na religião como na língua, nos mitos e nas lendas. Estudiosos da cultura brasileira, como Mario de Andrade, também foram sensíveis a esse caráter híbrido de nossa produção simbólica.

> **Massimo Canevacci** nasceu na Itália, em 1942, e é professor do Centro de Antropologia Cultural da Universidade La Sapienza, em Roma. Foi professor visitante da Universidade de São Paulo (USP) e da Universidade Estadual de Campinas. Tem diversos livros publicados no país.

> **Oswald de Andrade** nasceu em São Paulo, em 1890, e morreu na mesma cidade em 1954. Poeta, jornalista, dramaturgo e ensaísta, foi um dos mentores da Semana de Arte Moderna de 1922. Provocador, comunista e crítico de qualquer atitude de submissão dos brasileiros à Europa, propôs o Movimento Antropofágico, que defendia, entre outras ações, a colonização da Europa pelo Brasil e, mais especificamente, de Portugal.

---

[4] Massimo Canevacci, *Sincretismos — uma exploração das hibridações culturais* (São Paulo: Nobel, 1996), p. 13.

O sincretismo pressupõe o contato profundo entre diferentes povos e etnias, a vivência do contraste, o convívio entre diversos e a troca de características, traços culturais e genes. Pressupõe, também, a criação de algo novo que mistura heranças genéticas e culturais, tornando populações, memórias e culturas mestiças. Tal princípio abandona a noção de purismo ou de originalidade, fazendo prevalecer a ideia de que o ser humano, em suas incontáveis migrações, foi trocando ideias, palavras e significados. E mais, que a sociedade moderna e contemporânea tem intensificado essas trocas e essas migrações, provando que os ideais de unicidades, homogeneidades e purismos são ideológicos e irreais.

Além do sincretismo, há ainda outro conceito que expressa essa visão dialética dos contatos entre culturas. Trata-se do conceito de carnavalização proposto por Mikhail Bakhtin, segundo o qual as manifestações populares tendem a expressar os padrões da cultura dominante de forma invertida, mediante o riso, a máscara, o grotesco e a paródia. Assim, ele considera o carnaval não apenas como uma festa popular, mas como uma manifestação desse desejo de subversão da ordem estabelecida. Para Bakhtin, a pintura de Jerônimo Bosch expressa a carnavalização da cultura medieval, por intermédio da criação de uma estilização ou, melhor dizendo, de um contraestilo.

> A realidade, no entanto, é que sempre há mudança e transfiguração. Nada permanece original, intocável, primordial. Tudo se modifica, afina e desafina, na travessia. Parece o mesmo, mas já não é nem pode ser o que era, salvo como memória, fantasia ou nostalgia. Modos de ser, agir, sentir, pensar e imaginar, tudo se altera, parcial ou amplamente. Tanto é assim que muitas vezes permanece a impressão de duplicidade, heterogeneidade, montagem, colagem, bricolagem ou simulacro. Uma impressão real e evidente, mas enganadora e aparente, já que o que resulta é sempre e também algo diferente.[5]

Com esse trecho, Ianni contribui com o debate a respeito da contaminação das culturas em contato, propondo outro conceito, o de transculturação, que diz respeito aos processos culturais envolvendo tribos, nações e continentes que se contrapõem em situações de aliança, dominação, concorrência, atritos ou guerra. Para o autor, trata-se, na verdade, da epopeia da civilização humana repleta de comerciantes, viajantes, colonizadores, retirantes, refugiados, eremitas, missionários, corsários, estrangeiros. Mas, se toda a história da humanidade esteve marcada pelos contatos, o cristianismo, o capitalismo e o colonialismo intensificaram essas migrações, acelerando o processo de

> **Mikhail Bakhtin** nasceu em Orel, na Rússia, em 1895 e morreu em 1975. Foi linguista, filósofo e estudioso da cultura. Entre 1929 e 1936 esteve preso no Cazaquistão, acusado de atividades ilegais ligadas à Igreja Ortodoxa, o que nunca foi provado. Foi grande estudioso da base ideológica da linguagem, e um de seus livros mais famosos foi *Marxismo e Linguagem*.

---

[5] Octavio Ianni, *Enigmas da Modernidade-mundo*, cit., p. 107.

transculturação. Grande parte das narrativas literárias e não literárias, dos mitos e lendas procuram relatar esse encontro do nativo com o estrangeiro, do autóctone com o aventureiro, do qual ressurge e se afirma nossa identidade e alteridade, que constituem a pluralidade e a heterogeneidade do mundo.[6] Diz o autor:

> "A verdade é que a história moderna e contemporânea se revela um imenso laboratório em movimento, no qual se experimentam todo o tempo identidades e alteridades, diversidades e desigualdades, fundamentalismos culturais e transculturalismos".[7]

Acelerando ainda mais esse processo estão os novos meios de comunicação, as redes mundiais de computadores, a Internet, que aproximam pessoas e nações, grupos e indivíduos, num processo de troca nunca antes visto. Para Ianni, essas inovações fazem com que o mundo possa ser lido como um texto, uma imensa narrativa da qual participam diferentes indivíduos e coletividades, culturas e civilizações. É dessa pluralidade em construção, dinâmica e integradora, que procurou tratar este capítulo, mostrando o quão complexo e diversificado é o mundo em que vivemos e aquele que estamos ajudando a construir.

---

[6] *Idem*, p. 105.
[7] *Idem*, p. 109.

Entre os propósitos da cultura, a formação da identidade pessoal e coletiva continua sendo um dos mais importantes.

Unidade III

Identidade

1. Identidade e subjetividade

Espelho, espelho meu

Espelho, espelho meu, há no mundo alguém tão parecida comigo?

Olho para o espelho e vejo a mim mesma... Bom, então não há dúvidas de que sou eu quem estou do outro lado do espelho, ou há?

Meus gestos insanos são repetidos pela imagem na minha frente com tanta naturalidade que chega a assustar.

Incisiva, a imagem me olha no fundo dos olhos, o que me deixa perplexa diante de mim, trazendo o benefício da dúvida.

Será que sempre fomos assim, minha imagem e eu?

Será que essa que olho do outro lado do espelho é uma farsa que me faz acreditar nos seus gestos calculados?

Observo seus gestos semelhantes e em perfeita sincronia com os meus. Não consigo pegá-la distraída em algum instante fugaz, onde possa denunciar alguma diferença.

Repete meus gestos suavemente, compartilhando o momento como se fosse, ela mesma, uma criatura real.

Olha para mim, como se conhecesse todos os cantos do meu ser, despindo-me diante do espelho.

Nessa cumplicidade silenciosa ficamos encantadas, minha imagem e eu. Um encanto do qual desconhecemos a causa e o efeito, mas são quase perceptíveis nossas idas e vindas por tempos imemoráveis, e lidas pelo espaço sem fim.

Elizabeth

Endereço eletrônico do blog onde foi postado o texto: http://asperaelizabeth.blogspot.com/2008/02/espelho-espelho-meu.html

Introdução

Jacques Lacan, em seu trabalho "O estádio do espelho como formador da função do eu",[1] relata experiência importante observada quando seu filho tinha apenas seis meses de idade. Nessa época, colocada diante do espelho, a criança, incapaz até de sustentar o próprio corpo, conseguiu reconhecer sua própria imagem refletida no espelho e regozijar-se com ela. Com gestos e mímica, demonstrou que percebia a sua imagem e que com ela se identificava, assim como expressava a capacidade de diferenciar essa imagem de outra, a do adulto que a sustentava. Lacan teve então a certeza de se tratar de uma experiência cognitiva fundamental — mesmo sem ser capaz de manter a postura ereta ou de articular a palavra "eu", o ser humano experimenta a matriz simbólica do Eu que o acompanhará pela vida toda. Trata-se de uma experiência de natureza simbólica que faz emergir a capacidade humana de se relacionar com o mundo circundante, e consigo próprio, por intermédio de signos.

Henry Wallon já havia trabalhado esse conceito do estádio do espelho e mostrado que, nesse processo, o ser humano passa do estágio especular para o imaginário, e deste para o simbólico. Todo esse processo tem por consequência a formação da consciência de si mesmo como um ser em formação, cuja imagem visual estimula o desenvolvimento.

Pois bem, é essa consciência de si mesmo que o ser humano desenvolve desde fases iniciais de sua vida que permitirá, progressivamente, também a identificação do outro e dos outros, que sempre constituirão para ele uma referência exterior e distinta de si próprio. Este outro e estes outros, que povoam o meio circundante, estabelecerão com ele uma relação dialética permanente, cujo movimento será sempre interno e externo, do eu em direção ao outro, ou do eu em direção à sociedade e vice-versa.

Essa dicotomia que distingue e forma a individualidade, por um lado, e a coletividade, a cultura e a sociedade, por outro, jamais cessa enquanto dura a existência humana e nunca se constitui num todo acabado, mas numa permanente construção para a qual cooperam as forças internas do indivíduo e as da sociedade que agem sobre ele e a partir dele. Nesta Unidade III estudaremos justamente essa complexa relação que se estabelece entre indivíduo e sociedade.

Os sociólogos clássicos procuraram estabelecer teoricamente essa mesma distinção na formulação de seu objeto de pesquisa — a sociedade e a vida coletiva. Émile Durkheim procurou conceituar a sociedade como algo que está fora do indivíduo e que a ele se impõe. Mas Max Weber procurou mostrar que a sociedade só poderia ser entendida a partir das unidades que a constituem — os indivíduos, com suas necessidades e motivações.

Assim, seja pensando na supremacia da sociedade sobre a força das individualidades, seja concebendo a sociedade como uma composição dessas forças, está sempre presente no pensamento sociológico a relação entre essas duas realidades interdependentes, mas distintas — o sujeito e a sociedade na qual atua. É nessa relação mediada por signos — como o reflexo no espelho que estimula a criança de seis meses — que desenvolvemos a capacidade de reconhecer, em determinadas situações externas, prolongamentos de nosso corpo e de nossa interioridade. A sensação que obtemos nessas

---

[1] Jacques Lacan, "O estádio do espelho como formador da função do Eu", em Slavoj Zizek, *Um mapa da ideologia* (Rio de Janeiro: Contraponto, 1996), p. 97.

situações é a de pertencimento — sentimo-nos parte de algo que se situa fora de nós. Isso é o que chamamos de **identidade** — a possibilidade de, em certas circunstâncias, vencer as oposições que existem entre nosso mundo interior e o meio circundante, percebendo este como nosso prolongamento e a nós próprios como parte dele.

Integração à sociedade

O processo de aprendizagem não explica o caráter integrativo da mente humana, no que concerne às relações emocionais do indivíduo com seu meio. Existe outro fator em operação, fator sobre o qual a técnica psicanalítica podia trazer grande esclarecimento. Além da aprendizagem por processos diretos, o indivíduo constrói séries de sistemas integrativos altamente complicados, que não resultam de uma aprendizagem direta. O conceito de estrutura de personalidade básica foi estabelecido e fundamentado no reconhecimento destes fatores.[2]

> **Jacques Lacan** nasceu em Paris em 1901 e morreu, na mesma cidade, em 1981. Médico e psiquiatra, é um dos seguidores de Freud, e sua proposta é o retorno aos conceitos do fundador da psicanálise. Para isso, apoia-se em autores como Saussure e Claude Lévi-Strauss.

Esses processos integrativos mencionados por Kardiner são genéticos, ou seja, referem-se a capacidades inatas dos indivíduos. O estudo dessa "estrutura de personalidade básica", todavia, mostrou existirem processos diferentes em culturas diversas. Assim, somos levados a concluir que, embora certas tendências sejam as mesmas a se manifestar na relação com a cultura do grupo, a forma como se afirmam e como interferem no desenvolvimento da personalidade difere. Por exemplo, se a prontidão para a alimentação faz parte dessa estrutura básica, a maneira como o meio social atua para alimentar a criança tende a desenvolver diferentes atitudes perante o alimento. Por outro lado, as pesquisas permitiram observar também que, no interior de um grupo, para além da personalidade básica, é possível reconhecer aspectos individuais.

Importante trabalho de campo com a cultura Alorese permitiu entender que a mesma personalidade básica era detectável entre eles, havendo, entretanto, diferenças entre as características predominantes nos membros femininos e masculinos do grupo. Essas diferenças repercutiam em todos os hábitos e padrões sociais dos Aloreses, da infância à idade adulta. Esse estudo tornou evidente que a personalidade básica é um sistema flexível que interage com a sociedade como um todo e medeia as relações entre o indivíduo e o meio social.

Pesquisas semelhantes foram realizadas em pequenos grupos e cidades da chamada sociedade ocidental ou capitalista, mas as variáveis capazes de discernir a personalidade básica ficaram comprometidas pela grande diversidade de influências que prejudicaram as conclusões. Como diz o autor, "a sociedade 'ocidental' não é uma cultura

---

[2] Abram Kardiner, "O conceito de personalidade básica", em Fernando Henrique Cardoso & Octavio Ianni, *Homem e sociedade*, cit., p. 106.

singular, mas um conglomerado de culturas". O dinamismo a que está sujeita e a diversidade de influências impedem a aplicação de pesquisas como as que se fazem com os grupos nativos, muito mais homogêneos, uniformes e tradicionais.

De qualquer modo, o que os estudos têm demonstrado é que entre o impulso inicial do ser em direção à sua identidade e a afirmação de sua personalidade há um conjunto de sistemas integrativos, chamado também de "estrutura de personalidade básica", que direciona as relações entre o indivíduo e o meio social, de forma a adaptá-lo ao grupo e a satisfazer suas necessidades de sobrevivência e completude. Os comportamentos que daí resultam referem-se tanto às propriedades dessa estrutura como às características individuais da personalidade e aos padrões da cultura onde o sujeito é acolhido.

Abram Kardiner nasceu em Nova York em 1891 e morreu em Easton (EUA), em 1981. Filho de imigrantes, sofreu privações, mas formou-se como psicanalista. Sua grande contribuição foi o estudo do impacto da cultura sobre a psique e a personalidade.

A identidade onírica

Os estudos sobre as relações entre a psique, a personalidade e a sociedade foram desenvolvidos por diversos sociólogos. A ideia de que há um trânsito profundo entre aquilo que acontece no interior dos seres humanos e o que ocorre à sua volta tem orientado diversas pesquisas no intuito de apreender essa troca de influências. O sociólogo Florestan Fernandes foi um dos que analisaram as condicionantes sociais da experiência onírica, partindo do princípio de que os sonhos só existem e são memorizados enquanto relatos compartilhados em grupo, quando o sonhador está desperto. Assim, diz ele, o que resta do sonho é aquilo que é compartilhado e que depende da interferência dos ouvintes para os quais o sonho é relatado. Florestan sustenta que a interpretação dos sonhos em um grupo que conhece as teorias freudianas é diferente daquela que desenvolvem os que as desconhecem. Para estes últimos, os sonhos recobrem-se de mistérios e premonições, enquanto para pessoas com informações científicas, ainda que preliminares, o relato dos sonhos se apresenta mais racional e estruturado.

Relatos etnográficos realizados por jesuítas comprovam essa ideia. Dizem eles que indígenas canadenses estão "persuadidos de que a alma deixa o corpo durante o sono partindo, em sonho, em busca de objetos nos exatos locais onde os vê, regressando ao corpo perto do fim da noite, no momento em que os sonhos se dissipam".[3] As narrativas oníricas desse grupo expressam essa ideia.

Roger Bastide, sociólogo e antropólogo que passou muitos anos no Brasil, foi um dos grandes estudiosos do trânsito entre a sociologia, a psicologia e a psicanálise, e escreveu um livro no qual explorou as condicionantes sociais desses diferentes estados mentais.[4] Ele afirma ter observado, em suas pesquisas, as diferenças culturais impressas na experiência onírica. Diz: "sem dúvida, as imagens dos sonhos são fornecidas pela memória individual, mas escolhidas entre

---

[3] Sophie Jama, *Antropologia do sonho* (Lisboa: Fim de século, 2002), p. 67.
[4] Roger Bastide, *Le rêve, la transe et la folie* (Paris: Seuil, 2003).

aquelas que são interessantes ao meio social ao qual pertence o sonhador".[5]

Outro sociólogo a se dedicar ao estudo dos sonhos foi José de Souza Martins,[6] que desenvolveu pesquisa com seus alunos coletando cento e oitenta sonhos de habitantes da cidade de São Paulo. O pesquisador menciona que a maioria dos sonhos diz respeito a sensações de insegurança, medo e mal-estar, refletindo a vida cotidiana dos sonhadores, marcada pela alienação, violência e insegurança urbana. Além das narrativas dos sonhos, os pesquisadores realizaram entrevistas para detectar ideias e visões de mundo com as quais os entrevistados interpretavam seus sonhos. Puderam perceber que, dependendo das crenças que os sonhadores professam, difere a maneira como encaram seus sonhos — os que admitem ser religiosos costumam entender seus sonhos como parte das suas experiências sagradas ou transcendentais; já os agnósticos encaram seus sonhos como parte da vida cotidiana, sem maior significação. Segundo o autor, essa diferente atitude revela o desencantamento do mundo ao qual se referiu Max Weber quando analisou as características da vida moderna.

Além da interferência da crença religiosa nos sonhos, os pesquisadores puderam perceber a influência de outros estados de espírito próprios do dia a dia dos habitantes das grandes metrópoles como São Paulo, tais como a sensação de segurança que se desfruta entre familiares e amigos, em oposição ao mal-estar que advém dos espaços externos — a rua ou o campo — e do convívio com o estranho e o desconhecido. Os sonhos tendem a reproduzir essa experiência polarizada: a casa sempre vivida como lugar seguro, enquanto a rua é o espaço ameaçador. Há nos sonhos relatados a menção a este medo que vem do estranho e do não identificado. Martins comenta que essa estrutura polarizada torna conservadoras as narrativas oníricas dos paulistanos, estimulando e valorizando o que é familiar e próximo em oposição ao que é novo e desconhecido.

Como é possível perceber por esses trabalhos, os sonhos repercutem os conflitos e contradições que o sonhador vive na vida cotidiana e no estado de vigília, podendo servir como elemento importante para a pesquisa das fronteiras entre a subjetividade dos sujeitos e a vida social. Investigações nessa área, entretanto, são pouco comuns em razão da objetividade sempre pretendida nos estudos sociológicos desde suas primeiras teorias. O anseio por racionalidade e lógica baniu o sonho da pesquisa científica, ou reduziu-o a objeto de apenas algumas modalidades do conhecimento. A pesquisa sociológica dos sonhos, entretanto, vem demonstrando que há uma relação importante entre a vida social e a psique, entre a sociedade e a mente dos indivíduos, nos mais diferentes estados mentais em que essa relação se manifeste: na experiência onírica, nos devaneios, na narratividade e nos transes míticos.

Consequentemente, podemos admitir que os sonhos são, também, matéria importante na formação da identidade individual, contribuindo fundamentalmente com o desenvolvimento de nossa individualidade. Assim como o reflexo do espelho estudado por Lacan, os sonhos, os devaneios e os fenômenos de possessão são experiências que almejam garantir ao "Eu" uma necessária completude. Todas elas estão nessa fronteira flexível entre nossa interioridade e o mundo que nos cerca.

---

[5] *Idem*, p. 32.
[6] José de Souza Martins, *A sociabilidade do homem simples* (São Paulo: Contexto, 2008), p. 61.

> **José de Souza Martins** nasceu em 1938. É sociólogo, professor titular da Universidade de São Paulo. Foi eleito *fellow* da Trinity Hall e professor da Cátedra Simon Bolívar da Universidade de Cambridge. Autor de diversos livros, ganhou o prêmio Jabuti de Ciências Humanas em 1993 e 1994. Recebeu o Prêmio Érico Vannucci Mendes do Conselho Nacional de Desenvolvimento Científico e Tecnológico (CNPq).

O eu e o outro

Vamos seguir no nosso estudo da identidade. Começamos por mostrar que desde muito cedo uma criança, ainda bebê, mostra capacidade inata para buscar fora de si mesma — em uma imagem refletida no espelho — a sua completude. Na imagem ela encontra elementos simbólicos capazes de desenvolver esse sentimento tão peculiar que é misto de reconhecimento e pertencimento. Num segundo momento, dissemos que entre esse impulso e o desenvolvimento da individualidade existe um sistema integrado e flexível que medeia a relação dessa criança em crescimento e o mundo social no qual ela começa a ser integrada. É a estrutura de personalidade básica, estudada por Kardiner. Depois, procuramos mostrar que mesmo as estruturas mais subjetivas de nossa psique, como os sonhos, estão sujeitas à interferência do meio social, permitindo que alguns sociólogos tenham se dedicado ao estudo dos sonhos como manifestação da vida social. Agora, vamos falar sobre outro elemento que permite o desenvolvimento da individualidade — a consciência do outro.

Lembremos que quando a criança se identifica com a imagem refletida no espelho ela já realiza um recorte — isola a sua imagem e a diferença do adulto que a sustenta. Este que ela não reconhece como parte de si mesma é o "outro". Nesse movimento de inclusão/exclusão do qual depende a identidade individual está a raiz de uma relação permanente e indissolúvel entre o "eu" e o "outro". O outro é o "não eu", mas a constante referência para aquilo que sou. O outro é a testemunha de nossa identidade. É nessa dialética primordial que se realizará o autoconhecimento, segundo Lacan, a "estrutura essencial da constituição humana".[7]

Essa mesma relação de referência entre o eu e o outro é mencionada por Max Weber. Ele identifica o ator e a ação social como os elementos básicos da vida social — toda ação pressupõe um sujeito e uma motivação orientando essa ação. Mas, num segundo momento, ele lembra que essa ação leva sempre em conta um outro ser com o qual o ator interage.

No outro encontramos a resposta para nossas ações, a aprovação e a reprovação ao nosso comportamento. É nas respostas que ele dá, interagindo conosco, que encontramos o norte que nos conduz nas situações futuras. Nesse sentido, ele é nossa referência e nosso público. É no olhar do outro que encontramos a nós mesmos e podemos ver refletida nossa ação. É no outro que a ação repercute, tornando-a visível para nós mesmos. O outro é o espelho permanente no qual nos miramos e tomamos consciência de nossos acertos e erros. Sendo assim, o outro se torna o principal agente da sociali-

---

[7] Jacques Lacan, *O seminário* (Rio de Janeiro: Zahar, s. d.), p. 67.

zação, por cujo intermédio penetramos na vida social.

Kaspar Hauser já era um rapaz de 15 anos quando foi deixado, em 1828, numa praça da cidade de Nuremberg, na Alemanha. Segundo uma carta encontrada em seu poder, ele havia sido criado até então em completo isolamento e sem contato com outros seres humanos, razão pela qual não sabia falar nem tinha nenhum conhecimento de como se comportar em relação aos outros. Ele foi recebido na cidade e paulatinamente as pessoas começaram a sua socialização, ensinando-lhe a comer, beber, comunicar-se e expressar sentimentos. Hauser ficou conhecido na Europa da época, provocando sentimentos contraditórios de solidariedade e desprezo. Terminou assassinado, provavelmente pela intolerância de algum contemporâneo que o estranhava. Com base nos relatórios médicos do caso, em 1974, Werner Herzog produziu um filme também muito famoso. Pois bem, este caso científico, depois adaptado ao cinema, mostra a impossibilidade do pleno desenvolvimento da identidade e da individualidade em um ser privado do convívio com o outro.

Essa relação com o outro, como Kaspar Hauser comprova, não é sempre amena ou harmoniosa. É uma relação dialética, cheia de conflitos, oposições, alianças, aproximações e afastamentos, pois, assim como o outro é o espelho no qual nos miramos e a referência para nossas ações, nós também somos para ele a testemunha de seu próprio desenvolvimento pessoal. Nesse espelho de dupla face que é a relação com o outro, valores, expectativas, diversidades e interesses estão em jogo. Este é o desafio da vida social — estabelecer códigos minimamente válidos para a nossa existência e a dos outros.

Desde a mais tenra idade, as crianças manifestam esse movimento em direção à sua individualização. As imagens as ajudam nesse processo.

Rumo à individualização

A partir do estádio do espelho, o ser humano, desde tenra idade, começa um longo processo de desenvolvimento psíquico e social pelo qual vai desenvolvendo a consciência de si mesmo como um ser único e diferente dos demais, e destes como entidades com existência própria e independente. Esse mesmo processo vai lhe dando consciência da sociedade como uma entidade da qual participa, mas com a qual não se confunde. Norbert Elias foi um dos sociólogos que estudaram essa relação entre o eu e os outros, do ponto de vista de um processo que ele chamou de individualização. No livro *A sociedade dos indivíduos* ele analisa a formação da individualidade como resultado de um longo processo que teve início nos primórdios da civilização humana, tendo se acelerado a partir do Renascimento, constituindo uma característica da Modernidade.

Para Elias, o ser humano foi adquirindo maior consciência de si mesmo como um ser diferente e independente à medida que a sociedade foi se tornando mais complexa e dando a ele maior liberdade de opção em relação a suas ideias e formas de comportamento. Para o autor, nas sociedades homogêneas ou tribais, em que os padrões de comportamento são muito semelhantes, as pessoas têm menos chances de experimentar a diversidade e a diferença. Já nas sociedades industriais e tecnologicamente desenvolvidas, as diferenças aumentam entre os grupos que compõem a sociedade, fazendo com que os membros possam optar por diferentes modalidades de sentimentos, valores e comportamentos. Essa liberdade estimula a experiência própria da individualidade — de se constituir num ser único e independente. Por outro lado, essa experiência faz surgir o sentimento de responsabilidade para com o outro e a sociedade.

Elias considera que o processo de individualização confunde-se com o próprio processo civilizatório, na medida em que o ser humano começa a agir com mais independência e liberdade, reafirmando suas próprias convicções e abandonando cada vez mais as formas de comportamento inatas ou aprendidas de seus pares, por imitação. Portanto, a individualidade é um processo longo e histórico, que atravessou a formação da cultura humana e a complexificação da sociedade, e que as crianças revivem nesse período da existência que vai do estádio do espelho até a maturidade, quando o adulto se identifica com sua própria história, resultado de escolhas e opções individuais.

Toda sociedade humana consiste em indivíduos distintos, e todo indivíduo humano só se humaniza ao aprender a agir, falar e sentir no convívio com os outros. A sociedade sem os indivíduos, ou o indivíduo sem a sociedade, é um absurdo.[8]

Assim, é na relação com o outro que surge o indivíduo, um ser consciente de si mesmo e capaz de interagir com o outro e, consequentemente, com a sociedade, desenvolvendo um sentimento misto de responsabilidade e liberdade em relação a seus atos. Essa vivência de si mesmo como unidade e coletividade, segundo Elias, está expressa nos nomes próprios com os quais identificamos as pessoas — há o prenome que distingue a unidade e o nome, ou sobrenome, que identifica o grupo ao qual pertencemos. Nossa vida se pauta pela relação entre o eu e o outro, nós e a sociedade.

Diz, finalmente, o autor que, com a globalização, esse sentimento de pertencimento a um grupo maior se intensifica e que estamos passando a desenvolver, como

---

[8] Norbert Elias, *A sociedade dos indivíduos* (Rio de Janeiro: Zahar, 1994), p.67.

um grau mais elevado de individualização, uma responsabilidade e um comprometimento que extrapolam os grupos mais próximos com os quais convivemos e se estende para o planeta como um todo e a humanidade.

Dessa forma, percebemos o quão complexo é o desenvolvimento de nossa identidade, que tem início nos primeiros tempos de vida e é estimulada por experiências simbólicas e comunicacionais — pode ser a imagem no espelho ou a pronúncia de nosso próprio nome, pode ser o sorriso dos pais ou o objeto que carregamos com nossas mãos. A noção do eu e do outro se transforma, aos poucos, em consciência e numa relação de mútua referência permanente, que se amplia à medida que amadurecemos e vamos construindo nossa história com nossas experiências e opções. O sentimento de pertencimento e completude vai se adaptando a diferentes circunstâncias, situações e limites, mas é um sentimento básico para a construção da personalidade e da própria sociedade, que resulta da experiência comum de todas essas individualidades.

Para encerrar este capítulo, no qual introduzimos a questão da identidade, é importante acentuar que todo esse processo interno e subjetivo é acompanhado pelo desenvolvimento do simbolismo humano, sem o qual essas experiências não poderiam ser elaboradas ou expressas. Sobre isso, acrescenta Elias:

> Graças a uma peculiaridade de sua organização corporal, as pessoas têm condição de se distanciarem de si enquanto organização física ao se observarem e pensarem a seu próprio respeito. Em virtude dessa peculiaridade de sua organização física, que lhes permite perceberem-se como imagens espaço-temporais entre outras imagens similares, como pessoas corporalmente existentes em meio a outras pessoas semelhantes, elas estão aptas a caracterizar sua posição, entre outras maneiras, mediante o uso do símbolo "eu" e a caracterizar a posição das outras através de símbolos como "você", "ele", ou "eles".[9]

---

[9] Norbert Elias, *A sociedade dos indivíduos*, cit., p. 154.

2. Identidade social

Introdução

Nas sociedades anímicas, ou seja, naquelas em que os mitos e a crença no sagrado predominam sobre a compreensão lógica, científica e racional do mundo, é frequente o uso da máscara pelo xamã durante os rituais. Ao colocar a máscara representando uma divindade ou um espírito fundador, esse sacerdote permite que o espírito dessa divindade assuma seu corpo, suas ações e empreste seu poder para aquilo que almeja realizar com determinado ritual. A identidade do xamã com a divindade é quase perfeita — ao usar a máscara de um leão ou de um tigre ele se transforma nesse animal; ao portar a máscara da divindade, ele age por essa divindade. A máscara tem um poder transformador — o xamã se sente "como se fosse", e o seu ser se expande incorporando algo que existe fora dele. No teatro, a máscara também tem essa função que vem dos rituais sagrados — quando o ator utiliza uma máscara, ele incorpora a personagem que ela representa. Aliás, o nome dado à máscara em latim é *persona*, do qual deriva a palavra personagem, um conjunto de características pessoais às quais o ator dá vida. Alguns autores atribuem a origem da palavra *persona* ao verbo *personare* (para soar), indicando que a máscara faz com que a entidade representada se manifeste, provavelmente, falando ou cantando. De qualquer maneira, é a mesma ideia de que um ser se manifesta por intermédio do corpo e da ação do ator.

Para que haja uma ação adequada, quer do ponto de vista religioso, quer do ponto de vista artístico, é preciso que o agente invista nessa identificação, atuando de maneira convincente e coerente, o que envolve uma série de mensagens corporais, gestuais e de vivências interiores de identificação com a personagem ou divindade em questão. Isso significa que ator ou xamã assumem ser outras entidades cujas características conhecem e reproduzem. Essas características que envolvem falas, gestos, movimentos corporais e poderes pessoais não são resultado da espontaneidade e do desejo desse ator ou sacerdote, mas de um texto preexistente, elaborado socialmente. Aquilo que o artista fala, ou o que a divindade faz, é parte de um *script* criado em outras situações passadas.

A máscara representa essa interface que medeia o ser do ator ou do xamã e a entidade investida. Por isso, a máscara não é falsa, ela é verdadeira, posto que representa a entidade incorporada, é parte dela. A máscara permite que a entidade continue existindo no imaginário do grupo e interaja com ele. Sem a máscara, o xamã é apenas um membro do grupo; com a máscara, dá vida à divindade. Do mesmo modo, com a máscara o ator transforma-se na personagem e a faz viver. Por isso, dizemos que o ator desempenha um papel, ou seja, dá vida a um ser cujas características e ações estão predeterminadas.

Essa sensação de ser verdadeiramente a entidade ou a personagem, vivida pelo xamã e pelo ator durante o ritual ou o espetáculo teatral, é o que chamamos de identidade, um sentimento de expansão do ser para além de si mesmo. Uma sensação de completude em relação a alguma coisa que vem completar aquilo que somos. A nossa vida pessoal e social está cheia desses momentos em que incorporamos personagens que parecem estar determinadas por textos que nos são dados pelos outros, pela tradição e pela rede de relações que estabelecemos na existência. São os chamados papéis sociais que, à maneira da imagem refletida no espelho na qual a criança se reconhece quando pequena, conforme estudamos no capítulo anterior, nos ajudam a desenvolver nossa individualidade.

Os papéis sociais também se desenvolvem com o crescimento da criança, à medida que ela passa a ser capaz de interagir com o outro que ela identifica no espelho, assumindo ser parte de uma relação. Os papéis sociais vão se acumulando na vida das pessoas à medida que crescem e se desenvolvem, assumindo papéis de filho, de estudante, de amigo ou de cidadão. Cada um deles passa a fazer parte do intérprete, colaborando para a completude do ser. Os papéis sociais fazem parte de nossa identidade psíquica e social. Por isso vamos falar deles agora.

Os papéis sociais

A noção de papel social tem origem no teatro, onde atores encenam características e hábitos que definem um determinado personagem. Do teatro, a ideia passou à filosofia e finalmente às ciências sociais para definir essa padronização social do comportamento que diz respeito ao desempenho de nossas funções sociais. Trata-se portanto de um *script* de natureza social que deve orientar o comportamento individual. Como no teatro, entretanto, percebe-se certa distância entre o que a pessoa é em essência e as atitudes que assume no desempenho de seus papéis sociais.

Desde o nascimento, a criança é introduzida em seu grupo de origem, iniciando longo processo de socialização pelo qual vai apreendendo os padrões culturais do grupo, gestados por muitas gerações. Esses padrões são históricos e variam no tempo e no espaço. Em cada tempo e lugar haverá um conjunto de princípios, assim como certo número de papéis socais, destinados aos membros do grupo.

Diferentes sociólogos estudaram os papéis sociais e procuraram entender esse conceito que diz respeito basicamente à relação entre o *self* e a sociedade. Um deles foi Talcott Parsons, que define o papel social como *o setor organizado da orientação de um ator que constitui e define sua participação num processo de interação*. Para ele, os papéis são as unidades das estruturas sociais e se organizam como um sistema recíproco que orienta comportamentos e expectativas. Assim como ele reconhece uma variância na execução dos papéis, permitindo certo grau de liberdade ao ator, afirma que o papel difere da personalidade. Dessa forma, o que faz variar o comportamento de agentes no desempenho de um mesmo papel é a própria gama de possibilidades coletivas e não as diferenças pessoais entre sujeitos. Vê-se que a noção de papel em Parsons refere-se a uma visão macrossociológica e sistêmica.

Bem diferente da análise de Parsons é a de Erving Goffman que, seguindo principalmente o chamado interacionismo simbólico, entende o papel como a mediação das relações interpessoais. Numa abordagem microssociológica, Goffman preocupa-se com a maneira como a ação de um agente influi sobre a de outro, numa cadeia de reciprocidades. Embora reconhecendo certa distância entre o papel de um agente e sua personalidade, ele pressupõe mútua interferência entre eles.

Goffman utiliza dois conceitos básicos para explicar a ação humana pautada pelos papéis sociais assumidos pelo ator durante a vida, entendendo-se o ator como o indivíduo ou agente social. O primeiro é o de "cenário", que compreende todos os elementos que compõem a situação de interação — o lugar, os objetos, a mobília, o horário, a comunicação visual que orienta todos os que estão em interação. Diz ele:

> Cenário compreende a mobília, a decoração, a disposição física e outros elementos de pano de fundo que vão constituir o cenário e os suportes do palco para o desenrolar da ação humana executada diante, dentro ou acima dele. O cenário tende a permanecer na mesma posição, geograficamente falando, de modo que aqueles que usem determinado cenário como parte de sua representação não possam começar a atuação até que se tenham colocado no lugar adequado e devam terminar a representação ao deixá-lo.[1]

O autor exemplifica o que chama de cenário com os espaços onde ocorrem cortejos reais e paradas cívicas, nos quais uma série de elementos físicos e simbólicos permite que a ação aconteça. Para um casamento religioso, o templo é o cenário onde ele pode se oficializar. É em um tribunal que um julgamento se realiza de forma adequada. O cenário faz parte do ritual e garante sua legitimidade.

Além do cenário é preciso o que Goffman chama de "fachada" — os elementos que o agente utiliza para consciente ou inconscientemente compor, dar forma e auxiliar sua "representação". Por representação o autor entende a ação de uma pessoa investida em um papel social.

Papéis sociais e comunicação

Os papéis sociais, portanto, são como as máscaras que mediam a relação das pessoas em suas interações. Naquele impulso por se identificar com uma imagem que caracteriza o estádio do espelho estudado por Jacques Lacan, o ser humano encontrará à sua volta papéis sociais estruturados, aos quais correspondem, como vimos, determinados cenários, fachadas, ações, roupas e objetos para um bom desempenho de seu papel. Assim, a criança irá paulatinamente aprendendo a ser filho, irmão, neto, vizinho, sobrinho, amigo. À medida que cresce passará a interagir em grupos maiores, de forma mais esporádica e impessoal — passará a ser um pedestre, um transeunte, um morador do campo ou da cidade, um membro de uma religião. Esses papéis são, na maioria das vezes, involuntários e decorrem das condições de seu nascimento e da situação que a família em que nasceu tem na sociedade. Mas, conforme cresce, o indivíduo pode ir optando por certos papéis que dependem de sua vontade e afinidade. Como já dissemos, o grau de liberdade dessa escolha depende da sociedade mais abrangente da qual ele é membro. Há sociedades que são mais simples e homogêneas e que dão poucas opções a seus membros. Em sociedades mais complexas, a possibilidade de escolha é maior.

Pensemos em uma criança que nasça em uma pequena aldeia numa praia distante dos grandes centros urbanos — dificilmente ela poderá deixar de adotar uma profissão ligada à pesca ou aos serviços da aldeia. Muitas vezes sua escolha é guiada pela família, que é dona de um barco ou de uma loja. As opções são pequenas e a liberdade de escolha é menor. Mas, se pensarmos

---

[1] Erving Goffman, *A representação do eu na vida cotidiana* (Petrópolis: Vozes, 1985,), p.29.

numa cidade grande, como São Paulo, Recife ou Salvador, são inúmeras as atividades que garantem a sobrevivência dos moradores desses centros. Cada uma envolve um grupo diferente de pessoas e um determinado tipo de aprendizado. Ser motorista, guarda de trânsito, piloto ou professor dificilmente dependerá da família em que o indivíduo nasce; será fruto das circunstâncias, das oportunidades, do talento, das necessidades, da conveniência. Cada um desses papéis envolve um cenário, uma fachada e um aprendizado.

À medida que o indivíduo assume seus papéis — herdados, involuntários ou voluntários — e faz suas escolhas, ele vai definindo um determinado modo de ser, pois passa a se identificar com esses papéis. A própria necessidade de sobrevivência vai levando a criança a aceitar as regras do jogo e a assumir os papéis que dela se esperam. Com alguns deles ela terá plena afinidade, ou seja, ela os desempenhará com seriedade, sinceridade e convicção. Outros, entretanto, ela desempenhará apenas para corresponder às expectativas dos outros e para não sofrer punições. Esse desempenho será mais falso e superficial ou, como qualifica Goffman, mais cínico. Uma criança pode não estar com vontade de cumprimentar os parentes ou de assistir a um ritual religioso. Entretanto, para não ser repreendida, ou para agradar aos adultos, poderá expressar um falso afeto ou uma devoção irreal. Para escaparmos desse cinismo da vida social e do desempenho dos papéis, estamos sempre atentos em relação a como as pessoas com quem interagimos se expressam.

A comunicação em todas as suas linguagens — verbal, gestual, facial, corporal — é o elemento básico das interações sociais e do desempenho dos papéis sociais. Para cada um deles, o sujeito possui falas que constituem verdadeiros atos, como, por exemplo, quando o juiz diz: "O réu foi considerado culpado". Ou quando diz "Declaro-vos marido e mulher" para um casal de noivos. Essas frases criam situações de fato, como a prisão do réu e o casamento dos noivos. Por isso, essas frases são chamadas performáticas por J. Austin.[3] Outras falas têm menor poder, mas constituem igualmente fonte de afirmação das ações e do desempenho de papéis sociais. Por exemplo, quando um médico indica a um paciente um determinado remédio. O receio de que, não seguindo essa orientação, venhamos a ficar doentes, faz com que demos credibilidade a essa fala. Há situações em que a crença na fala daqueles com os quais interagimos é mais fácil, ou porque nossos laços com o outro são mais próximos e confiáveis, ou porque já testamos anteriormente informações desse tipo ou, ainda, porque a autoridade do falante impõe respeito ao que diz.

> **John Austin** nasceu em Lancaster, em 1911, e morreu em Oxford, em 1960. Filósofo e linguista britânico, estudou os atos da linguagem. Dedicou-se ao estudo do sentido pragmático da linguagem e criou o conceito de enunciado performativo para designar frases com as quais o falante realiza uma ação. "Eu perdoo você" é um enunciado performativo que não descreve uma situação, mas a cria.

---

[3] John L. Austin, *How to do things with words* (London: Oxford, 1962).

Mas, para nos assegurarmos sempre dessas variáveis, segundo Goffman, nós nos preocupamos não só com as formas de "expressão" como de "emissão" de sinais. Diz ele:

> A expressividade do indivíduo (e, portanto, sua capacidade de dar impressão) parece envolver duas espécies radicalmente diferentes de atividade significativa: a expressão que ele transmite e a expressão que ele emite. A primeira abrange os símbolos verbais, ou seus substitutos, que ele usa propositadamente e tão só para veicular a informação que ele e os outros sabem estar ligada a esses símbolos. Esta é a comunicação no sentido tradicional e estrito. A segunda inclui uma gama de ações, que os outros podem considerar sintomáticas do ator, deduzindo-se que a ação foi levada a efeito por outras razões diferentes da informação assim transmitida.[3]

Assim, o sorriso do médico ao ler o laudo de um exame que informa sobre nosso estado de saúde pode nos tranquilizar mais do que o diagnóstico que ele fará. O tom com que uma pessoa atende ou responde ao telefone pode ser mais significativo sobre seu estado de espírito do que aquilo que responde à pergunta "Como vai?". Por isso, em nossas interações damos especial valor à comunicação emitida, que é menos voluntária e sobre a qual o interagente tem menos controle. A comunicação expressa, por outro lado, por seu formalismo, às vezes nos parece carente de significado. Algumas frases chegam a perder completamente seu sentido de tanto serem usadas apenas para cumprir parte do ritual das interações. A música *Sinal fechado*, de Paulinho da Viola, foi inteiramente construída com essas frases cotidianas que expressam muito pouco. Vejamos o que diz a letra:

Olá, como vai
Eu vou indo e você, tudo bem?
Tudo bem, eu vou indo, correndo
Pegar meu lugar no futuro, e você?
Tudo bem, eu vou indo em busca
De um sono tranquilo, quem sabe?
Quanto tempo...
Pois é, quanto tempo...
Me perdoe a pressa
É a alma dos nossos negócios...
Qual, não tem de quê
Eu também só ando a cem
Quando é que você telefona?
Precisamos nos ver por aí
Pra semana, prometo, talvez
Nos vejamos, quem sabe?
Quanto tempo...
Pois é, quanto tempo...
Tanto coisa que eu tinha a dizer
Mas eu sumi na poeira das ruas
Eu também tenho algo a dizer
Mas me foge a lembrança
Por favor, telefone, eu preciso
Beber alguma coisa rapidamente
Pra semana...
O sinal...
Eu procuro você...
Vai abrir!!! Vai abrir!!!
Eu prometo, não esqueço, não esqueço
Por favor, não esqueça
Adeus... Adeus...

Papéis sociais e *status*

Dissemos que nem sempre o indivíduo tem liberdade de escolher determinado papel social — ele nasce em certa família, convive com determinados valores e sofre coerções que limitam sua possibilidade de

---

[3] Erving Goffman, *A representação do eu na vida cotidiana*, cit., p.12.

escolha e a independência de sua ação. Assim, por exemplo, em muitas sociedades antigas as leis de herança garantiam ao filho homem mais velho o direito à posse e poder sobre os bens da família. Isso obrigava os demais filhos ou a se submeterem ao poder do irmão mais velho, ou a buscarem outras formas de sobrevivência. Muitos cidadãos gregos tornaram-se colonizadores em função dessa regra — iam fundar seus próprios domínios em terras estrangeiras, para escapar ao poder dos irmãos.

Em sociedades mais democráticas e contemporâneas, as pessoas têm maior liberdade de ação e escolha. Norbert Elias afirma que, a partir do Renascimento, a sociedade ocidental foi valorizando tudo aquilo que diz respeito à liberdade individual, reforçando suas próprias escolhas e sua história pessoal. Podemos admitir que as escolhas permitem sempre um grau maior de identificação do sujeito com seus papéis. Quanto mais aberta a sociedade, maior a gama de opções, havendo ainda a possibilidade de se criar novas instituições e novos papéis, caracterizando o que chamamos de sociedades progressistas, ou seja, não tradicionalistas. Assistimos constantemente ao surgimento de novas profissões, serviços e papéis sociais, dependendo do desenvolvimento tecnológico, das necessidades e da inventividade da sociedade.

As razões que levam uma pessoa a escolher determinado papel social, quando essa escolha é possível, dependem de suas possibilidades, das relações que estabelece com o grupo, das aptidões que demonstra para o mesmo e, muitas vezes, do grau de prestígio que determinado papel desfruta na sociedade. Pois cada papel implica uma determinada posição num sistema de papéis que é hierarquizado. A cada posição correspondem determinados deveres, direitos, certa autoridade e poder, além de acesso a bens e recursos materiais. Assim, os papéis mais almejados são aqueles que estão no topo dessa pirâmide de papéis sociais e que correspondem aos de *status* mais elevado. Chamamos de "papéis conquistados" justamente aqueles que dependem de processos seletivos nos quais a qualificação do pretendente é avaliada. Isso é válido para os processos seletivos impessoais, que dependem de conhecimento técnico, ou das diversas provas pelas quais passa o aspirante a um cargo ou posição, para se situar no topo da lista dos selecionados.

O sucesso de uma pessoa na carreira depende, justamente, da sua capacidade em galgar os postos mais altos da hierarquia social à qual pertence, adquirindo maior prestígio, poder e riqueza. Chamamos a isso de "mobilidade social", ou seja, a possibilidade de ascensão ou descida de um indivíduo num determinado sistema de posições. É importante considerar, entretanto, que os diversos *status* sociais não correspondem a classes sociais, embora os cargos mais elevados de qualquer sistema hierárquico, via de regra, sejam ocupados por indivíduos pertencentes às elites e, inversamente, as posições mais baixas sejam ocupadas por sujeitos provenientes das classes inferiores. As classes sociais, entretanto, dizem respeito a divisões da sociedade que não são modificadas apenas pela trajetória individual de seus membros. Assim, mesmo que um sujeito das camadas mais baixas galgue posições de destaque numa dada estrutura, isso não significa que as classes sociais se modificaram, mas apenas que ele, individualmente, pode desfrutar de uma posição social mais privilegiada. Para transformações na estrutura de classes de uma sociedade é preciso uma ação coletiva e de caráter revolucionário.

Conflitos

No decorrer de nossa existência, portanto, vamos desenvolvendo atividades decorrentes de papéis que assumimos, sejam papéis involuntários, sejam voluntários ou conquistados. Assim, passamos a ser cônjuges, pais, professores, funcionários, cidadãos, membros de organizações religiosas, de clubes esportivos, de torcidas, de agremiações, associações e sindicatos os mais diversos. Podemos pertencer a partidos políticos, grupos étnicos, a associações de classe. Muitas vezes, existe certa coerência e reciprocidade entre esses diversos papéis — por exemplo, pertencermos a uma nação geralmente envolve atividades políticas, ainda que meramente como eleitores, o que pode nos levar a participar de partidos políticos, reforçando nossa cidadania. Nesse caso, há coerência no desempenho dessas funções.

Mas, nem sempre conseguimos manter essa integração de condutas, obrigações e deveres, podendo haver conflito entre os papéis que assumimos. Recentemente, uma publicidade apresentada na televisão brasileira mostrava um pai que, muito ocupado com as obrigações profissionais, não conseguia prestigiar momentos importantes da vida do filho, como um jogo de futebol do qual participava. O pai chega atrasado e o filho olha-o, desapontado. A mensagem final diz: "Não basta ser pai, é preciso participar". A peça publicitária faz menção, justamente, ao conflito entre as obrigações de pai e as profissionais. Quanto mais identificados com nossos papéis, maior será o conflito de desempenho que teremos de enfrentar entre as exigências a que estamos sujeitos.

Nas sociedades mais complexas, nas quais existe uma quantidade quase ilimitada de sistemas de papéis, tende a haver espaços nos quais temos mais liberdade de agir de forma natural e espontânea, não incorrendo em grandes erros de conduta, nem na possibilidade de virmos a ser repreendidos pelos demais membros do grupo. Em compensação, existem outros espaços em que estamos sendo observados e avaliados por inúmeras pessoas com as quais temos menos familiaridade. São ambientes mais impessoais e formais. Podemos dizer que os primeiros caracterizam o que chamamos de vida íntima e envolvem as relações familiares, de amizade e vizinhança. Os outros constituem os espaços públicos onde nos relacionamos com pessoas por meio de relações institucionais. Nosso comportamento pode variar grandemente em uma ou outra ocasião, o que pode acarretar situações de conflito. Estar com uma roupa informal perante pessoas com as quais não temos intimidade pode acarretar uma sensação incômoda, que denota o conflito.

Finalmente, muitas regras que envolvem o desempenho de papéis acabam sendo sigilosas, só podendo ser conhecidas por aqueles que são considerados como membros do grupo. Não é raro nos encontrarmos em situações nas quais os outros estão plenamente familiarizados com as regras, enquanto nós as desconhecemos quase por completo. A sensação também é de desconforto e não é raro que precisemos de treinamento para atuar em ambientes e situações novas. Felizmente, essa variedade do modo de agir em diferentes espaços e culturas nos fez grandes observadores e imitadores, o que nos coloca logo numa situação de aprendizes.

Nós somos nossos papéis e nossas máscaras

Neste capítulo, procuramos mostrar que a ânsia de completude que o indivíduo demonstra desde a infância vai sendo respondida pela sociedade à medida que ele cresce, passa a integrar uma sociedade estruturada e a fazer parte de grupos maiores, ou menores, com os quais interage. Em cada um deles estabelece relações com os outros e assume seus papéis sociais. A imagem social que passamos a ter vai sendo construída a partir desse conjunto de deveres, direitos, relações, privilégios que nos caracterizam, e do desempenho na interpretação de nossos papéis. Com isso, o olhar do outro no qual nos fitamos vai sendo cada vez mais coletivo, formado de muitos olhares em situações diversas.

Nossa individualidade passa a ser construída por essa coleção de falas, ações, reações que nos foram atribuídas e com as quais nos identificamos, de forma mais ou menos intensa, profunda ou verdadeira. Este é o processo de construção social que é vivido externa e internamente por nós. Assim, podemos dizer que, como os xamãs se identificam com as divindades que incorporam, nós também nos identificamos com os papéis que nos atribuíram, ou que conquistamos.

3. Identidade narrativa

Introdução

Comecemos este capítulo, novamente, com a criança estudada por Jacques Lacan que, diante do espelho, se identifica com sua imagem, despertando o impulso para o desenvolvimento de sua individualidade, experiência essa que o psicanalista chama de "estádio do espelho". Agora que já avançamos no estudo dessa elaboração psicológica e social de nossa subjetividade, vamos pensar no papel da imagem nesse processo. Sim, porque o que a criança vê e aquilo com que ela se identifica é a sua imagem refletida no espelho, um signo artificialmente produzido, uma imagem técnica. Isso remete a um aspecto importante dessa reação, que diz respeito ao poder do signo na produção de experiências pessoais e de comportamentos, tanto individuais como coletivos.

Assim, podemos dizer que no momento mesmo em que a criança se reconhece na imagem do espelho ela tem uma dupla experiência — ela adquire consciência de si mesma projetada numa imagem e também adquire consciência do signo como um elemento capaz de referir-se a uma coisa, um ser e, principalmente, a uma ideia. O signo é essa ponte que estabelece uma relação inseparável com o seu referente e com o ser pensante que lhe dá vida. A imagem refletida no espelho é a ponte que se liga ao "eu" da criança — uma relação ao mesmo tempo interna e externa, linguística e psicossocial. A linguagem é esse movimento expressivo proposto pelo signo que, ao lançar-se em direção ao referente, dá-lhe vida e significado.

Com a fala, a criança adquirirá a capacidade de referir-se a si própria e ao mundo que a rodeia sem depender do estímulo da experiência concreta; ela poderá criar realidades por intermédio dos signos verbais, sonoros ou gestuais. Por isso a fala completa essa experiência linguística de ligarmos as experiências vividas aos signos. As palavras acrescentarão novos elementos à experiência simbólica, permitindo que a criança vivencie a sua imagem até mesmo quando estiver longe do espelho, quando a certeza de sua própria existência puder ser sintetizada na palavra "eu".

Além dessa propriedade de permitir a relação do ser humano com o mundo mediante "pontes" que o ligam à realidade, sendo essas "pontes" os signos sonoros, gestuais, gráficos ou corporais que nos apresentam seus referentes, mesmo quando estes estão distantes ou ausentes, a linguagem tem outro predicado importantíssimo para a compreensão da vida social — ela torna essas experiências compartilháveis e, portanto, coletivas. Por isso, a linguagem e a comunicação são a base da cultura e da vida social e são também a base para os processos de identidade pessoal. Tal como a imagem no espelho que produz na criança o impulso para a consciência de si próprio, os signos sempre ligarão o ser ao mundo estabelecendo relações, semelhanças e analogias, fonte de identidade simbólica. Disso falaremos neste capítulo, desse processo de identidade simbólica que nos ajuda a construir nossa identidade especialmente pelo uso dos signos, da linguagem e das narrativas.

Narratividade, mitos e histórias

Se é verdade que o signo nos lança em direção ao seu referente, que pode ser uma coisa ou um ser — o "eu" ou o "outro"—, para expressar um movimento ou um acontecimento vamos precisar de vários signos, todos eles combinados entre si, configurando um enunciado ou uma narrativa. Vamos pensar, por exemplo, nas pinturas que existem nas cavernas de Lascaux, feitas por nossos antepassados. Pois bem, elas nos remetem a diversos seres e coisas que estão expressos nos desenhos existentes na pedra. Mas, há um outro aspecto: além de podermos observar cada figura de forma independente, sabemos que, como numa frase, esses signos estão articulados, prendem-se uns aos outros, formando um discurso ou uma história. Esse discurso, que articula diversos signos e que se estrutura com um começo, um meio e um fim, pode ser chamado de narrativa.

As narrativas surgiram na cultura humana ao fim de um longo processo de evolução e de desenvolvimento de nossa capacidade simbólica, mas rudimentos dessa aptidão são encontrados nos mais antigos monumentos históricos. São inscrições, desenhos, formas arquitetônicas que revelam como o domínio da linguagem possibilitou aos seres humanos expressarem suas emoções e sentimentos, compartilhando-os com seus pares. Permitiram, também, que esses relatos sobrevivessem aos narradores, alcançando as novas gerações. Podemos dizer que essas narrativas superaram a morte, fonte de angústia para o ser humano desde seus primórdios.

As primeiras narrativas criadas na cultura humana foram os mitos que se constituem em histórias a respeito dos deuses e de nossa relação com eles. O mito, do ponto de vista antropológico, nada tem a ver com o sentido que lhe dá o senso comum, ou seja, de uma inverdade. Quando uma ideia ou opinião parece absurda ou irreal, costuma-se dizer que se trata de um "mito". Pois bem, não é disso que estamos falando, mas de narrativas que relatam a história humana como obra dos deuses. O relato que narra a criação humana no paraíso terrestre é um mito bíblico, que explica a grande epopeia que foi a passagem de um "estado de natureza" para um "estado de cultura", quando adquirimos a capacidade de pensar e de julgar o bem o mal. Numa metáfora mítica, esse acontecimento é relatado como sendo o pecado original de Adão e Eva — comer da árvore da sabedoria.

Linguistas e antropólogos, historiadores e filósofos reconhecem a importância dos mitos e sua estreita ligação com a linguagem. Argumenta-se que o desenvolvimento da consciência mítica fez com que a linguagem também alcançasse altos níveis de desempenho, assim como as palavras, evocando heróis e divindades, estimularam as narrativas de suas histórias. Não se pode saber o que surgiu antes, se a narratividade ou a linguagem; o que sabemos é que uma sempre esteve atrelada à outra. Essa vinculação do mito com a linguagem está na origem do sentido mágico da palavra, capaz de curar, salvar e sensibilizar os deuses.

Diz Ernst Cassirer que em todas as pesquisas é possível retomar a íntima relação entre mito e linguagem. Conta-nos que:

> Em todas as cosmogonias míticas, por mais longe que remontemos em

---

> **Mito** é um relato, existente nas mais diferentes culturas, que se refere a tempos primordiais e a acontecimentos que têm estreita relação com os deuses. Os mitos narram especialmente fenômenos de criação, por meio dos quais algo que não existia começou a existir.

sua história, sempre volvemos a deparar com esta posição suprema da Palavra. Entre os textos que Preuss recolheu dos índios uitotos, há um que ele pôs diretamente em paralelo com as passagens iniciais do *Evangelho segundo São João* e que, com efeito, na tradução apresentada parece coincidir inteiramente com este. Diz: "No princípio a Palavra originou do Pai".[1]

> **Konrad Theodor Preuss** nasceu em 1869 e morreu em 1938, em Berlim, na Alemanha, e foi um importante antropólogo, que desenvolveu meticuloso estudo de campo na Amazônia. Estudou os Uitotos, indígenas que habitam terras brasileiras, da Colômbia e do Peru.

Quando o homem começou a desenvolver a agricultura e o pensamento científico, buscando as causas naturais para os acontecimentos que presenciava, os mitos passaram a ter menor importância e foram perdendo seu caráter sagrado. Esse processo ficou conhecido por laicização e está na origem dos relatos históricos, isto é, que dizem respeito ao ser humano em sua trajetória na terra e não mais em sua relação com os deuses. Nesses relatos dessacralizados, os homens comuns são os personagens principais. Esses relatos têm por principal função dar sentido à existência humana e desenvolver o sentimento de individuação. Essa narratividade tem uma função identitária.

Histórias individuais e histórias coletivas

As histórias narradas pelos mitos têm como uma de suas características o fato de serem coletivas, isto é, explicam acontecimentos cujas consequências são vividas por todo o grupo. Seja o surgimento dos primeiros ancestrais, seja demarcação do território, a transformação de um membro do grupo em xamã ou até mesmo certos tabus alimentares, os mitos narram o "como" e o "porquê" de certos hábitos e tradições que são obedecidos por toda a coletividade. Assim, os irmãos Villas Boas contam como os índios Kamaiurás narram o surgimento do hábito de furar as orelhas dos homens:

> Uuatsin e seus irmãos saíram para pescar numa canoa e passaram por três aldeias em busca do alimento desejado: o mingau de mandioca. Não encontrando, continuaram a viagem; foram, porém, advertidos pelos moradores das aldeias de que estavam perdidos na mata. Flexaram um pintado que fugiu e Uuatsin e seus irmãos perseguiram-no, perdendo-se no céu. Os jakuí, que estavam tocando no fundo da lagoa, viram os pescadores caminhando na Via Láctea e procuraram avisá-los que estavam perdidos. Mas, uma cobra grande lhes barrou a passagem. Após discutirem com a cobra, partiram à procura da aldeia dos pássaros onde estes estavam em festa preparando-se para furar as orelhas dos periquitos. Durante a viagem no céu, encontraram a garcinha e o jaburu. O filho de Uuatsin, um periquito, teria sua orelha furada. Isso aconteceu quando chegaram à aldeia dos pássaros que cantavam e dançavam no pátio.[2]

---

[1] Ernst Cassirer, *Linguagem e mito* (São Paulo: Perspectiva, 1972), p. 64.
[2] Yolanda Lhullier Santos *et al.*, *Textos-ritos do índio brasileiro — Xinguano e Kadiwéu* (São Paulo: Abraesp, 1975), p. 50.

Esse mito explica o costume dos Kamaiurás, que furam as orelhas dos meninos nos lóbulos auriculares durante uma cerimônia em que os cobrem com penas. Os ritos que acompanham os mitos fazem com que todo o grupo vivencie os fatos que deram origem à sua cultura.

> **Irmãos Villas Boas** — Orlando (1914-2002), Cláudio (1916-1998) e Leonardo Villas Boas (1918-1961) foram importantes sertanistas brasileiros. Nascidos em São Paulo, passaram muitos anos percorrendo o sertão e foram os principais responsáveis pela política de proteção aos índios e à cultura indígena no Brasil.

Existe, entretanto, uma diferença entre os mitos coletivos que dizem respeito a toda a sociedade e os chamados mitos individuais, que narram as histórias de alguns membros do grupo, especialmente os chefes políticos e religiosos. Assim, foi com os mitos que aprendemos a narrar histórias dos grupos aos quais pertencemos e as histórias individuais daqueles que se destacam no grupo, ou a nossa própria história. O que queremos acentuar é que essa narratividade que se desenvolve com a cultura humana é uma grande fonte de identidade coletiva e individual. Assim como a imagem da criança refletida no espelho, os personagens dos mitos são signos que conformam nossa individualidade. Dos mitos derivaram as histórias coletivas ou epopeias, as histórias individuais ou biografias, e os contos de fada e a ficção. Dessa identificação com os personagens advém o prazer que temos em ouvir, ler, assistir e contar histórias. Edgar Morin chama a isso "processo de projeção". Nós nos projetamos nas histórias e nos identificamos com seus personagens, vivenciando as situações narradas.

Dos mitos derivaram as narrativas coletivas ou epopeias, as histórias individuais ou biografias, os contos de fadas e as ficções que temos o prazer de ouvir, ler, assistir e contar. Esse prazer vem justamente dessa possibilidade de nos projetarmos nos personagens e vivermos situações novas, significativas. O ponto mais importante desse narrar é o sentido organizatório que ele dá aos acontecimentos fragmentários de nossa vida — aquilo que é momentâneo, esporádico, eventual, colocado na narrativa adquire uma força de necessidade, de sequencialidade, que experimentamos muito pouco na existência concreta. Assim, a narrativa nos dá um sentido, uma sensação de completude, podendo distinguir entre elementos que variam e outros que são constantes. Essa é a dualidade da narrativa, ter elementos constantes, como, por exemplo, aqueles que dizem respeito ao personagem, e elementos que se modificam ao longo da história, auxiliando na compreensão de nossa subjetividade como algo consistente e imutável de um lado, e histórico de outro. Dessa forma, a narrativa nos situa no tempo e no espaço, assim como nos move em direção ao que ainda não é, mas está por vir.

Por outro lado, a narrativa estabelece uma relação importante entre o "eu" e o "outro", entre o indivíduo e a sociedade. Podemos compartilhar coletivamente os mitos, as histórias e as narrativas de uma forma pela qual não é possível compartilhar os eventos da vida, e esse é o principal poder das histórias — criar um espaço comum e intersubjetivo.

A memória individual e a coletiva

Os mitos têm diferentes funções, e uma delas é a organização da memória — eles relatam o início dos tempos, as origens e os acontecimentos primordiais. Assim, possibilitam que os membros do grupo relacionem sua vida pessoal com essa história coletiva. A importância do passado não está apenas no mero conhecimento do que já passou, mas também na influência desses acontecimentos no presente. O passado guia o presente. Existem diferentes formas de memória, uma que é a "memória-hábito", pela qual condicionamos nossas ações e nosso próprio corpo — é a ela que nos referimos quando dizemos que sabemos "de cor", ou quando andamos por um ambiente sem nem ao menos prestarmos atenção no caminho percorrido. Outra memória, que é aquela suscitada pelas narrativas, é a "memória-lembrança", que evoca situações que sabemos terem ocorrido no passado.

A memória-lembrança tem um caráter livre, espontâneo e quase onírico,[3] segundo Ecléa Bosi, uma das estudiosas dos legados das memórias e de sua relação com a vida social. Diz ela:

> Na maior parte das vezes, lembrar não é reviver, mas refazer, reconstruir, repensar, com imagens e ideias de hoje, as experiências do passado. A memória não é sonho, é trabalho... Por mais nítida que nos pareça a lembrança de um fato antigo, ela não é a mesma imagem que experimentamos na infância, porque nós não somos os mesmos de então e porque nossa percepção alterou-se e, com ela, nossas ideias, nossos juízos de realidade e de valor.[4]

É essa memória que é ajudada em sua composição pelos relatos e pelas histórias contadas em família e em grupo. Baseada no que disse Goethe — "Quando queremos lembrar o que aconteceu nos primeiros tempos da infância, confundimos muitas vezes o que se ouviu dizer aos outros com as próprias lembranças" —, Ecléa Bosi ressalta o caráter pessoal, familiar, grupal e social da memória.[5] Diz ela que há esquemas coletivos ou grupais com os quais se constroem memórias coerentes quanto aos relatos e às interpretações de fatos. Daí a importância dos pequenos acervos que mantemos em nossa casa ou junto à família — álbuns de fotografia, correspondências, brinquedos que não usamos mais, diários, agendas e uma série de recursos para registrar a memória e o nosso passado.

Podemos supor, também, que cada um de nós é um repetidor das histórias coletivas, na medida em que as passamos adiante reforçando determinada interpretação e encadeamento dos fatos. Estes, muitas vezes, acabam por se afastar do concreto, do registro factual, para reafirmar princípios, verdadeiros mitos familiares. Essa cultura familiar estabelece seu próprio calendário de encontros, festividades e rituais que fi-

> **Ecléa Bosi** nasceu em São Paulo, formou-se pela Universidade de São Paulo e é professora emérita do Instituto de Psicologia da USP. Dedicou-se à Psicologia Social e tornou-se conhecida por pesquisas sobre a Memória e sua importância na sociedade e no desenvolvimento pessoal do indivíduo.

---

[3] Ecléa Bosi, *Lembranças de velhos* (São Paulo: TA Queiroz, 1979), p. 17.
[4] *Ibidem*.
[5] *Idem*, p. 22.

xam a memória dos acontecimentos. A geração mais velha tem importante papel nessa tessitura, pois é ela que testemunha a existência dos desaparecidos e transmite a memória para os mais jovens. Por intermédio das narrativas, as crianças ganham passado e ancestralidade, e os velhos, futuro e sobrevivência.

O interesse das ciências sociais pela narratividade

Michel Foucault considera que as ciências humanas se caracterizam pelo estudo de um objeto que se constitui enquanto um ser de linguagem. Diz ele: as ciências humanas *endereçam-se ao homem na medida em que ele vive, fala e produz*. Como um ser simbólico, o homem existe enquanto tal pela sua capacidade de se relacionar com o mundo através de construções mentais e sígnicas que referem, substituem e representam o mundo que o cerca. Portanto necessita ser percebido pelo cientista não só como se apresenta, mas também como se representa e como representa a realidade percebida e vivida. Buscando, entretanto, diferenciar as ciências humanas da literatura e da linguística, que analisam as formas das representações verbais, Foucault afirma que o objeto das ciências humanas é o homem, *esse ser que do interior da linguagem se representa*.

Herdeira da tradição legada pelas ciências físicas e biológicas, a sociologia demorou, entretanto, para dedicar-se ao estudo da linguagem e das formas narrativas. Os primeiros cientistas sociais a se interessar e estudar as narrativas mitológicas, históricas ou ficcionais dos diferentes povos foram os antropólogos, que se debruçaram sobre essas histórias buscando entender os valores e as crenças de um grupo social ou até mesmo, como Claude Lèvi-Strauss, os seus sistemas mentais e a forma como organizavam o pensamento e o conhecimento da realidade.

Os primeiros sociólogos a se debruçar sobre as narrativas, entretanto, tiveram em relação a elas uma atitude apenas decifrativa, isto é, com o objetivo de desvendar um código que desse acesso a um pensamento estruturado pela realidade social herdado do passado com os hábitos e costumes. Foi apenas com o desenvolvimento da psicanálise e da psicologia social que a importância dos signos e das formas de representação linguística começou a ser compreendida como mediação entre o homem e a realidade circundante e como forma de ação social e projeção de instâncias profundas da psique, do ser e da cultura.

O passo seguinte foi compreender as formas de linguagem como relações sociais. Um dos primeiros a explorar as possibilidades do imaginário em construir a relação entre ego e *alter* e permitir que ego se coloque na posição de *alter*, foi George H. Mead. A relação social passa a ter uma dimensão real e simbólica cuja compreensão exige uma atitude interpretativa do cientista. Desenvolveu-se uma metodologia de estudo qualitativa utilizando diversas estratégias de aproximação e interpretação da cultura e das relações simbólicas entre os agentes sociais e entre eles e a realidade. Era o interacionalismo simbólico, como depois ficou conhecida, e que teve entre seus nomes mais importantes os de Herbert Mead e de Erwin Goffman.

Outra grande contribuição para o estudo das expressões linguísticas e da comunicação foi o desenvolvimento da teoria marxista e do conceito de ideologia, fazendo com que muitos autores se voltassem para as narrativas históricas e ficcionais buscando apreender na sua elaboração formal e no uso dos signos a sua expressão ideológica. Um dos mais importantes autores nessa linha foi Mikhail Bakhtin.

O estudo sociológico das narrativas históricas, biográficas e ficcionais data também da primeira metade do século XX, estimulado pelo grande desenvolvimento dos meios de comunicação e pela importância crescente que as narrativas midiáticas passaram a ter na cultura. Essa preocupação com a produção simbólica foi ganhando cada vez mais importância, especialmente entre os sociólogos que se preocuparam com as transformações sociais contemporâneas.

Octavio Ianni, sociólogo brasileiro, afirma:

> Quando se forma a sociedade mundial, na esteira da globalização do capitalismo, visto como modo de produção e processo civilizatório, restabelece-se o contraponto linguagem e sociedade, com todas as suas implicações.[6]

Da mesma forma, os estudiosos da identidade cultural, diante das transformações contemporâneas, ressaltam a importância dos estudos das narrativas para a percepção dos padrões sociais emergentes e de novas maneiras de ser. Stuart Hall, participante dos Estudos Culturais na Inglaterra, afirma que são as narrativas que permitem que tenhamos uma identidade unificada, coerente e coesa do nascimento até a morte. Esta, embora simbólica e construída mentalmente, permite-nos, na atualidade, confrontarmo-nos com um mundo de mudanças radicais e aceleradas, desconcertantes e fugazes.

Para esses autores contemporâneos, a sociedade se apresenta muito diferente daquela do passado em que as instituições, os papéis e as relações eram mais tradicionais e estáveis. Hoje, convivemos com contradições acirradas e soluções pouco convencionais que nos obrigam a grande instabilidade e descontinuidades existenciais. Diante desse contexto em que vamos perdendo as referências clássicas da cultura tradicional, as elaborações narrativas, individuais e coletivas permitem construir um eixo que dirija nosso mundo interior, nossas relações sociais e nossas atitudes e comportamentos.

Identidade midiática

Os autores que se preocupam em desvendar as características da sociedade atual e das mudanças que ela introduz na vida das pessoas reconhecem a importância da narratividade, seja ela expressa na busca por uma história pessoal coesa e coerente, seja na importância das narrativas na vida social, seja na infinita narratividade que se processa através dos meios de comunicação. Nesse sentido, é importante o estudo das diversas linguagens e formas de expressão como também os meios tecnológicos com os quais e por meio dos quais essa narratividade se processa. Não estamos falando apenas da narratividade oral e escrita ou da linguagem corporal, facial e gestual; estamos nos referindo aos diferentes meios hoje disponíveis para que as pessoas se expressem, atuem sobre a realidade e se relacionem.

O advento da fotografia, ainda no século XIX, trouxe grande contribuição para esse esforço de construção de uma identidade pessoal e coletiva e para a constituição de uma identidade narrativa. Foi ela que nos mostrou como o outro nos vê e permitiu que construíssemos, assim, uma autoimagem visual. Sua importância foi crescente na cultura ocidental, tornando o ato de fotografar parte importante do ritual cotidiano de celebrações e formulação narrativa. Pudemos construir histórias protagonizadas por nós e compartilhadas por outros. Pudemos fixar o nosso olhar sobre o que nos

---

[6] Octavio Ianni, *Enigmas da modernidade-mundo*, p. 211.

cerca, construindo imagens sobre o outro e registrando-as.

Entender como a tecnologia cria signos e atua nas formas de comunicação e nas relações sociais é um dos desafios dos sociólogos das sociedades contemporâneas. Estamos diante de uma narratividade que passa pela fotografia, pelo cinema e pelo vídeo, que disponibiliza cada vez mais meios de expressão e que estabelece novo contato com os outros e com a realidade. Uma nova ficcionalidade permeia a cultura contemporânea. O advento das mídias digitais e da comunicação em rede revolucionou as relações humanas e as formas tradicionais de narrativa, modificando, consequentemente, as formas de formulação de nossa identidade.

4. A identidade no mundo globalizado

> ### O futuro das religiões
>
> Em momento nenhum, desde a Reforma e o Iluminismo, a luta quanto ao sentido geral das coisas e das crenças que o fundamentam foi tão aberta, ampla e aguda. Vivemos uma mudança radical e não podemos perder tempo demais para compreendê-la, como viemos a compreender, retrospectivamente, o Iluminismo e a Reforma. Devemos compreendê-la agora, no momento em que se está desenrolando [...] Nós nos vemos projetados nos acontecimentos que buscamos observar, com toda a confusão e incerteza que isso acarreta, incluindo dúvidas quanto à realidade do que estamos presenciando.
>
> Mas vivemos ao mesmo tempo uma ocasião formidável para nos conectar mais estreitamente à realidade social. Aplicar as ciências humanas a um fenômeno no momento em que está se desenrolando sob nossos olhos permite que escapemos aos limites da observação distanciada, em benefício do imediatismo dos acontecimentos instantâneos. Definir a maneira de proceder para chegar a esse ponto com eficácia, força e precisão deve ser a principal prioridade para as ciências humanas e as ciências sociais neste século impetuoso.[1]
>
> [1] Clifford Geertz, "O futuro das religiões", *Folha de S.Paulo*, Caderno Mais!, 14-5-2006.

Introdução

Quando alguém folheia livros, japoneses ou estrangeiros, relacionados com arte visual ou música, provavelmente verá filetes de tinta retratando bambu e estampas de donzelas vestidas de quimono; provavelmente verá retratos de tocadoras de coto e *shakusachi* (flauta de bambu) tocando seus instrumentos. Mas hoje não são muitos os artistas japoneses que praticam tais formas; em vez disso, tocam guitarras elétricas e pintam quadros abstratos com tinta a óleo. O mundo do *rock punk* e da arte performática, de John Coltrane, Jimi Hendrix, Andy Warhol e Salvador Dali, é o mundo em que nasceram; coto e quimono podem ser tão exóticos para eles como poderiam ser para um turista transeunte à procura, coms o auxílio de seu livro-guia de viagens, dos últimos vestígios do "Japão tradicional".[2]

[2] Gordon Mathews, *Cultura global e identidade individual* (Bauru: Edusc, 2002), p. 71.

Com essas palavras, Gordon Mathews nos mostra que grandes transformações ocorreram no mundo nas últimas cinco décadas, alterando o modo como as pessoas se comportam e aquilo com o que elas se identificam. O japonês da atualidade, segundo o autor, tem o mesmo estranhamento pelas tradições de seu país que teria um viajante ou um turista. Por outro lado, ele nos mostra que os elementos com os quais se identifica o jovem japonês não são originais de seu país nem dizem respeito à sua cultura, mas a uma cultura globalizada que transita pelos meios de comunicação e pela indústria cultural.

Isso porque, desde a segunda metade do século XX, vimos assistindo a um processo de transformação radical das culturas locais, ao qual já fizemos referência. Diversos fatores propiciaram essas mudanças, como o fim da Guerra Fria, que dividia o mundo em dois impérios em permanente oposição, a União Soviética e os Estados Unidos. Com o fim da polarização que dividia o mundo entre governos de direita, favoráveis aos Estados Unidos, e de esquerda, aliados à União das Repúblicas Socialistas Soviéticas, as nações passam a se aproximar política e comercialmente umas das outras. As fronteiras foram revistas, e muitos governos depostos. Uma nova geopolítica instalou-se no mundo.

Como consequência dessas transformações e do fim do regime comunista da Europa Oriental, o capitalismo se instalou no mundo todo, criando um grande mercado mundial por onde circulam capital, dinheiro e mercadorias, que passam a ser consumidas por todos. Essas mercadorias vão transformando os hábitos e costumes dos mais distantes países e dos mais diferentes povos. Muitos dos produtos que trafegam nesse mercado mundial são culturais, como filmes, publicações e músicas que passam a fazer parte do repertório das pessoas das mais diferentes áreas do globo, num processo que Mathews chama de grande "supermercado cultural".

Com a invasão dessa cultura global, os traços culturais mais tradicionais vão se enfraquecendo e as novas gerações passam a adotar outras formas de vida e de relacionamento, aproximando o que antes era tão diferente — as culturas nacionais. Esse processo foi favorecido, também, pelo desenvolvimento dos meios de comunicação, cada vez mais ágeis, rápidos e eficientes. Assim, se no passado uma novidade demorava para chegar às regiões mais distantes e às localidades menores, hoje essa novidade é lançada em diferentes locais ao mesmo tempo. Os processos de difusão da cultura se aceleram.

Esse aparente abandono das tradições coloca em xeque processos identitários sobre os quais falamos nos capítulos anteriores, fazendo surgir uma crise de identidade estudada por diversos sociólogos, entre os quais, Stuart Hall. Segundo esse autor, a crença em padrões sociais e humanos estáveis, alimentada pela ciência e filosofia modernas desde o Renascimento, é seriamente abalada pela rápida transformação do mundo contemporâneo. Hall chama de descentramento esse abandono na crença de um mundo estável e resistente às transformações, promovido pelos acontecimentos históricos assim como pela emergência de teorias diferentes que os explicam, como o marxismo e a psicanálise. Essas explicações científicas fizeram surgir um conceito de humanidade mais contraditório e fragmentado do que o proposto pelo Iluminismo.

Por sua vez, à medida que avança a globalização e o processo de homogeneização cultural que ela promove, veem-se surgir movimentos de resistência cultural, com a busca pelo passado e por aquilo que constitui a essência de uma determinada cultura. Nessa dialética entre uniformidade e diferenciação, entre globalização e regionalismo, aprofunda-se a crise de identidade dos sujeitos fazendo-os aderir mais rapidamente a movimentos sociais, propostas políticas, costumes exóticos que lhes dão um sentimento, pelo menos superficial, de pertencimento e coesão.

A fragilidade das formas identitárias tradicionais

O desenvolvimento dos meios de comunicação digital e da Internet veio aumentar ainda mais esse fluxo de hábitos, costumes, ideias e produtos, tornando o mundo uma verdadeira "aldeia global", como previra Herbert McLuhan, filósofo canadense que estudou a comunicação de massa e a mídia. Como consequência, os povos ficaram mais próximos e mais parecidos, integrados pela comunicação em rede. E foi em face dessa aproximação e da perda dos traços que nos distinguem uns dos outros que a questão da identidade se tornou especialmente importante. A busca por algo que nos faça sentir mais seguros de nossa própria especificidade passou a ser o traço da atualidade e, provavelmente, a razão para que esta Unidade tenha sido organizada para tratar desse tema.

Por outro lado, esse impulso para a descoberta da identidade, um dos traços marcantes da sociedade contemporânea, convive com um amplo movimento de transformação social que faz emergir novas formas de sociabilidade e associação. Esportes inovadores como o rapel, formas de entretenimento tecnológicas como as *lan houses*, religiões que aglutinam multidões em encontros mundiais, profissões emergentes como consultores pessoais para diferentes finalidades, do esporte ao aconselhamento espiritual, proporcionam novas formas de aproximação e afinidade pessoal que têm um caráter mais esporádico e provisório, mas estimulam e satisfazem a busca iden-

> **Pan-africanismo** é o movimento em defesa da cultura e dos países africanos contra a intervenção dos países estrangeiros da Europa e América. Defende o respeito às tradições e às diferentes etnias existentes no continente. É um movimento de grande penetração nas populações afrodescendentes existentes fora da África, em países onde houve escravidão.

titária. Como resultado, experimentamos formas inusitadas e precárias de sociabilidade e de pertencimento que substituem antigos modelos de formação da identidade individual e coletiva.

Favorece essa transformação o enfraquecimento do Estado, que até a segunda metade do século XX era uma das principais fontes de identificação social dos cidadãos. Esse enfraquecimento resultou não só da globalização como do neoliberalismo, doutrina econômica que prevê a menor intervenção do Estado na sociedade e a redução de seu papel provedor junto aos cidadãos. Privatizações, planos de controle financeiro dos gastos públicos, redução nas obrigações do Estado para com seus cidadãos enfraquecem essa instituição responsável pelo nacionalismo, este forte sentimento de pertencimento e solidariedade.

Um mundo regulado por um mercado cada vez mais globalizado, e por um Estado menos protetor e intervencionista, promove a migração de grandes contingentes de pessoas em busca de trabalho e melhores salários. Essa mobilidade causa grandes conflitos étnicos e culturais e, ao mesmo tempo, cria grupos de pessoas que vivem nas fronteiras entre duas identidades diferentes — aquela de seu lugar de origem e a que começam a desenvolver junto à sociedade receptora. O binacionalismo, ou até mesmo o plurinacionalismo, são cada vez mais comuns, assim como as manifestações de cultura crioula, ou seja, miscigenação de línguas e traços culturais de diferentes origens nacionais. Conceitos como pan-africanismo, afrodescendência, hispano-americanismo, luso-africanismo apontam para essas fronteiras cambiantes entre nacionalidades, etnias e regionalismos. Tais fenômenos explicam a importância dos processos identitários no mundo que nos cerca e a força que outras instituições têm na promoção do sentimento de afinidade e pertencimento.

Não podemos esquecer também a importância da indústria e da ciência em propor padrões universais de conforto, saúde, comportamento e beleza que se propagam através dos meios de comunicação e da publicidade. Muitas pessoas não medem sacrifícios para alcançar esses padrões, valendo-se para isso de dietas, exercícios físicos, remédios e cirurgias plásticas. Um dos exemplos mais contundentes desse processo foi o cantor *pop* norte-americano Michael Jackson, que passou por dezenas de cirurgias e procedimentos médicos até modificar completamente sua aparência.

Ambientalismo: nova identidade em reação à globalização

Manuel Castells é um dos sociólogos que estudaram a questão da identidade no mundo globalizado. Em seu livro *O poder da identidade* ele analisa os movimentos identitários da atualidade, entre eles o ambientalismo, que define da seguinte maneira:

> Por ambientalismo, refiro-me a todas as formas de comportamento coletivo que, tanto em seus discursos como em sua prática, visam corrigir formas destrutivas de relacionamento entre o homem e seu ambiente natural, contrariando a lógica estrutural e institucional atualmente predominante.[3]

O ambientalismo é um movimento político e ideológico que proliferou a partir da década de 1960 como resultado, por um lado, do grande desenvolvimento industrial e tecnológico, especialmente aquele estimulado pela Guerra Fria entre Estados Unidos e União Soviética, que implicou a criação de grande arsenal nuclear e a competição pela conquista do espaço, a também chamada "Guerra nas Estrelas". Diante da extensão dessas ações, tiveram início as críticas a esse desenvolvimento desenfreado que tinha por objetivo o domínio político e a acumulação de capital. Não é por acaso que os Estados Unidos foram a sede dos primeiros movimentos ambientalistas que, na década de 1960, pregavam a defesa do planeta, a paz e a volta a formas de vida menos perigosas e devastadoras. Por outro lado, o ambientalismo foi estimulado pela

---

Manuel Castells nasceu na Espanha, em 1942. Foi catedrático e diretor da Universidade Autônoma de Madri, professor da École Pratique des Hautes Études en Sciences Sociales de Paris e, atualmente, pertence à Universidade da Califórnia, em Berkeley, nos Estados Unidos. Escreveu inúmeros livros e foi professor visitante em dezenas de universidades.

---

[3] Manuel Castells, *O poder da identidade* (São Paulo: Paz e Terra, 2000), p. 143.

própria globalização, na medida em que se apoiava no sentimento comum a todos de serem cidadãos do mundo e responsáveis por sua defesa e conservação.

As primeiras organizações ambientalistas pediam uma legislação mais eficiente na defesa da natureza e mais controle na fiscalização das empresas poluidoras. Utilizaram meios de comunicação eficientes para a difusão de suas ideias e a formação de *lobbies* para defender os interesses de todos os cidadãos do mundo na defesa do planeta.

Aos poucos foram surgindo outros movimentos em defesa da natureza, mas voltados também para a defesa de determinadas áreas ameaçadas pelas políticas públicas ou pela ganância dos empresários. A luta pela sobrevivência de espécies animais, da flora, dos rios e praias caracterizou essas iniciativas que, ao contrário das anteriores, tinham um caráter mais local e eram lideradas pelos habitantes da região. O desenvolvimento da ciência, especialmente da ecologia, permitiu que as campanhas avançassem, difundindo uma atitude de cuidado e preservação em relação à natureza.

A organização política dos ambientalistas se deu principalmente por intermédio de Organizações não Governamentais (ONGs) e fundações não ligadas ao poder instituído. Contando com voluntários, muitos deles com grande conhecimento científico e estratégia política, com verbas de associados e apoio de diversas instituições no mundo todo, o ambientalismo se espalhou como rastro de pólvora. Dessas organizações uma das mais conhecidas é o Greenpeace.

Atuando entre ciência, atividades práticas de persuasão, defesa da natureza e ação política, os ambientalistas acabaram por organizar partidos políticos também chamados de "verdes" que, em muitos países, aglutinaram membros da antiga "esquerda". Os partidos verdes se espalharam pelos países defendendo povos nativos, reservas florestais e culturas populares e combatendo seus principais inimigos — o Estado, a indústria e a ciência irresponsável, que cria tecnologia que compromete o planeta.

O ambientalismo se coloca como uma forma de identidade na medida em que defende, sobre qualquer outra condição, a primazia das pessoas como habitantes do mundo e responsáveis por ele. Sua estratégia de ação envolve mobilização, conscientização e forte associação entre seus membros, que passam a desenvolver atividades conjuntas e de colaboração, com forte envolvimento pessoal e expressiva solidariedade. Por outro lado, envolve uma cultura própria e um comportamento coerente nos menores atos da vida cotidiana, desde a alimentação, vestimentas e atuação profissional.

Diante da amplitude das propostas ambientalistas e do forte apelo de seus ideais, os partidos políticos se amesquinham e parecem estar apenas em defesa de seus próprios interesses. Assim, o fervor político que antes podia ser observado nas associações políticas é hoje característico dos movimentos ambientalistas.

Greenpeace é uma organização não governamental fundada por imigrantes norte-americanos em Vancouver, em 1971, contra o desenvolvimento das armas nucleares. Mais tarde, sua sede foi transferida para Amsterdã. Recebe verbas apenas de pessoas físicas e atua internacionalmente pela desobediência civil, campanhas de conscientização, atos testemunhais e ação direta.

Fundamentalismos e novas formas de pertencimento

Da mesma forma que o ambientalismo, as religiões também surgem na atualidade como fonte de ideais, modos de pensar, crer e ser. Assim, embora proliferem as religiões e igrejas, muito semelhantes umas às outras, há características distintivas em relação às crenças do passado, mais íntimas e individuais. As religiões da atualidade que mais adeptos arregimentam caracterizam-se por grandes reuniões de pessoas em cultos e rituais ruidosos, onde os fiéis manifestam publicamente a afirmação pessoal de sua crença. Reunidos em grandes templos, os fiéis fazem demonstração explícita de sua adesão à fé.

Evangélicos, maçônicos, católicos, espiritualistas, islâmicos, judeus dão origem a uma série de linhas dentro dessas identificações mais amplas — kardecistas, umbandistas, carismáticos, cabalistas, xiitas, cientificistas, pentecostais. Todos em busca de conforto, refúgio, segurança e identidade fornecida por uma doutrina baseada em textos sagrados — seus fundamentos —, mediada pela autoridade religiosa — sacerdote, pastor, monge. Por essas características podemos reunir essas manifestações religiosas sob o conceito de fundamentalismo, esse tipo de devoção tradicionalista cuja adesão beira o fanatismo. Contra qualquer dissidência ou debate, os fundamentalistas defendem a ortodoxia e o apego às escrituras, das quais acreditam poder extrair a verdade, uma afirmação inequívoca de origem divina, capaz de resistir ao relativismo da vida moderna.

O fundamentalismo foi praticado sempre por todas as religiões existentes que adotaram métodos coercitivos de conversão, ou a violência, como forma de imposição dogmática. Os séculos XVII e XVIII, na Europa, viram as nações se digladiar na defesa de ideais religiosos católicos e protestantes.

Na atualidade, entretanto, o fundamentalismo tem uma característica diferente — a oposição à ciência, à teoria evolucionista, ao estado laico, à liberação dos costumes e à emancipação feminina. Podemos dizer que o fundamentalismo de hoje prima pelo conservadorismo e antiliberalismo. Como o ambientalismo, o fundamentalismo é global, isto é, ultrapassa os limites nacionais, étnicos e continentais.

O fundamentalismo islâmico, apoiado na defesa do Alcorão e na guerra santa, a *Jirhad*, é um dos mais evidentes movimentos fundamentalistas do mundo, especialmente após os atentados de 11 de setembro de 2001, quando as torres gêmeas do World Trade Center, em Nova York, foram atacadas por terroristas islâmicos da organização Al-Qaeda, dirigida por Bin Laden. O uso de ações terroristas, das quais participam soldados suicidas, assusta a população do mundo e alerta para o crescimento da violência religiosa. Por ser contra o desenvolvimento do capitalismo e do liberalismo, o fundamentalismo islâmico adquire, por vezes, conotações políticas de resistência ao poder hegemônico do capital e, consequentemente, dos Estados Unidos.

Defendendo minorias, segmentos excluídos, tradições e a existência do paraíso, onde os perseguidos serão recompensados pelas injustiças sofridas, os ideais fundamentalistas impregnam a vida dos seus adeptos em seus menores atos — vida familiar, amizades, vida sexual, casamento, educação dos filhos, lazer e trabalho.

Embora sejam conservadoras, as igrejas fundamentalistas são bem informadas em relação às tecnologias de comunicação e utilizam os meios de comunicação de maneira adequada para a divulgação de seus ideais. No Brasil, muitas emissoras de rádio e televisão pertencem a grupos evangélicos e católicos carismáticos, que adotam a comunicação massiva como forma de conversão.

A importância da religião na vida social e a forma como condiciona o comportamento humano foi tema dos grandes teóricos da sociologia. Émile Durkheim destacou a religião como elemento de significativa função moral na sociedade, capaz de proporcionar coesão e harmonia à vida social. Max Weber foi mais longe e considerou que a doutrina religiosa é responsável por diferentes formas de comportamento, hábitos e motivações individuais, de forma a influenciar outras instâncias da vida social, até mesmo a econômica. Segundo o autor, a doutrina ou ética protestante desempenhariam importante papel no desenvolvimento do capitalismo, por pregar a contenção, a disciplina e o trabalho como atitudes espiritualmente relevantes.

Mas, os fenômenos religiosos da atualidade desafiam essas análises da religião como força interior mobilizadora do indivíduo em determinados contextos sociais, perfeitamente localizados no tempo e no espaço. O fato de as religiões se apresentarem, hoje, como forças supranacionais e supralocais modifica a dinâmica de sua ação e interferência na sociedade como um todo. Como afirma Clifford Geertz: "Em momento nenhum, desde a Reforma e o Iluminismo, a luta quanto ao sentido geral das coisas e das crenças que o fundamentam foi tão aberta, ampla e aguda".[4] Novos estudos precisam ser desenvolvidos para entendermos esse caráter identitário das religiões da atualidade.

Identidade de gênero

O patriarcalismo, como a ordem familiar baseada na autoridade paterna sobre os demais membros da família, é a base das mais diversas e antigas sociedades. Sabe-se que em algumas sociedades pré-históricas houve períodos de grande valorização da mulher, nas quais se chegou a conhecer o matriarcado, ou seja, a autoridade máxima das mães de família. As Vênus pré-colombianas parecem ser testemunho dessas culturas em que o poder gerador das mulheres era fonte de autoridade política e social. Lendas a respeito das amazonas — mulheres que viviam isoladamente em um determinado território — parecem ter origem na memória oral desses tempos ancestrais. Mas, a partir do surgimento dos impérios antigos, as sociedades só conheceram o patriarcalismo como fonte de organização social e poder. Porém, com as guerras, o desenvolvimento da indústria e a República as mulheres começaram a ter mais independência e a lutar por um papel de maior relevância na sociedade. Esse movimento, que se organizou a partir do século XX e teve maior repercussão nas décadas de 1960 e 1970, propunha a liberdade e independência femininas e, consequentemente, a formação de uma estrutura familiar mais democrática e aberta. A invenção da pílula anticoncepcional, tornando a vida sexual da mulher independente da geração de filhos, veio dar força ao movimento de liberação das mulheres. A consequência foi uma revolução nunca vista nos costumes sexuais e familiares, que pôs em crise a família patriarcal. Institucionalizaram-se o divórcio, as uniões não formais e a geração de filhos entre solteiros.

O feminismo não se caracterizou apenas por uma postura política, mas também por uma série de manifestações públicas, de organizações sociais em defesa da mulher, de formas de comportamento social e individual, de sentimentos e sensibilidades. Até mesmo a moda começou a expressar o avanço das feministas — seja com uma moda mais ousada, como a minissaia, seja pelo uso de trajes unissex, como os terninhos e a calça comprida. Como aponta Mansbridge:

---

[4] Clifford Geertz, "O futuro das religiões", cit., p. 10.

Identidades femininas são criadas e fortalecidas quando as feministas se unem, agem em conjunto e leem o que as outras feministas escrevem. Falar e agir dá origem às teorias de rua e as unge de significado. A leitura mantém as pessoas ligadas e faz com que pensem. As duas experiências de transformação pessoal e de interação tornam as feministas "interiormente responsáveis" ante o movimento feminista.[5]

O movimento feminista espalhou-se pelo mundo na esteira do capitalismo globalizado e do desenvolvimento dos meios de comunicação, mas, apesar de mundial, ele se apresenta fragmentado, com diferentes preocupações e propostas. O resultado é que as mulheres ocupam cargos mais altos na hierarquia social e disputam eleições importantes, como a presidência das nações.

Entretanto, as consequências do feminismo vão ainda mais longe — ao questionar o patriarcalismo e o sexo sem procriação, ele abriu espaço para outros movimentos baseados na identidade sexual ou de gênero, como o lesbianismo e o movimento *gay*. Assim, a própria heterossexualidade é posta em discussão, com os homossexuais exigindo direitos à livre escolha sexual. Castells identifica, ainda, outros fatores que teriam contribuído para o movimento *gay*, como as mudanças da economia mundial favorecendo o trabalho informal e a sobrevivência de pessoas longe dos ambientes tradicionais de trabalho, geralmente muito preconceituosos e discriminatórios. Podendo exercer profissões independentes, em atividades novas e emergentes, os homossexuais tiveram oportunidade de enfrentar esses preconceitos em favor de uma sociedade mais aberta e livre.

A homossexualidade feminina e masculina também passou a ser uma forma de identidade no mundo, envolvendo, além do comportamento sexual, hábitos culturais e sociais, formas de pensar, tipos de lazer, locais de reunião e manifestações públicas de afirmação identitária. O gênero, como se denomina a escolha sexual do indivíduo — uma vez que envolve mais do que a definição biológica como homens e mulheres — passou a ser uma importante forma de identidade no mundo globalizado. Como o ambientalismo e o fundamentalismo, a identidade de gênero não implica um movimento homogêneo, mas heterogêneo e

Narciso é um mito que atravessa séculos e civilizações expressando o difícil processo de construção de nossa identidade e da complexa relação entre o eu e o não eu.

---

[5] Jane Mansbridge, "What is the Feminist Movement?", em Manuel Castells, *O poder da identidade*, cit., p. 211.

fragmentado, capaz de adaptar-se às culturas mais abrangentes e com elas conviver.

As formas de identidade estudadas neste capítulo não são complementares e, embora não se oponham umas às outras, certos conflitos se acirram à medida que um desses movimentos cresça e se desenvolva. A oposição dos grupos feministas ao uso do xale e da burca pelas muçulmanas tem feito com que esse hábito se torne expressão da identidade muçulmana contra a ocidentalização do mundo. Existe, portanto, uma dinâmica entre esses movimentos identitários envolvendo questões importantes da atualidade — estará a muçulmana condenada a escolher entre submeter-se aos usos islâmicos ou aos críticos ocidentais? Nesse movimento polifônico ela certamente encontrará espaços para buscar sua própria forma de pertencimento e expressão identitária. Para isso, será muito importante a educação das crianças, que se revela mais flexível e tolerante, permitindo, cada vez mais, o pluralismo e a multiplicidade.

Identidade e identidades

Ao terminar essa unidade, dedicada às identidades e às teorias sociológicas que as explicam no passado e no presente como processos de desenvolvimento humano ao mesmo tempo individual e coletivo, vamos reafirmar certas propostas de autores aqui mencionados. A primeira ideia importante é que a identidade não é nunca um processo unificado e acabado, mas uma procura renovada durante toda a vida e permanentemente inconclusa. A construção dessa identidade está sujeita a processos históricos e simbólicos que podem favorecer determinadas formas de pertencimento em determinado tempo e espaço — tais processos fornecem os conteúdos de identificação constituídos de sentimentos, costumes, comportamentos, valores, expectativas e signos. Há uma tendência de os indivíduos tentarem organizar de forma coesa e unificada os elementos com os quais se identificam, criando formas narrativas que compõem sua memória e sua história individual.

Diz Stuart Hall:

> Se sentimos que temos uma identidade unificada do nascimento à morte, é somente porque construímos uma história confortável ou uma "narrativa do *self*" sobre nós mesmos.[6]

A globalização, enquanto etapa atual de desenvolvimento capitalista, promove um movimento dialético de unificação e fragmentação cultural que obriga a novas relações dos sujeitos com sua região ou nação, abalando formas tradicionais de constituição identitária. Esse movimento é vivido como crise no processo de busca por uma identidade pessoal e coletiva, o que exige que dediquemos, atualmente, parte de nossos esforços para sua compreensão. A sociologia contemporânea tem se preocupado com os processos identitários e a importância que ganham no mundo.

---

[6] Stuart Hall, em *Identidade Cultural – Fundação memorial da América Latina*, s/d.

No ataque às torres gêmeas, em 2001, nos EUA, ficou provada a importância do domínio dos processos de comunicação na sociedade contemporânea.

Unidade IV

Sociedade midiática

1. Mediações e linguagens

Introdução

Um dos mitos mais conhecidos da Grécia antiga, inúmeras vezes relembrado na sociedade contemporânea, é o que relata a história de Narciso, o filho do deus-rio Cephisus, de Téspias, um jovem de imensa beleza e de invejável poder de sedução. Alvo da paixão das ninfas, Narciso se mantinha alheio e distante a seus apelos amorosos até o dia em que, vendo sua própria imagem refletida nas águas de um lago, se apaixona por seu reflexo e, buscando aproximar-se do ente amado, precipita-se, desaparecendo nas águas. Nesse lugar nasce uma flor, que leva seu nome.

O mito de Narciso é lembrado no Ocidente, na atualidade, por muitos autores que a ele se referem para falar dessa paixão por si mesmo, que também recebeu o nome de narcisismo. Outros autores procuram mostrar, por intermédio do mito grego, como as imagens podem ser enganosas, iludindo nossos sentidos. Mas Marshall McLuhan interpreta a história de forma diferente — sustenta que Narciso não pensava ser de outra pessoa a imagem vista no lago, mas, ao contrário, apaixonou-se por seu reflexo justamente por considerá-lo como uma extensão de si mesmo.[1] O autor insiste em que o ser humano encanta-se com todos os instrumentos, máquinas e símbolos que lhe parecem parte de si mesmo e que estendem sua sensibilidade para além dos limites naturais. Assim ele explica o sentido de certas expressões como "fora de si", ou "não caber em si de contente".

Desta forma, o mito traz essa ambiguidade: por quem Narciso, apaixonado, se precipitou nas águas — por si mesmo ou por outra pessoa de quem acreditava ser o reflexo? Para as ideias que pretendemos discutir neste capítulo, consideramos que essa dúvida revela a característica ou função mais importante da imagem — a de ser um meio, ou seja, um veículo que tanto pode dirigir a percepção humana para o interior de si mesmo, para sua subjetividade, como na primeira versão, como pode dirigi-la para fora de si mesmo, para a realidade ou em direção ao outro. O fato de as duas interpretações serem plausíveis revela esse duplo sentido da imagem e também, em qualquer dos casos, como a imagem atua como um veículo, uma mediação entre o ser humano e a construção de seus sentidos, emoções e identidade.

O ser das ciências humanas

Como a imagem da criança diante do espelho, estudada por Jacques Lacan e mencionada por nós na Unidade anterior, o reflexo de Narciso nas águas do lago é um meio pelo qual podemos vivenciar processos emocionais e cognitivos. A imagem da criança e o reflexo do belo jovem são signos pelos quais nos comunicamos com nossa própria interioridade ou com o outro, com o qual nos relacionamos. O ser humano experimenta esses dois movimentos — um em direção ao interior e outro para fora de si mesmo. Qualquer um deles depende

---

[1] Marshall McLuhan, *Os meios de comunicação como extensões do homem* (São Paulo: Cultrix, 1971), p. 59.

de signos capazes de conduzir esse percurso, fazendo dessa experiência uma relação mediada. Das mediações dos signos nos processos de construção de nossas relações internas e externas, e de como elas expandem nosso "estar no mundo", é que tratará esta Unidade.

Vamos estudar como a vida do ser humano envolve esse contínuo movimento — em direção ao interior e ao exterior — mediado por signos que, por um lado, nos aproximam daquilo que querem representar, tornando-os presentes. Mas, por outro lado, nos afastam de seu referente, substituindo-o. Aproximando-nos e afastando-nos daquilo que nos cerca e daquilo com que desejamos nos relacionar, os signos (como o reflexo da criança no espelho e a imagem de Narciso nas águas) expandem a experiência vivida e deslocam as relações humanas no tempo e no espaço. Esse é um dos processos fundamentais da criação da cultura. Esta, sendo aquilo que nos separa de um estado de natureza animal, constitui-se de formas de pensar, sentir e produzir engendradas pelo grupo social em substituição a um comportamento instintivo, genético e intuitivo para o qual fomos inicialmente dotados. A cultura humana constitui-se, assim, numa primeira forma de distanciamento perceptivo do homem em relação ao meio circundante — entre ambos se contrapõe o signo que é, por um lado, parte da realidade, por outro, obra do espírito humano.

Assim como a imagem refletida no lago era resultado natural da ação da luz sobre a superfície das águas do lago, era também produto da subjetividade do observador Narciso, interpretando o que via. Esse é o cerne da cultura humana e do papel que nela tem a comunicação — uma experiência vivida por meio de signos criados da vida coletiva, num determinado espaço e tempo. Ao serem usados, esses signos criam uma ponte entre seres e coisas, aproximando-os e afastando-os, mas, sempre, expandindo a percepção e a cognição humana.

O reconhecimento da importância do simbolismo na cultura e do papel que desempenha nas relações entre os homens, e deles com o mundo, é de especial significado nas ciências humanas em geral, e na sociologia em particular. Esta, tendo nascido a partir de um distanciamento da filosofia especulativa e buscando intervir na realidade resolvendo problemas imediatos, procurou nas ciências da natureza seus princípios e métodos. Assim, a objetividade científica e o rigor metodológico foram, durante os primeiros anos de desenvolvimento da ciência, um de seus mais caros objetivos. Entender a vida humana a partir de sua exterioridade foi um dos postulados do fundador da sociologia, Émile Durkheim. Examiná-la a partir de um distanciamento metodológico foi outra premissa defendida por ele em *Regras do Método Sociológico*. No entanto, ficou logo evidente a impossibilidade de se estudar o homem da mesma forma como se investiga o ambiente e os demais animais. Isso porque, como procuramos demonstrar, o homem é um ser de linguagem — um ser que se constitui como humano a partir, justamente, desse deslocamento em relação à natureza. Aquilo que o homem é depende da forma como representa, para si e para os outros, essa mesma vida e a maneira como, a partir dela, se comporta, fala e produz.

Como diz a esse respeito Michel Foucault:

> O homem, para as ciências humanas, não é esse ser vivo que tem uma forma bem peculiar (uma fisiologia bastante especial e uma autonomia quase única); é esse ser vivo que, do interior da vida à qual pertence inteiramente e pela qual é atravessado em todo o seu ser, constitui repre-

sentações graças às quais ele vive e a partir das quais detém esta estranha capacidade de poder se representar justamente a vida.[2]

Assim, ele vê a vida humana como constituída de seres que têm por característica existirem enquanto expressão simbólica daquilo que são e fazem. Narciso só existe enquanto herói, mito ou personagem, na medida em que expressa uma determinada subjetividade localizada no tempo e no espaço e referida por meio de signos, ou seja, na linguagem. A existência de Narciso não se destaca da imagem que lhe é atribuída e em relação à qual se dirige, seja para encontrar a si mesmo ou ao outro. É das relações desse ser significante que trata a sociologia.

O ser humano que interessa à sociologia não é apenas o ser que age, mas o que age em função daquilo que pensa, sente e expressa sobre sua ação. Da mesma forma, os signos com os quais expressa seus anseios, desejos e pensamentos não interessam à sociologia como um sistema em si mesmo, mas como forma de mediação entre os seres humanos e entre eles e o mundo. Nas palavras de Foucault, interessa a linguagem como é utilizada, sua forma e seu sentido, os discursos reais, aquilo que escondem e mostram, que podem ser desvendados pelo cientista mediante os traços verbais que devem ser decifrados e reconstituídos. Ou seja, o que interessa à sociologia é o ser falante e a fala, enquanto forma de expressão e de manifestação da existência.

Contatos e mediações

O que procuramos sustentar na primeira parte deste capítulo é que o ser humano, desde as primeiras etapas de sua evolução, vem desenvolvendo um tipo de cultura que implica certo afastamento das condições naturais e das respostas espontâneas e inatas para determinados estímulos. Os signos funcionam como parte desse afastamento das condições naturais na medida em que, como no mito de Narciso, eles se interpõem como mediações em nossa relação com o outro e com as coisas do mundo. Os signos, portanto, representam certo distanciamento que, por sua vez, facilita o trânsito entre seres e coisas. A imagem refletida no lago tanto afasta quanto precipita Narciso em direção ao objeto de sua paixão e desejo. A imagem é um signo e uma mediação entre ele e o ser amado.

Mas, descoberta a capacidade simbólica e mediadora dos signos, a cultura humana não cessou de ampliar esse distanciamento, interpondo cada vez mais novas mediações entre os seres uns com os outros, e entre eles e o mundo. Em função dessas mediações, Leopoldo Von Wiese e H. Becker classifi-

> **Mediação** — Instrumento ou veículo que intermedia a interação comunicativa entre dois agentes, função desempenhada, geralmente, pelos meios de comunicação, como o telégrafo e o telefone. Chamamos também de mediação os fatores que interferem na recepção das mensagens, como, por exemplo, as traduções e adaptações de textos, ou outros elementos do contexto no qual se processa a comunicação.

---

[2] Michel Foucault, *As palavras e as coisas — uma arqueologia das ciências humanas* (São Paulo: Martins Fontes, 1981), p. 369.

cam as relações humanas em diferentes tipos. O primeiro deles é o contato, cujo interesse sociológico está no fato de ser um pressuposto do processo associativo. Embora possa ser efêmero e esporádico, ou mesmo assíduo, o contato interessa ao sociólogo uma vez que se diferencia do isolamento e estabelece as condições mínimas de relação entre agentes. Os contatos contínuos levam, geralmente, os interagentes a estabelecer relações, associações e vínculos.

Os contatos podem ser divididos em primários e secundários. Os primeiros se definem por serem aqueles que dependem dos sentidos humanos — há proximidade física e contatos face a face, com grande envolvimento de órgãos como a visão e a audição. Já os contatos secundários envolvem distanciamento e a mediação dos meios de comunicação, como telegramas e telefones.[3]

Os autores arrolam diversos exemplos de contatos primários, citando a troca de olhares e sorrisos, os jogos, as brincadeiras e as danças, todos eles com forte sugestão para uma relação profunda e associativa. Entre os contatos secundários, distinguem desde o correio até a imprensa, como meios de comunicação que estabelecem relações a distância. Afirmam que os contatos secundários têm se desenvolvido e multiplicado na vida contemporânea, acabando por predominar na cultura.

Assim, podemos dizer que os signos medeiam dois tipos diferentes de relações ou contatos, aqueles face a face, em que predominam as linguagens orais e gestuais, e os secundários, em que a mediação é realizada pelos meios de comunicação, predominando as linguagens tecnológicas e a comunicação a distância. Entre os primeiros, sem dúvida nenhuma, a linguagem verbal é a ferramenta mais eficiente, pelo estabelecimento de contato, pela criação de relações e pela própria renovação do pacto sobre o qual repousa a vida social. Diz Edward Sapir:

> É óbvio que determinados processos de comunicação são necessários para a manutenção de uma sociedade, de suas unidades e do entendimento existente entre seus membros. Embora falemos frequentemente da sociedade considerando-a como uma estrutura estática, definida pela tradição, ela é, quando a observamos mais de perto, algo completamente diferente: uma trama extremamente complexa de entendimentos, parciais ou completos, entre os membros...[4]

As relações sociais, assim como as instituições, dependem de um somatório de atos comunicacionais pelos quais as pessoas renovam suas posições, reafirmam suas motivações e expressam suas intenções. Para isso, a linguagem verbal e a oralidade são os instrumentos mais disponíveis e eficientes e instituem as primeiras formas de mediação entre os membros de uma sociedade e deles com o mundo à sua volta.

O mito de Babel e a globalização

A importância da linguagem no desenvolvimento da sociedade humana está expressa numa das mais famosas passagens bíblicas — o mito de Babel. Conta o texto sagrado que toda a população da terra falava uma única língua e utilizava as mesmas palavras até que um grupo, tendo emigrado

---

[3] Leopoldo von Wiese & H. Becker, "O contato social", em Fernando Henrique Cardoso & Octavio Ianni, *Homem e Sociedade*, cit., p. 136.

[4] Edward Sapir, "Comunicação e contato social", em Fernando Henrique Cardoso & Octavio Ianni, *Homem e Sociedade*, cit., p. 161.

do Oriente, estabeleceu-se em Senaar e lá iniciou a construção de uma imensa torre, que deveria alcançar os céus. Deus, ao ver a obra dos homens, sentiu-se ameaçado e resolveu dificultar esse trabalho. Para isso confundiu as línguas, impedindo o entendimento entre as pessoas, que acabaram por se dispersar pelo mundo. Essa seria a explicação para a existência de diferentes idiomas. É, portanto, por intermédio da língua que o homem se torna capaz de grandes empreendimentos coletivos, como a construção da própria sociedade.

Mas, apesar dessa variedade de idiomas e dialetos, de jargões e sotaques, há cientistas que sustentam, como Noam Chomsky e Steven Pinker, que as línguas humanas são estruturalmente muito semelhantes e que se um extraterrestre aqui chegasse pensaria que falamos a mesma língua. Diz Pinker: "A afirmação de Chomsky de que do ponto de vista de um marciano todos os humanos falam a mesma língua baseia-se na descoberta de que, sem exceção, a mesma maquinaria de manipulação de símbolos subjaz às línguas do mundo."[5]

O autor ainda informa que a variedade das línguas é resultado de um mesmo sistema de derivação que ordena as modificações tanto da morfologia e da fonologia, como do significado das palavras. Isso faz com que ele diga: "Deus não teve muito trabalho para confundir a língua dos descendentes de Noé. Afora o vocabulário — se a palavra para 'rato' é rato ou *souris* — pouquíssimas propriedades da linguagem não se encontram especificadas na Gramática Universal..."[6]

Mas, a diversidade linguística, embora discreta, é suficiente para uma coesão grupal intensa, que se manifesta sob a forma de identidade étnica e regional entre os falantes. Essas diferenças resultaram, segundo os estudiosos, das variações morfológicas e fonéticas a que fizemos referência, da hereditariedade, que nos faz introjetar a língua de nossos pais, e do isolamento geográfico dos grupos, que os faz desconhecer como falam habitantes de regiões distantes da sua. Assim, formaram-se também os imensos vocabulários de que se valem os falantes para comunicar suas ideias.

Mas, se podemos compreender como as diferentes línguas foram se diferenciando ao longo da história da migração dos povos

> **Steven Pinker** nasceu em Montreal, em 1954, e é linguista, psicólogo social e professor da Harvard University. Trabalhou muitos anos no Massachusetts Institute of Technology, onde foi professor no Departamento do Cérebro e Ciências Cognitivas.

> **Michel Foucault** nasceu em 1926 em Poitiers, na França, numa família de médicos, mas, negando-se a seguir medicina, tornou-se um dos mais importantes filósofos de seu tempo. Filho de católicos fervorosos, foi sensível aos mecanismos de repressão e controle, tendo estudado longamente a natureza desses fenômenos. Foi professor e escritor, e entre suas principais obras está *As palavras e as coisas*. Morreu em Paris, em 1984.

---

[5] Steven Pinker, *O instinto da linguagem* (São Paulo: Martins Fontes, 2002), p. 301.
[6] *Idem*, p. 302.

> Chamamos de **linguagem** a capacidade humana de se expressar e se comunicar por meio de um conjunto limitado de signos verbais, visuais, gestuais ou corporais, combinados mediante um conjunto de regras, valendo-se de técnicas corporais e tecnologias de comunicação. As linguagens se desenvolvem socialmente, a partir de complexo processo simbólico humano, e são o elemento-chave da vida social. A sociolinguística é o campo do saber que estuda as relações entre linguagem e sociedade.

sobre a terra, também é possível entender por que, na atualidade, passamos por um fenômeno inverso ao do mito de Babel. Com o desenvolvimento dos meios de comunicação de massa e com a globalização, intensificando a comunicação a distância, temos assistido à homogeneização, ao aparecimento de um idioma derivado do inglês que é falado no mundo todo, aclimatado aos diferentes idiomas.

Mas, o mito de Babel, assim como o fenômeno da globalização, aponta para um fato inquestionável — a linguagem é um fenômeno vivo e está em constante movimento, apresentando mudanças internas de caráter formal, assim como históricas, resultantes da dinâmica das sociedades às quais pertence. Como consequência, o uso das formas linguísticas reflete o seu tempo, as preocupações e valores culturais de uma sociedade em determinada época e lugar. E o estudo das variedades linguísticas presentes no mundo aponta para uma unidade funcional e uma eficiência formal facilmente verificável — todas as línguas existentes são igualmente ricas e complexas e desempenham com pleno êxito sua função de construir simbolicamente a realidade, tornando-a comunicável.

Mas, se a língua falada foi uma primeira forma de mediação criada para estabelecer relações de um ser humano com outro, e deles com o mundo à sua volta, um veículo que permite o contínuo fluxo de mensagens entre o interior e o exterior das pessoas e dos grupos, a escrita estendeu essa função no tempo e no espaço. Assim, se, como dissemos no início deste capítulo, o signo é a extensão do ser humano, a escrita foi uma extensão da língua falada e representou uma ampliação da cultura humana e da nossa forma de estarmos no mundo.

A revolução escrita

Carlo Ginzburg explica o surgimento da escrita como o resultado do uso de um dos nossos mais antigos dons: a observação. Caçador desde suas mais remotas origens, o homem desenvolveu a capacidade de perceber e interpretar rastros e pegadas, o que o tornou apto a perseguir suas presas e a fugir dos predadores. Para isso, cada indício ou sinal era decifrado com rigor, o que, certamente, o predispôs à interpretação de signos e sinais. Junto a essa capacidade de identificar vestígios à sua volta, o ser humano tornou-se apto a calcular o tempo passado entre a impressão de passos na argila e a marca deixada por eles no solo arenoso. A descoberta do processo de impressão no barro partiu desses primórdios.

Pouco a pouco, o ser humano deve ter aprendido a reproduzir esses sinais e a usá-los para designar os seres que os haviam produzido. O traço, ou vestígio, tornava-se símbolo do todo e passava a designá-lo — a divindade era representada pelo Sol e o rei, pela coroa. Por analogia, tudo que se relacionasse ao rei deveria lembrar a coroa, assim como o que dissesse respeito a um deus deveria referir-se ao Sol. Formavam-se, assim, as primeiras classes sígnicas, com uma série de elementos que diziam respeito a uma mesma situação, ou a um mesmo personagem religioso ou histórico. Aos poucos, as inscrições iam evoluindo, não mais estimuladas pela experiência empírica, mas pelas relações lógicas entre os sinais e signos.

Ao que tudo indica, na ausência de uma referência empírica clara e objetiva na complementação desse esforço simbólico, os desenhos teriam sido completados com a ajuda das sílabas, mais ou menos como acontece nas "cartas enigmáticas" — enunciados que se valem tanto de desenhos como de letras para transmitir uma mensagem.

Mais tarde, esses sinais foram se simplificando e passaram a designar apenas os sons — estava criada a escrita alfabética, mais abstrata e mais distante da experiência empírica com os rastros de animais que os primeiros caçadores humanos aprenderam a identificar. Vemos, assim, que a linguagem, criada para mediar nossa relação com o mundo, foi promovendo um afastamento cada vez maior em relação à vida concreta, passando a se desenvolver numa busca por aprimoramento e por relações lógicas mais evidentes e claras.

Assim, um historiador relata como escreviam os egípcios antigos:

> O desenho que mostrava o escaravelho sagrado designou a princípio o inseto (chpr), depois o termo abstrato "futuro" (chpr), que um sinal particular permitia distinguir do primeiro. Assim, à força da simplificação, as palavras de uma consoante, figuradas por um caráter, permitiram que se formasse um alfabeto. Mas esse alfabeto, obra dos fenícios, teve como ponto de partida a escrita pictográfica egípcia, cujos seiscentos sinais, na origem, designavam objetos.[7]

A criação do alfabeto que, estabelecendo um número limitado de signos para os sons, permitia que toda e qualquer linguagem fosse transcrita pelos mesmos elementos gráficos, deu à comunicação humana um novo alcance. A chamada revolução letrada modificou radicalmente o processo do conhecimento, havendo autores que, como Derrick Kerckhove,[8] afirmam que a partir da invenção do alfabeto passamos a utilizar, preferencialmente, o hemisfério direito do cérebro na decifração de sequências narrativas. Para ler criptogramas, utiliza-se o hemisfério esquerdo, com o qual interpretamos imagens.

Dessa forma, podemos dizer que a escrita é uma tecnologia cognitiva que permite a organização racional, sistêmica e sequencial do conhecimento. Adotando-se cada vez mais suportes mais portáteis e resistentes, flexíveis e acessíveis, a humanidade pode acumular e sistematizar o saber. O desenvolvimento do conhecimento se tornou mais rápido, seguro e permanente. Por outro lado, a leitura dos textos possibilitou uma atitude mais crítica e questionadora por parte dos leitores, na medida em que se tornou possível vasculhar o texto em busca de coerência e exatidão. A universalização da escrita, entretanto, só aconteceu quando a formação de grandes impérios mostrou a utilidade de haver uma maneira única de registro de mensagens e de envio para lu-

---

[7] Ivar Lissner, *Assim viviam nossos antepassados* (Belo Horizonte: Itatiaia, 1968), p.71.
[8] Derrick Kerckhove, *A pele da cultura* (Lisboa: Relógio d'Água, 1995).

gares distantes. Foi, portanto, um princípio de globalização, praticado pelos impérios antigos, que ampliou o uso da escrita como meio de comunicação e como tecnologia cognitiva. Por isso, diz McLuhan:

> "O alfabeto significou o poder, a autoridade e o controle das estruturas militares, a distância. Quando combinado com o papiro, o alfabeto decretou o fim das burocracias templárias estacionárias e dos monopólios sacerdotais do conhecimento e do poder".[9]

McLuhan argumenta que a escrita libertou o homem da autoridade sacerdotal, assim como o liberou da vida local e tribal. O saber difundiu-se no tempo e no espaço, acelerou a comunicação e tornou-a mais racional, bem como estabeleceu maior diferença entre ver e ouvir, e entre o som de seu significado. Diz o autor que o alfabeto é uma tecnologia única — ao lado de diferentes criptografias e diversas caligrafias, subsiste uma única forma de fazer corresponder sons sem significado semântico a sinais igualmente destituídos de sentido independente.

Como toda tecnologia, especialmente as cognitivas, a escrita foi recebida com desconfiança. Sócrates temia que o homem, não precisando exercitar a memória, se tornasse perigosamente esquecido, enquanto Platão alertava contra as facilidades que se abriam às falsificações. A história viria a mostrar que esse medo era infundado, especialmente diante dos benefícios trazidos pela escrita no desenvolvimento do conhecimento e na difusão do saber. O passo seguinte nessa revolução letrada seria a invenção da prensa de Gutenberg que, com tipos móveis, prometia multiplicar os textos por um número ilimitado de cópias. Mas esse invento aguardaria a Modernidade europeia para revolucionar o campo da comunicação.

Assim, encerramos este capítulo relembrando que os veículos de comunicação, como discutidos a partir do mito de Narciso, são mediações de nossa relação com nossa subjetividade e com o mundo que nos rodeia. A fala e a escrita permitiram desenvolver nossa capacidade cognitiva, nossa interioridade e nossa relação com os outros. Em segundo lugar, pudemos perceber que as tecnologias cognitivas engendram diferentes tipos de relações humanas, promovendo os contatos secundários, ou seja, aqueles mediados pelos meios de comunicação. A sociedade contemporânea tem propiciado o desenvolvimento desses contatos, permitindo-nos pensar no advento de uma sociedade midiática, ou seja, aquela em que os contatos se dão, em sua maioria, por intermédio de mediações. Em vista disso, o estudo da sociedade exige que pensemos de forma crítica e consistente nessas novas relações, na peculiaridade da sociedade contemporânea e de como as mídias interceptam as relações sociais. Os próximos capítulos tratarão desse tema.

---

[9] Marshall McLuhan, *Os meios de comunicação como extensões do homem*, cit., p. 101.

2. Comunicação e sociologia

Introdução

O desenvolvimento da linguagem escrita acabou por multiplicar o número de documentos manuscritos, não só aqueles que passaram a fazer parte da vida cotidiana, como correspondências e diários, como também os que regulam a vida social — leis, certificados e testamentos. Em decorrência desse acúmulo de papéis e documentos, surgiram técnicas de armazenagem e gerenciamento de informações, como arquivos e bibliotecas.

A criação de suportes mais leves e portáteis auxiliou na tarefa de resguardar os textos do perecimento. A passagem das tábuas de argila para o papiro marcou a criação de rolos manuseáveis, mas foi o princípio de um feixe de folhas encadernadas que alcançou o mais duradouro sucesso, chegando até os dias de hoje. Do século IV ao século XIV, quando o papel surgiu na Itália, o pergaminho foi o suporte mais utilizado. Popularizava-se o códice, nome dado ao formato livro, portátil e com inscrições dos dois lados das folhas. Os primeiros códices eram em madeira, depois foram fabricados em pergaminho e, finalmente, em papel.

A cultura livresca foi o resultado desse desenvolvimento em busca de suportes mais leves, baratos e portáteis, e de tecnologias de registro e disseminação de informações. Em capítulos anteriores já falamos da grande revolução que significou a invenção da prensa por Gutenberg, com a possibilidade de infinitas reproduções de um mesmo original. Houve um estímulo à alfabetização e até mesmo à escrita manual — mais pessoas aprendiam a ler e a escrever e deliciavam-se com o ofício. "Com a imprensa, a reprodução de textos deixava de ser trabalho de um intelectual, tradutor ou copista, para ser um processo técnico e mecânico", diz Alberto Manguel, estudioso do assunto.[1] Um processo industrial dividia as tarefas de produção, composição, encadernação e distribuição, iniciando o que mais tarde seria chamado de indústria cultural — um processo de produção simbólica mecanizado, tecnológico e em série.

É Manguel, também, quem diz que, depois de Gutenberg, pela primeira vez na história centenas de leitores possuíam exemplares idênticos do mesmo livro, e o texto lido por alguém em Madri era o mesmo lido por outra pessoa em Montpellier[2]. Surgiram os colecionadores de livros e as bibliotecas públicas e particulares. Instalava-se a indústria editorial.

Para McLuhan, "o livro foi a primeira máquina de ensinar e também a primeira utilidade produzida em massa. Amplificando e estendendo a palavra escrita, a tipografia revelou e amplificou tremendamente a estrutura da escrita".[3]

Outra consequência dessa revolução tecnológica foi a homogeneização da linguagem, com a possibilidade concreta de se unificar a gramática e as línguas nacionais. Essa unifor-

---

[1] Alberto Manguel, *Uma história da leitura* (São Paulo: Companhia das Letras, 1997), p. 159.
[2] *Idem*, p. 163.
[3] Marshall McLuhan, *Os meios de comunicação como extensões do homem*, cit., p. 199.

mização influenciou não somente a escrita, mas também a expressão oral. A fala erudita, pautada nos textos clássicos escritos, começou a se diferenciar da fala comum e cotidiana.

Foram os tipógrafos os primeiros a perceber o potencial da palavra impressa e a produzir na Europa, no século XVII, os primeiros jornais diários, contendo decretos, notícias e anúncios. Mas foram a República e o liberalismo que criaram as condições para o amplo desenvolvimento da imprensa como veículo capaz de colocar em debate as ideias controversas dos diferentes partidos políticos. A imprensa se torna o sustentáculo dos processos político-eleitorais, a tribuna por onde governantes e críticos do governo procuravam chegar ao povo.

A revolução tecnológica incumbiu-se de firmar ainda mais essa hegemonia do texto escrito — com o auxílio das ferrovias e do telégrafo, as notícias impressas chegavam cada vez de mais longe e alcançavam pontos cada vez mais distantes. A compreensão que se passava a ter do mundo já não se restringia ao alcance dos sentidos, mas tinha a amplitude das redes de comunicação criadas pela inter-relação das diversas tecnologias de comunicação, integradas por potentes empresas capitalistas. Instaurava-se, assim, a sociedade midiática em que as relações dos seres humanos entre si, e com o mundo à sua volta, passam a ser mediadas pelos meios de comunicação. A importância da comunicação na sociedade obrigaria os sociólogos a voltar-se para o seu estudo no intuito de entender o comportamento social, as ações políticas, os movimentos populares e uma nova forma de percepção do mundo que se desenvolvia junto ao público leitor e à audiência dos meios de comunicação.

Comunicação e vida social

Na sociologia clássica, não foram expressivas as contribuições para o estudo da linguagem e dos veículos de comunicação. Ausência que se justifica, em parte, pelo desejo de muitos autores, especialmente os positivistas, de considerarem a sociedade e as relações sociais como "coisas", ou seja, como objetos de análise e observação externa. Preocupados com fenômenos mensuráveis e objetivos, o caráter simbólico e interpretativo dos estudos da linguagem não os atraía para análises mais subjetivas e qualitativas. Durante muito tempo, em razão disso, a linguagem permaneceu como objeto da psicologia social, com pouca importância para o estudo das relações que estabelecia com as demais instâncias da vida social.

Por outro lado, no século XIX, a comunicação de massa, por intermédio dos meios de comunicação, não havia alcançado o desenvolvimento que veio a ter no século XX, quando um grupo de cientistas sociais, reunido na Universidade de Frankfurt, dedicou-se ao estudo crítico do impacto da mídia na sociedade. Também eles contribuíram para a compreensão da linguagem e da comunicação na vida social.

Outros autores também se dedicaram ao estudo das relações entre linguagem, sociedade e comunicação humana, procurando explicar as interdependências entre esses fenômenos. Houve expressivos resultados nessas análises, entre as quais destacamos os estudos de Basil Bernstein, importante sociolinguista, que afirma:

> A forma específica, que assume a relação social, atua seletivamente sobre o que é dito, quando é dito e como é dito. A forma da relação social regula as opções feitas pelos locutores em ambos os níveis, sintático e léxico. Por exemplo, se um adulto fala com uma criança, ambos, ou um deles, utilizarão uma linguagem em que tanto a construção das fra-

ses quanto o vocabulário são simples. Em outros termos, as consequências da forma assumida pela relação social são transmitidas, frequentemente, em termos de relações léxicas e sintáticas.[4]

Com essa proposta, o autor admitia que diversos fenômenos estudados pelo sociólogo, como os papéis sociais, por exemplo, só podiam ser entendidos pela forma como se manifestavam na linguagem. Desempenhar um papel social era ser capaz de expressar-se de determinada forma, dentro de um contexto. Os códigos linguísticos, segundo o autor, não estão divorciados dos demais condicionantes da vida social. Assim, o sistema linguístico é uma consequência das relações sociais ou, de forma mais ampla, um atributo da estrutura social.

Bernstein mostra que a estrutura social organizada em papéis sociais, já estudados em capítulos anteriores, envolve uma série de trocas linguísticas pelas quais os sujeitos envolvidos reafirmam suas posições e mostram-se aptos a interagir verbalmente conforme as expectativas sociais. Assim, as relações estabelecidas entre os elementos organizacionais e sistêmicos da sociedade e as formas de comunicação começam a ser objeto de análise e estudo. Bernstein identifica dois tipos diferentes de códigos de comunicação linguística: os códigos restritos, que dizem respeito a formas expressivas impessoais, formais, padronizadas e previsíveis; e os códigos elaborados, adaptados a situações sociais específicas, complexas e não previsíveis. Uma aula, um sermão, ou mesmo um discurso, estão nessa última categoria.

Bernstein distingue duas diferentes instâncias de expressão na análise da comunicação — os componentes verbais, ou linguísticos, que dizem respeito à forma como os signos são selecionados, combinados e organizados, e os componentes extralin-

> **Basil Bernstein** nasceu em 1924, em Londres (Inglaterra), onde morreu em 2000. Estudou ciências sociais na London School of Economics e, em 1960, conseguiu uma bolsa de pesquisa em fonética no University College de Londres. Dedicou-se aos estudos da linguagem, especialmente ligados à estrutura social de classes.

guísticos, ou paraverbais, aqueles que dizem respeito às formas expressivas utilizadas na comunicação, como ênfase, ritmo e gestualidade.

Comunicador e receptor

Talcott Parsons foi um importante sociólogo norte-americano que procurou desenvolver uma teoria geral da ação social concebendo a sociedade como um todo organizado de forma sistêmica, através de inter-relações recíprocas entre os atores, estabelecidas pela cultura. Essa constelação de inter-relações, que constitui o sistema social, se expressa sob a forma de expectativas orientadoras da ação individual.

Para Parsons, interação social constitui a forma mais elementar de sistema social e pressupõe que os envolvidos sirvam como referência para a ação um do outro, ou seja, que um reaja à ação do outro com base nas suas expectativas e na forma como interpre-

---

[4] Basil Bernstein, "Comunicação verbal, código e socialização", em Gabriel Cohn, *Comunicação e indústria cultural* (São Paulo: Nacional, 1977), p. 91.

ta o comportamento do outro. Por exemplo, se um sujeito entra em uma loja para comprar um objeto e se dirige a um vendedor, seu comportamento tende a provocar reações orientadas em sua direção. Essa troca de ações e reações articuladas configura a interação: o comprador entra em uma loja e dirige-se ao vendedor, cumprimenta-o e sorri. O vendedor também sorri e pergunta-lhe o que deseja. O comprador pede o objeto que procura, e o vendedor apresenta-lhe o que pediu, ou diz que não dispõe do que deseja. Assim, continua a interação, com a ação de ambos sendo uma forma de resposta ao proposto pelo outro. Dizemos que o comportamento de ambos está mutuamente orientado. Se duas pessoas se ofendem e brigam na rua, ou em uma festa, também suas ações constituem reações ao comportamento um do outro. Estão eles, também, mutuamente orientados, e suas ações são movidas por reciprocidade. A comunicação permite essa troca, manifestando desejos, sentimentos e emoções envolvidas.

O que distingue uma interação social de uma relação social é o fato de a primeira ser fortuita, ou ocasional, e dizer respeito a diversas situações de contato que enfrentamos cotidianamente. A relação social pressupõe certa persistência das interações, configurando papéis sociais mais permanentes e estáveis, como os que ligam pais a filhos, professores a alunos, patrões a funcionários. Também as relações sociais se baseiam na comunicação para se manifestar, mas implicam, também, determinados laços institucionais que envolvem as pessoas em relação.

A capacidade que demonstramos em responder de forma adequada às interações sociais é parte do sucesso que obtemos na vida social. Quanto mais entrosados estamos em relação a um grupo ou a uma cultura, mais aptos estaremos a interagir com o grupo numa grande variedade de situações. Demonstraremos domínio dos códigos restritos, ou seja, daqueles que fazem parte do formalismo da vida social — cumprimentar, pedir, desculpar-se, apresentar-se etc.

O conhecimento da língua, dos signos e dos códigos de comunicação é essencial para o bom desempenho dos sujeitos nas suas interações. Diz a esse respeito Parsons: "A comunicação através de um sistema comum de símbolos é o pré-requisito desta reciprocidade ou complementaridade de expectativas".[5]

Na troca comunicativa, os envolvidos na interação recebem denominação própria: "emissor", ou "comunicador", é aquele que envia uma mensagem, e "receptor" é aquele a quem se dirige a mensagem. Numa interação comunicativa duas pessoas são, ao mesmo tempo, receptores e emissores, na medida em que respondem uma à outra. Quando o receptor responde ao emissor, dizemos que houve resposta, ou *feedback*.

Saber quem é o emissor e quem é o receptor em uma interação comunicativa pode ser muito útil, já que nos permite identificar a motivação de uma dada mensagem. Vamos contar uma anedota que nos permitirá entender o que chamamos de motivação:

> Em um reino, uma princesa se apaixona por um plebeu e deseja com ele se casar. Seu pai, o rei, desejando impedir o casamento, diz que só permitirá as núpcias se o pretendente conseguir passar por difíceis provas. Exige que ele só retorne quando tiver passado pelas difíceis provas. O pretendente promete à amada que voltará vitorioso e sai em busca do que o rei pediu. Passa-se muito tempo e o rei, julgando o pobre rapaz

---

[5] Talcott Parsons & Edward Shill, "A interação social", em Gabriel Cohn, *Comunicação e indústria cultural*, cit., p. 125.

morto, dá a filha em casamento a um nobre do reino. No dia do casamento e na hora das núpcias, entretanto, o guarda à porta do palácio aparece no templo e grita aflito: Ele voltou! A mãe da noiva pergunta, incrédula: Ele voltou?! O pai afirma, raivoso: Ele voltou!!! A princesa volta-se, feliz: Ele... voltou... e corre para o rapaz.

Como se vê, a frase "ele voltou" é a mesma, mas os significados são muito diferentes, o que procuramos expressar com a pontuação e a emoção transmitida pelos personagens. Pois é cada uma dessas diferenças que expressa a motivação do emissor e que nos coloca diante do significado dessa frase, construída com os mesmos signos. Por isso, Bakhtin afirma que não falamos só com palavras, mas também com ideias.

Em nossas interações e relações sociais estamos sempre interpretando as mensagens para saber como devemos reagir e quais são as expectativas dos outros em relação a nosso comportamento. Por isso podemos dizer que as relações entre emissor e receptor são interdependentes e complementares. As convenções e normas sociais, tão bem estudadas por Émile Durkheim, ajudam-nos a responder às situações cotidianas.

> **Talcott Parsons** nasceu nos Estados Unidos, em 1902, e morreu em 1979. Foi professor na Universidade de Harvard, no Departamento de Sociologia e, depois, no Departamento de Relações Sociais.

Opinião pública

Há situações, também, em que uma mensagem provém de um emissor e alcança muitos receptores, constituindo uma audiência, ou público. Nesse caso, estamos diante de uma situação diferente daquela que ilustramos acima — quando um emissor se comunica com um grupo, há uma interação impessoal e, muitas vezes, anônima. Seja um chefe que fala a um grupo de subordinados, um professor, a um grupo de alunos, ou um candidato que fala a eleitores, estamos diante de uma situação coletiva — embora constituída de indivíduos, uma audiência age, também, como uma coletividade, ou seja, em função de tendências dominantes, quer do ponto de vista numérico, quer do ponto de vista estratégico.

Pesquisas procuram entender como as mensagens transitam por uma coletividade estabelecendo certo consenso, que pode ser chamado também de "opinião pública". Mesmo que determinada ideia ou interpretação de fatos não seja a mesma para todos os membros do grupo, sabe-se que esse consenso serve de referência para a formação das opiniões individuais. Essa é a hipótese de John e Matilde Riley, quando procuram mostrar a importância dos grupos de referência na formação da opinião dos receptores. Dizem eles:

> Não apenas os grupos fornecem um *standard* em referência ao qual o indivíduo pode avaliar a si mesmo e aos outros; de uma forma muito mais importante, sua família, sua comunidade, seus companheiros de trabalho — todos os seus grupos "primários" significativos — mostram-lhe seus valores e os ajustam com os deles.[6]

---

[6] John W. Riley & Matilda W. Riley, "A comunicação de massa e o sistema social" em Gabriel Cohn, *Comunicação e indústria cultural*, cit., p. 127

> **Opinião pública** — Dá-se o nome de opinião pública ao agregado de opiniões que se manifestam numa coletividade diante de uma situação experimentada em comum. Manifesta-se, nessas circunstâncias, certo consenso verificável por observação e por pesquisas quantitativas, mesmo não havendo relações pessoais entre os membros dessa coletividade. A opinião pública depende de fatores sociológicos e históricos.

> **Matilde White Riley** nasceu em 1911, nos Estados Unidos, e morreu em 2004. Foi uma das pioneiras no campo da sociologia norte-americana e colaborou com seu marido, John White Riley, em muitos trabalhos. Fez parte do recém-criado Departamento de Sociologia da Universidade de Harvard. Ambos foram professores da Universidade de Rutgers.

A busca por entender como agem as pessoas quando submetidas a uma situação coletiva e anônima foi uma das preocupações que estiveram na origem das ciências sociais. O desenvolvimento da urbanização ocasionou a formação de grupos que, embora não estruturados, eram submetidos a determinada situação comum. Os espaços públicos — praças, avenidas e ambientes de lazer — propiciaram a reunião de pessoas desconhecidas entre si e sem vínculos umas com as outras, mas submetidas a um estímulo comum. Observou-se que o comportamento que essas situações geravam não era previsível, e o receio de violência e desordem fez com que inúmeros pesquisadores se dispusessem a estudar a natureza dessa forma de ação coletiva, massiva ou social.

Sabemos que há diferentes graus de integração dos grupos sociais enquanto públicos — há o conjunto de passageiros de um ônibus, que não se conhecem e que só permanecerão juntos num mesmo espaço durante o percurso que devem fazer. Há o público de um jogo de futebol, em que há um sentimento comum integrando uma grande coletividade anônima. Por estarem integrados em função de um objetivo comum, são capazes de reagir de forma semelhante diante de uma situação. Mas há também um grupo de trabalhadores que se organiza para uma greve — mesmo que não se conheçam pessoalmente, podem apresentar alto grau de entendimento e coesão. Portanto, há diferentes públicos, dependendo da situação que os coloca juntos e da integração que tenham em função de objetivos comuns.

Com o desenvolvimento dos meios de comunicação de massa, um novo tipo de público se cria — o formado pelas pessoas conectadas a determinados veículos como o rádio, o cinema e a televisão. Os pesquisadores dessas audiências tenderam a ver essa coletividade da mesma maneira que os primeiros sociólogos estudaram as multidões, isto é, como um grupo homogêneo de pessoas que reage de forma igual e inesperada a um estímulo comum. No entanto, sabemos que diferenças profundas podem estar subjacentes a um público que assiste a um filme ou a um programa de televisão.

Indústria cultural

Uma das primeiras escolas sociológicas a avaliar a importância dos meios de comunicação em sua influência sobre o comportamento coletivo foi a Escola de Frankfurt que, por intermédio da Teoria Crítica, denunciava o caráter ideológico das mensagens que transitam pelos meios de comunicação. Baseada nos conceitos de alienação e ideologia, desenvolvidos por Karl Marx, desenvolve uma crítica à hegemonia crescente da circulação de mercadorias e à impossibilidade do homem se reconhecer num mundo de produção e consumo. Pessimistas em relação à sociedade em que viviam e que se precipitava no obscurantismo nazista, os frankfurtianos desacreditavam a capacidade humana de perceber a realidade e reagir a ela.

Como consequência das análises desenvolvidas para mostrar como os meios de comunicação de massa participavam do processo de alienação humana, os frankfurtianos criaram o conceito de *indústria cultural*, que veio a substituir o de cultura de massa. Para eles, o conceito significava a produção simbólica programada para tornar imutável a mentalidade passiva do público submetido aos *mass media*. Há uma denúncia ao caráter comercial e mercantil dos meios de comunicação contaminados, desde sua origem, pelo princípio do lucro.

Os frankfurtianos reconhecem a lógica racional existente na base da produção simbólica da modernidade e o objetivo explícito de levar as audiências ao conformismo. Diz Adorno:

> As ideias de ordem que ela (indústria cultural) inculca são sempre as do *status quo*. Elas são aceitas sem objeção, sem análise, renunciando à dialética, mesmo quando elas não pertencem substancialmente a nenhum daqueles que estão sob sua influência. O imperativo categórico da indústria cultural, diversamente do de Kant, nada tem em comum com a liberdade.[7]

A indústria cultural, segundo esses autores — Adorno, Benjamin, Marcuse e Horkheimer — é responsável pela passividade do público, pelo seu conformismo comportamental, pela regressão na qualidade de informação e de consumo simbólico. "[...] na América, podemos ouvir da boca dos produtores cínicos que seus filmes devem dar conta do nível intelectual de uma criança de onze anos. Fazendo isso, eles se sentem sempre mais incitados a fazer de um adulto uma criança de onze anos".[8]

Outras abordagens teóricas das ciências da comunicação vieram relativizar as críticas contundentes dos frankfurtianos à indústria cultural. Os Estudos Culturais, desenvolvidos inicialmente na Inglaterra, valorizaram o papel da cultura na recepção de mensagens, mostrando que não existe uma recepção massiva homogênea e que cada mensagem passa pelo crivo da cultura da audiência, entendida como portadora da estrutura básica de valores, memória, mentalidade e identidade de um grupo. Assim, um mesmo produto simbólico, seja uma notícia, um filme ou um programa de televisão, é recebido por um determinado grupo de acordo com os padrões interpretativos de sua cultura. Também as teorias das mediações mostram que diversos elementos intervêm na percepção e interpretação de um produto simbólico, desde processos tecnológicos até particularidades relativas

---

[7] Theodor W. Adorno, "A indústria cultural", em Gabriel Cohn, *Comunicação e indústria cultural*, cit., p. 293.
[8] *Idem*, p. 294.

a geração, referências, formação e crenças dos componentes de uma dada audiência. Desta forma, os conhecimentos sociológicos e antropológicos têm ajudado no entendimento dos processos comunicacionais, assim como as mensagens e a circulação de informações têm permitido melhor compreensão dos processos sociais.

> **Indústria cultural** — Conceito criado por Theodor Adorno, utilizado por ele e Max Horkheimer, ambos da chamada Escola de Frankfurt para designar um novo modo de produção simbólica que transformava a cultura em mercadoria. Isso implicava a produção massiva, lucrativa e tecnológica de conteúdo ideologicamente comprometido com a sociedade capitalista, voltada a um grande público indiferenciado quanto a idade, classe social e instrução.

3. A era da imagem

Introdução

Neste capítulo, vamos voltar ao mito de Narciso, pelo qual procuramos explicar como funcionam os veículos de comunicação que intermedeiam nossa relação com o mundo. Como defendemos no capítulo anterior, o ser humano é seduzido por aquilo que cria uma ponte entre ele e o ambiente que o rodeia. Os meios de comunicação funcionam como extensões de nós mesmos e como elo entre nós e o outro. Em função dessas considerações, discorremos sobre a linguagem verbal, oral e escrita, e a maneira como agilizaram o processo do conhecimento e a comunicação humana.

Mas, voltando a Narciso, vamos lembrar que aquilo que o seduziu na superfície das águas não foi uma palavra ou um poema, mas uma imagem pela qual se enamorou. Pois bem, esse fascínio que temos pela imagem, desde as primeiras pinturas rupestres que nossos antepassados criaram nas paredes das cavernas onde se abrigavam, que está presente no mito ao qual fizemos referência. Por mais que a fala tenha sido atribuída a Deus — Ele era o verbo (ou a palavra), diz a Bíblia — a reprodução do vivido, a fixação da imagem e o processo de imitação do visível sempre encantaram o ser humano. As religiões mais antigas já desenvolviam rituais nos quais se utilizavam os vodus — pequenas imagens representando o ser humano que, no cerimonial religioso, faziam as vezes de uma identidade invocada.

Os vodus, parte dos rituais religiosos, teriam dado origem, mais tarde, às bonecas utilizadas pelas crianças em jogos infantis e às formas artísticas do teatro de bonecos e das animações. Com esses novos usos, os seres humanos puderam mostrar o grande interesse em criar réplicas e, com elas, simular o poder divino de dar vida a imagens.

Além da fabricação de duplos e miniaturas, sempre nos interessamos em reproduzir nossas experiências com o mundo em superfícies de areia, barro e pedra. Algumas dessas reproduções ainda estão conservadas e nos dão a dimensão dessa procura. Villén Flusser, filósofo de origem alemã que viveu muitos anos no Brasil, dizia que uma das principais revoluções da arte ocorreu quando, olhando para as paredes rugosas das cavernas, o ser humano foi capaz de perceber figuras, desenvolvendo a capacidade de produzir e ver imagens bidimensionais. A partir de então, como Narciso, passamos a nos encantar com essa nova linguagem gráfica capaz de inscrever, no ambiente circundante, mensagens visuais. Já dissemos que o próprio alfabeto, muito provavelmente, originou-se dessa tentativa de criar formas que designassem seres e coisas. Essas formas, por um processo de multiplicação e simplificação, deram origem às letras que, depois, ficaram ligadas a um som e não mais a uma coisa.

Mas, ao lado do desenvolvimento da linguagem verbal, o homem continuou procurando aperfeiçoar sua capacidade de criar imagens, utilizando para isso os mais diferentes objetos e suportes: carvão, terra, pedra, vidro, sangue, pena, pelos de animais, entre outros, que, sobre peles, argila, pedra, vegetais, madeira, inscreveram mensagens visuais.

As linguagens visuais têm uma vantagem sobre as verbais — a compreensão das formas e daquilo que elas representam converge mais de uma sociedade para outra, permitindo uma comunicação mais ágil e rápida, enquanto os idiomas guardam maior especificidade, impedindo que certos textos sejam compreendidos por estrangeiros, ou por quem não domina o idioma em que o texto está escrito.

> **Imagem** — Palavra que vem do latim *imago*, significa, genericamente, semelhança ou sinal de um objeto que se conserva independentemente dele. Na atualidade designa diferentes fenômenos e objetos. Pode referir-se à percepção visual que temos do mundo, sendo a imagem de um objeto ou paisagem. Mas pode referir-se ao processo interno de abstração humana, referindo-se à imagem-pensamento que construímos desse objeto ou paisagem. Também é o nome com o qual designamos as imagens que construímos a partir de nossa experiência com o mundo — são os desenhos, as fotos, os filmes, ou seja, imagens artificialmente construídas, com ou sem auxílio de equipamentos tecnológicos. Finalmente, fala-se também em imagem como sendo a reputação social de uma pessoa ou instituição.

Magia e tecnologia — a invenção da fotografia

A criação de imagens sempre esteve ligada seja à religião e aos rituais sagrados, seja a um crescente domínio técnico e tecnológico que o ser humano foi adquirindo. Assim, as imagens, por um lado, satisfaziam o desejo de dar vida ao que é inanimado, daí o surgimento do teatro de bonecos e de sombras e do desenho animado, e, por outro, expressavam crescente domínio da linguagem gráfica.

Historiadores demonstram como a arte dos mosaicos se desenvolveu a partir de técnica criptográfica que divide as imagens em linhas verticais e horizontais, resultando em quadriculado semelhante aos pixels de uma televisão, a partir do qual se identifica figura e fundo. A própria perspectiva dependeu do desenvolvimento da matemática, e muitos pintores se apoiaram em inventos como a câmara obscura para dar maior realismo a suas pinturas.

Mas foi na Modernidade, com a revolução industrial, que os inventos começaram a se popularizar, divulgando novas formas de reproduzir o mundo à nossa volta. No século XIX, com o desenvolvimento da imprensa, as grandes viagens pelo mundo e as guerras, a necessidade de registrar imagens e testemunhar acontecimentos, levaram a uma pesquisa intensa dos processos científicos e artísticos que culminaram com a invenção da fotografia. Em curto espaço de tempo, o que era um processo difícil e custoso se difunde por meio dos fotógrafos lambe-lambe e do desenvolvimento da indústria, capaz de colocar nas mãos de qualquer amador uma máquina para registro automático de imagens.

A fotografia, por sua portabilidade e flexibilidade, logo aderiu ao papel, tornando-se presença obrigatória nos jornais diários, nos cartazes, na propaganda e nos cartões postais que corriam o mundo. Dada a sua verossimilhança, as fotografias adquiriam popularidade e credibilidade — o fato de as imagens serem produzidas por mecanismos físico-químicos, muitos dos quais não sofriam intervenção do fotógrafo, parecia também garantir que o resultado era expressão da realidade e dos fatos.

No entanto, as fotografias passaram a fazer parte do cotidiano — as pessoas lançavam mão de suas próprias máquinas, ou do trabalho de fotógrafos profissionais e dos recursos dos estúdios de fotografia, para registrarem as datas importantes de sua vida ou para enviarem aos seus locais de origem imagens que testemunhavam seus feitos e realizações. Tornaram-se comuns os cartões de visita com fotos ou postais enviados como recordação. A sociedade se inundava de imagens.

É importante lembrar que, assim como a tecnologia era usada para tornar a fotografia mais fidedigna, permitindo fotos mais rápidas, reprodução colorida e melhor grau de resolução, também ajudava nos processos de manipulação, com os quais os fotógrafos buscavam garantir melhores efeitos, conforme desejo dos clientes. Apesar disso, a fotografia continuou sendo aceita como um processo que revela a realidade.

Hoje, com a fotografia digital e com a possibilidade de se criar imagens até mesmo com o telefone celular, a produção de imagens com o registro dos acontecimentos se tornou praticamente ilimitada. Mas, já no século XX, a popularização da fotografia aumentou consideravelmente nossa relação com o mundo que nos rodeia, mediada por imagens produzidas artificialmente. O equívoco de Narciso na sociedade contemporânea seria ainda maior.

A imagem em movimento e a invenção do cinema

Baseado no mesmo princípio da fotografia — o registro de imagens no acetato —, o cinema teve como antecedentes uma série de inventos que procuravam reproduzir a ilusão de movimento. Desde as fotografias animadas até o kinetoscópio, processos diversos encantaram as audiências com a ilusão cinética. Inventado na Europa pelos irmãos Lumière, o cinema se populariza nos Estados Unidos, onde se torna uma das mais importantes indústrias culturais da Modernidade.

O cinema apresenta todas as características da grande indústria de bens simbólicos — envolve grande capital e tecnologia de ponta, para uma produção coletiva, formada por grande equipe em tarefas especializadas. É uma produção seriada e destina-se ao grande público indiferentemente da idade, do sexo, da região ou da formação. O sucesso alcançado foi grande desde o início, fazendo com que muitos teatros se transformassem em cinemas, apresentando filmes a uma plateia ávida por emoções. Astros e estrelas, que se destacam em grandes produções, atraíam atenções e adesão apaixonada, que se estendia pelos diversos continentes por onde o cinema transitava, levando histórias que passavam a compor o imaginário das plateias. É uma indústria globalizada que une as pessoas em torno de ideias, valores e sentimentos comuns.

Segundo Edgar Morin, o cinema faz contrastar a imobilidade do corpo do espectador com o movimento das imagens, criando uma sensação de prazer e abandono que favorece o que ele chamou de processo de *projeção*-identificação,[1] pelo qual nos sentimos parte daquilo a que assistimos. Esse sentimento se tornou cada vez mais poderoso à medida que o desenvolvimento tecnológico foi dotando o cinema de mais recursos, como as imagens coloridas, a trilha sonora e as telas de grandes projeções.

---

[1] Edgar Morin, "A alma do cinema", em Ismail Xavier, *A experiência do cinema* (Rio de Janeiro: Graal/Embrafilme, 1983), p. 143.

O homem parecia ter conseguido realizar o anseio de produzir seus próprios sonhos, e de poder sonhá-los coletivamente.

Coerência, verossimilhança, naturalismo aliam-se ao sentimentalismo do melodrama para fazer do cinema uma forma de entretenimento, rito, experiência imaginária e divertimento. Histórias cheias de emoção passam a fazer parte de nosso cotidiano, e o seu caráter coletivo e múltiplo faz com que passem a fazer parte de nosso repertório cultural. Diz Ismail Xavier, importante estudioso do cinema:

> Há entre o aparato cinematográfico e o olho natural uma série de elementos e operações comuns que favorecem uma identificação do meu olhar com o da câmera, resultando daí um forte sentimento de presença do mundo emoldurado na tela, simultâneo ao meu saber de sua ausência (trata-se de imagens, e não das próprias coisas).[2]

Elevando a possibilidade de reprodução que existia na fotografia, encantando as plateias com sua magia e utilizando toda a racionalidade da grande indústria, o cinema multiplicou o número de imagens com as quais convivíamos, assim como povoou nosso imaginário de novos mitos com os quais passamos a nos relacionar. Invenções técnicas posteriores, como o vídeo e os computadores, tornaram a experiência cinematográfica ainda mais cotidiana e próxima.

Rádio e televisão invadem as residências

A invenção e a popularização do cinema arrancaram duras críticas dos sociólogos que estudavam o fenômeno da comunicação de massa, especialmente por considerarem que os enredos cinematográficos escondiam a proposta explícita de divulgação dos valores norte-americanos e da ideologia capitalista. Houve, também, aqueles que denunciavam, por trás do jogo sentimental da ficção, a racionalidade dominante da indústria capitalista. Nenhuma dessas considerações foi inteiramente invalidada, e o debate em torno da magia do cinema se estende até os dias de hoje, embora a indústria cinematográfica não tenha parado de crescer no mundo todo.

Mas, essas críticas a um mundo dominado cada vez mais por imagens ficcionais recrudesceram com a invenção da mídia que atraiu para si as mais contundentes resistências — a televisão. Esta seguiu os passos do rádio, que, inventado no século XIX, foi o veículo mais utilizado na primeira metade do século XX, época que ficou conhecida como a Era do Rádio. Invadindo as casas e derrubando as fronteiras entre o público e o privado, o rádio começou divulgando música para rádio-clubes que reuniam assinantes interessados numa programação de qualidade. Depois vieram as notícias e — claro! — os comerciais. Como emissoras comerciais, as rádios passaram também a transmitir entrevistas, humor e programas esportivos. Eram 24 horas de programação que disciplinavam a vida da família, que se reunia em volta dos aparelhos de rádio.

Mas, na primeira metade do século XX, os cientistas faziam as primeiras experiências que permitiriam transmitir imagens de um emissor a um receptor remoto — Vladimir K. Kworykin criou o que chamou de iconoscópio em 1923, mesma época em que Philo Taylor patenteia o tubo dissecador de imagens. Ambos deram origem ao que ficou conhecido como televisão, tecnologia que "lê" uma imagem de cima para baixo em todas as suas variações luminosas

---

[2] Ismail Xavier, *O olhar e a cena* (São Paulo: Cosac & Naify, 2003), p. 35.

e a transmite por ondas eletromagnéticas que, convertidas, geram imagem semelhante à original. A rapidez desse processo dá ao espectador a sensação de que a transmissão é contínua e sincrônica.

Como o rádio, a indústria cultural que se instala a partir da televisão é doméstica, massiva, diária, comercial e aparentemente gratuita, com uma grade horária dividida por segmentos do público — masculino, feminino, infantil — e por gênero de programa — noticiário, ficção, musical, esporte e entrevista. Ao contrário do cinema, que apresenta em cada sessão um determinado filme, a televisão convive o dia inteiro com o espectador, invadindo seu cotidiano. Como o rádio, a televisão é uma máquina a serviço dos anunciantes, que deixam explícito o caráter comercial do veículo.

O sucesso de público da televisão foi grande desde a década de 1950, quando os primeiros aparelhos são comercializados e as emissoras passam a transmitir seus programas. O desenvolvimento tecnológico dá cada vez mais recursos para uma transmissão atraente: imagens coloridas, transmissão por cabos e satélites, videoteipe e tecnologia digital são alguns dos recursos que expandem o poder da televisão. Passando a fazer parte da vida dos espectadores, a televisão atraiu para si o grande fluxo do comércio, a atenção das pessoas e também as maiores críticas dos cientistas sociais. Diz Derrick de Kerckhove, um dos seguidores e discípulos de McLuhan:

> Com a televisão, a rápida manipulação das nossas reações neurofisiológicas [...] vai muito além da montagem imagem a imagem. É tão rápida, tão contínua, tão poderosa que é mais uma modulação magnética da nossa sensibilidade. A televisão modula as nossas emoções e as nossas imaginações de uma maneira comparável ao poder da música.[3]

Derrick de Kerckhove, naturalizado canadense e nascido na Bélgica em 1944, é doutor em literatura francesa e sociologia da arte, diretor do *McLuhan Program in Culture and Technology*, da Universidade de Toronto, no Canadá. Foi assistente, tradutor e coautor de obras com Marshall McLuhan. Estuda a mente, as tecnologias e a conectividade.

Com essa análise, Kerckhove procura mostrar que a tecnologia empregada resulta em certo hipnotismo provocado pelo fluxo de imagens eletrônicas cuja percepção, sendo mais rápida que a reflexão, impediria a análise e o discernimento. Afirma ele que a televisão fala primeiramente aos sentidos e ao corpo, e não à mente. O seu poder de atração torna o espectador dependente e indefeso diante das imagens que lhe são apresentadas.

Uma sociedade de imagens

Além de compreendermos como funcionam essas mídias, é importante para nós entendermos que elas atuam de forma integrada — a mesma artista que estrela um filme é entrevistada na televisão e tem sua fotografia impressa no jornal, no qual um crítico comenta o filme em cartaz. Da mesma maneira, uma personalidade do

---

[3] Derrick de Kerckhove, *A pele da cultura* (Lisboa: Relógio d'Água, 1997), p.48.

mundo político aparece nos telejornais, tem seu nome falado no rádio e uma entrevista impressa nos principais jornais. Isso sem contar com os meios de comunicação da atualidade, conectados à Internet. A esse fenômeno, que faz com que um mesmo assunto seja tratado em diferentes veículos e mídias, dá-se o nome de *intertextualidade*. Ela cria um circuito de imagens e um fluxo de informações mutuamente referentes.

Além dessa intertextualidade pela qual transitam astros e estrelas, histórias e notícias, fatos e mitos, acrescenta-se o uso de linguagens multimidiáticas que envolvem a visão, a audição e todo o corpo, mobilizando os espectadores. Múltiplas linguagens, múltiplas mídias e muitos sentidos estão envolvidos nessas relações midiatizadas.

> **Intertextualidade** é a referência de um texto sobre outro, como as citações literárias, por exemplo. Nas ciências da comunicação, o conceito é usado para explicar certas interferências midiáticas, como uma mesma narrativa adaptada para diferentes veículos, ou uma mesma imagem que passa por diversos suportes, ou códigos de linguagem.

Mas, para avaliarmos a importância dessas mediações na sociedade contemporânea, é necessário lembrar que sua influência não dura apenas o tempo em que as imagens se apresentam a nós, ou no qual estamos a elas expostos. Elas repercutem nas conversas, nos encontros e nas relações do público, nas fofocas, nas críticas e nos comentários. Promovem uma empatia junto ao público que, segundo Armand Mattelart, tem um caráter transclassista e ecumênico, ou seja, atingem diferentes classes sociais e um público heterogêneo quanto a idade, sexo, ideologia e religião.[4] Daí resulta seu forte caráter integrativo. Segundo Mattelart, a formação da cultura brasileira, de caráter nacional, deve-se a esse poder integrativo e monopolista da mídia, especialmente a televisão.

> **Armand Mattelart** nasceu na Bélgica, em 1936. Doutorou-se em Direito e, em 1962, iniciou sua carreira acadêmica na Escola de Sociologia, na Universidade Católica do Chile, de onde foi expulso pela ditadura de Augusto Pinochet. Especializou-se no estudo da comunicação, especialmente da América Latina. Foi professor da Universidade Paris VII e Paris VIII. Publicou inúmeros livros.

O desenvolvimento dos meios de comunicação interferiu na produção da cultura de um modo geral, e nas chamadas culturas nacionais, em particular. Influenciou na formação do imaginário coletivo e na formulação de hábitos de entretenimento, lazer e comunicação. Povoou a vida cotidiana de novos heróis e mitos, personagens que passaram a fazer parte do dia a dia do público, com os quais passa a se relacionar de forma íntima e afetiva. Criou hábitos e estimulou opiniões e crenças, lançou modas e inventou sotaques, tudo isso a partir de experiências midiáticas de grande ficcionalidade. A sociedade que daí emerge é um lago no

---

[4] Michèle Mattelart & Armand Mattelart, *O carnaval das imagens* (São Paulo: Brasiliense, 1989), p.113.

qual nos miramos para encontrar o outro e a nós mesmos, como no mito de Narciso. A sociologia contemporânea, para dar conta das relações estabelecidas entre pessoas e reflexos, precisa se deter na análise dessas mediações, buscando saber como elas configuram a sociedade em que vivemos.

Uma aldeia global e analógica

Foi McLuhan também quem previu que esse mundo, com pessoas conectadas pelas mídias, com países e continentes interligados nos mesmos fatos e emoções, teria dimensões globais. Mas previu, também, que seria um mundo mais próximo, conhecido e cotidiano, como uma aldeia, ou uma aldeia global. O reconhecimento dessa aldeia global é o paradoxo que procuramos estudar neste capítulo. Não se trata, apenas, de identificarmos diferentes formas de interação ou contato — aquele primário, do face a face, ou secundário, intermediado por meios de comunicação. Trata-se de reconhecer que, tanto nos contatos primários como nos secundários, agimos de acordo com expectativas, hábitos e experiências provenientes de uma sociedade midiatizada, cuja cultura é forjada por um imaginário produzido por meios técnicos e por uma lógica industrial. As relações sociais, os papéis que desempenhamos na sociedade, o jargão com o qual nos expressamos, os mitos com os quais nos identificamos, os desejos que nos mobilizam, tudo isso tem relação direta com a cultura midiática que nos cerca. Daí a paixão de Narciso pela imagem refletida e por tudo aquilo que ela representa — um jogo de espelhos que repete ao infinito o fluxo de imagens que nele se forma.

Esse mundo integrado por mídias que repetem ao infinito as mesmas imagens é um jogo de espelhos e reflexos, que reproduz a realidade e com ela se confunde e nos confunde. Um mundo que reproduz, como a imagem de Narciso, por semelhança ou por analogia. É a aparência da realidade que primeiro encanta e engana o olhar humano e que aparece na fotografia, no cinema e na televisão, como cópias quase perfeitas do mesmo original. Um universo imaginário produzido por mídias analógicas que simulam uma realidade na qual submergimos e emergimos constantemente, sem termos muita consciência dessa diferença entre estar dentro ou estar fora dele. Entre essas imagens, em tudo semelhantes ao mundo real de que são reproduções, experimentamos sentimentos os mais diversos, próximos, pessoais, subjetivos e humanizados.

Muniz Sodré é um pesquisador que estuda a sociedade midiática e que, em um de seus livros, *A máquina de Narciso*, analisa a relação existente entre a televisão e o mito relatado aqui nesta Unidade. Assim, ele inicia suas considerações: "Indagado por uma pesquisadora sobre o que gostaria de ver na televisão, um jovem engraxate da favela da Rocinha (Rio de Janeiro) responde: 'eu'".

Como defendemos neste capítulo, nosso mergulho no mundo das imagens e das mídias tem uma busca de duplo sentido — o eu, como afirma o engraxate entrevistado, e o outro, que surge, quer por semelhança, quer por diferença, contra a imagem de mim mesmo na qual me reconheço. É no emaranhado das imagens com o qual convivemos cotidianamente que descobriremos a nós mesmos e aos outros. Essa descoberta depende fundamentalmente da familiaridade que adquirimos com esse mundo imagético, cujos equívocos e simulações somos

> **Muniz Sodré de Araújo Cabral** nasceu no Brasil, em 1942. É jornalista e sociólogo. Autor de muitos livros, é professor da UFRJ e ocupa atualmente o cargo de diretor da Biblioteca Nacional.

capazes de descobrir e identificar. Depende, também, de uma sensível capacidade de distinguirmos o que é real do que é mera reprodução.

Representação, alienação e comunicação

Para finalizar esse capítulo, devemos retornar à ideia de que a linguagem surgiu na cultura humana como uma forma de mediação entre nós e a realidade, fazendo-nos seres especiais que lidam, se comportam e conhecem não apenas através da experiência direta com a realidade circundante, mas com formas de representação simbólica dessa realidade. Filósofos como Jean-Paul Sartre analisaram a natureza das imagens mostrando que elas têm uma relação de existência com o objeto que lhes deu origem, mas não uma relação de essência. Isso significa que a imagem depende da coisa que representa para existir, mas não é a própria coisa. Existe, portanto, uma distância, uma variação, uma diferença entre a realidade e os signos que a representam através da linguagem. A consciência que temos disso nos leva a ter sempre uma atitude de desconfiança em relação ao mundo das imagens, colocando-nos numa atitude sempre interpretativa em busca da veracidade de suas referências.

Os sociólogos, em razão disso, se preocuparam sempre com a relação entre as linguagens e o comportamento individual e coletivo, procurando compreender a forma como as representações sociais mobilizam os sujeitos e lhes dão determinada compreensão da realidade. À medida que se desenvolveram os meios de comunicação, entretanto, a necessidade de compreender as novas formas de produção simbólica se acentuou, dando origem a novo campo da ciência, as chamadas ciências da comunicação, consideradas como Ciências Sociais Aplicadas.

Essa proeminência das questões relativas à comunicação humana, à cultura, à produção simbólica e às tecnologias da comunicação fez com que muitos autores recorressem aos autores clássicos da sociologia para explicar certo mal-estar diante da proliferação de mensagens, de imagens e de diferentes interpretações da realidade e, especialmente, da importância crescente que passaram a ter na sociedade. Dessas teorias clássicas, foi o marxismo a que mais influenciou as análises explicativas da sociedade da comunicação, ou sociedade midiática como aqui chamamos. O conceito de ideologia de Karl Marx, visto no início deste livro como a falsa consciência produzida pela hegemonia do pensamento burguês na sociedade capitalista, foi um dos pilares das críticas à produção cultural dos meios de comunicação. Como defenderam os autores da Escola de Frankfurt, a aliança direta e indireta do poder constituído sobre os meios de comunicação promove uma submissão das mensagens por eles veiculadas aos interesses desse poder, transformando-os em veículos essenciais de massificação ideológica.

Dessa forma, a distância que reconhecemos existir entre as formas de representação forjadas pela nossa experiência pessoal, assim como por nossa inserção na cultura e pela realidade que nos cerca, ganha nova dimensão. Além dos desvios promovidos pela nossa subjetividade e por outras referências sociais como classe social, idade e sexo, as mensagens e imagens com as quais lidamos são ideologicamente deformadas, aumentando a alienação do ser humano diante da realidade. Por essa razão as ciências da comunicação adquiriram a centralidade de que gozam na atualidade — elas permitem aferir o grau de fidedignidade do nosso conhecimento, da cultura e das imagens que povoam nosso imaginário.

4. A sociologia e a sociedade midiática

Palanque eletrônico

Ao contrário do mito, o horário eleitoral gratuito funciona e ajuda o eleitor.

"A análise das pesquisas de intenção de voto correlacionada com o horário político mostra que os programas possuem um alto nível de efetividade, ainda que contrarie o senso comum de que eles têm baixa audiência e reduzido impacto político. A campanha eleitoral de fato só começa a se definir após a entrada do horário", afirma Fernando António Azevedo, coordenador do programa de pós-graduação em ciência política da UFSCar (Universidade Federal de São Carlos) e diretor da Associação Brasileira em Comunicação Política. "Em quase todas as capitais brasileiras temos exemplos de candidatos que estavam atrás na corrida eleitoral antes do HGPE [Horário Gratuito Político Eleitoral] e que passaram a liderar as pesquisas, ou cresceram expressivamente, após ter sua visibilidade aumentada na mídia eletrônica, via programas políticos, via veiculação de suas peças publicitárias", observa. Afinal, segundo o pesquisador, o candidato entra "virtualmente" na casa de cada eleitor e mesmo que o eleitor não veja todos os programas ou que a propaganda não seja uma experiência prazerosa como uma novela, nos seus 45 dias de veiculação, nota, "em algum momento o eleitor estará exposto ao horário, e pesquisas do Ibope revelam que o HGPE atinge audiências em torno de 30% a 40%, o que é um número altamente expressivo e desmente a suposta rejeição do eleitor". Para se ter uma ideia, um líder do horário nobre, o Jornal Nacional, festeja ao atingir uma média de 37 pontos de audiência, e uma novela das oito está indo muito bem ao chegar aos 40 pontos. "O tempo da campanha não se mede mais em dias, mas em intensidade de exposição na mídia. O palanque decisivo não é físico, mas eletrônico. Em alguns anos, será virtual", avalia o cientista político Sérgio Abranches, para quem a campanha na TV é fundamental na conversão de indecisos (que, em inícios de corrida eleitoral, podem significar uma oferta de 60% de eleitores disponíveis) e na consolidação das intenções mais firmes de votos.[1]

[1] Carlos Haag, "Palanque eletrônico", em *Pesquisa*, nº 152, outubro de 2008.

Introdução

A sociologia contemporânea dedicou-se ao estudo da sociedade midiática. Autores marxistas preocuparam-se especialmente com os conceitos de alienação e ideologia para avaliar o impacto dos meios de comunicação de massa na população, na cultura e na formação da opinião pública. Interessaram-se, também, em apreender a lógica da produção capitalista subjacente à indústria cultural, para além dos seus conteúdos manifestos.

As relações entre as empresas de mídia e o poder político também foram objeto de estudo dos sociólogos, que procuraram analisar o grau de comprometimento dessas empresas na divulgação de notícias e na versão dos fatos apresentada ao público. O estudo da imprensa, e demais meios de comunicação, como uma nova forma de poder também não escapou aos pesquisadores.

Esses críticos contundentes foram chamados por Umberto Eco de "apocalípticos", dado o rigor de suas previsões, segundo as quais estaríamos chegando ao final dos tempos — ao término da cultura culta e da democracia. Submetidos a uma sociedade de massas cujas informações são controladas pelo poder estabelecido e pelo capital, a consciência verdadeira seria impossível. Estaríamos condenados a viver como descrito no mito da caverna de Platão, enganados por um jogo de sombras que tomamos como imagem da realidade.

Mas, de outro lado, entre os "integrados", como os chamou o mesmo Umberto Eco, estão os autores que defendem os meios de comunicação e a indústria cultural, e enxergam a sociedade de massa como a emergência das classes subalternas na sociedade. São eles, também, que percebem na cultura massiva a releitura de manifestações populares autênticas, como o circo e o humor. Neste capítulo, falaremos dessas duas visões da sociologia sobre a sociedade midiática.

Neste capítulo, vamos nos dedicar às diferentes contribuições dos sociólogos para o estudo da sociedade midiática, e a como estudam as relações sociais mediadas pelos meios de comunicação.

Mito da caverna de Platão

— Segundo esse mito, relatado no Livro VII de *República*, homens acorrentados e presos em uma caverna, de onde não podiam sair, viam, nas paredes, sombras projetadas pela luz de uma fogueira existente do lado de fora. Essas sombras mostravam imagens de pessoas que transitavam carregando estátuas as quais, de forma enganadora, pareciam aos prisioneiros ameaçadores seres. Sem poderem caminhar até o lado de fora, nem se virar e olhar à sua volta, os prisioneiros tomavam por reais essas enganadoras sombras. Platão afirma que, se um desses prisioneiros pudesse sair e se desse conta da realidade, não seria acreditado ao tentar voltar à caverna para alertar os demais.

Com esse mito, Platão discute a condição humana em que os homens são enganados pelos seus sentidos e pela interpretação que fazem dos reflexos do mundo que lhes chegam. Dessa forma, procura diferenciar ilusão de conhecimento.

Esse mito tem sido usado por muitos autores para a crítica aos meios de comunicação, que constituiriam uma caverna onde os seres aprisionados e iludidos tomam por verdadeiros seus reflexos.

> **Umberto Eco** nasceu em Alexandria (Itália), em 1932. Filósofo, escritor e linguista, é diretor da Escola Superior de Ciências Humanas da Universidade de Bolonha. Publicou inúmeros livros, entre romances e ensaios, que são referência no mundo todo.

Theodor Adorno e Walter Benjamin — A pesquisa social na Alemanha

Theodor Adorno, considerado o inventor do conceito de indústria cultural designando o processo de produção simbólica, seriado e tecnológico, voltado ao lucro, é um dos mais contundentes críticos da sociedade midiatizada. Membro do Instituto para Pesquisa Social de Frankfurt, Adorno afirma que a integração dos meios de comunicação não possibilita reflexão do público, que manifesta uma inocência impotente diante da tecnologia que se torna cada vez mais próxima, cotidiana e doméstica.

Com a televisão, o processo de alienação do espectador se torna ainda mais eficiente, pois tudo o que lhe é apresentado parece pertencer-lhe, quando ele próprio já não se pertence.[2] A fronteira entre a realidade e a imagem torna-se atenuada para a consciência. A imagem é tomada como uma parcela da realidade, como um acessório da casa, que se adquiriu junto com o aparelho, afirma o autor.[3] Nesse fluxo próximo de imagens, o discurso se torna mero acessório, cada vez mais redundante e dispensável.

[2] Theodor W. Adorno, "Televisão, consciência e indústria cultural", em Gabriel Cohn, *Comunicação e indústria cultural*, cit., p. 347.
[3] *Idem*, p. 349.

O mito da caverna de Platão, publicado no livro VII de *A República*, já expressava a preocupação dos humanos com a ilusão fantasmagórica das imagens e de seu poder de manipulação.

Sociologia – Questões da atualidade

É dessa maneira que os meios de comunicação, liderados pela televisão, tornam-se modelos de comportamento e acabam criando realidades. Aquilo que eles propõem como realidade acaba por existir do outro lado da tela, à medida que seu poder de manipulação atua sobre o público. Para isso, valem-se da repetição e da estereotipia, criados de acordo com a maneira de ver o mundo dos patrocinadores. A realidade que se cria por intermédio dos meios de comunicação é a engendrada pelos interesses do capital.

Por outro lado, dirigindo-se à massa, o discurso dos meios de comunicação tende a criar um falso espírito de coletividade e de solidariedade, ajudado pelo desencanto do público com a vida real. Alimentando utopias mediante um coletivismo fetichizado, os meios de comunicação, com seu fluxo de imagens, fazem com que o espectador frua um falso conto de fadas.

Entre os filósofos e cientistas sociais da Escola de Frankfurt, Walter Benjamin foi um dos que defenderam uma posição mais tolerante em relação à indústria cultural. Ele reconhece que o desenvolvimento tecnológico permitiu uma grande reprodução de imagens, e que estas vêm democratizando as informações sobre o mundo e o usufruto da produção simbólica. Afirma, também, que a produção artística depende, cada vez mais, de dispositivos técnicos. Sobre a fotografia, diz que, "com ela, pela primeira vez, no que concerne à reprodução das imagens, a mão foi isentada das tarefas artísticas essenciais, as quais, daí por diante, foram atribuídas ao olho fixado sobre a objetiva".[4]

Benjamin também alerta para as transformações que a indústria cultural trouxe para a arte erudita, com o fim da "aura" da obra-prima, aquela que não pode nunca ser reproduzida. Segundo o autor,

> [...] as técnicas de reprodução desprendem o objeto reproduzido do domínio da tradição. Multiplicando os exemplares, elas substituem um acontecimento que só se reproduziu uma vez por um fenômeno de massa. Permitindo ao objeto reproduzido oferecer-se à visão, ou à audição, em qualquer circunstância, elas lhe conferem uma atualidade.[5]

Mas Benjamin alerta para as transformações que a indústria cultural introduz na produção simbólica — uma maior separação entre o ator e o público e o aumento do grau de especialização dos profissionais envolvidos. Assim, ele diferencia o trabalho do pintor, que produz toda a obra, do realizado pelo *cameraman*, "cuja atividade se reparte num grande número de fragmentos, que obedecem cada um às suas próprias leis".[6] Mas, diz Benjamin, o desenvolvimento da indústria de bens simbólicos penetra de tal maneira no imaginário e no inconsciente coletivo que suas imagens parecem muito mais reais do que o mundo que elas procuram representar. E acrescenta: "A realidade despojada daquilo que o aparelho acrescenta a ela se tornou aqui a mais artificial de todas, e, no país da técnica, a percepção imediata da realidade como tal é, de agora em diante, algo inatingível".[7]

---

[4] Walter Benjamin, "A obra de arte no tempo de suas técnicas de reprodução", em Gilberto Velho, *Sociologia da Arte IV* (Rio de Janeiro: Zahar, 1969), p. 17.
[5] *Idem*, p. 20.
[6] *Idem*, p. 36.
[7] *Idem*, p. 35.

Para maior entendimento das teorias que aqui expomos, vamos procurar explicitar brevemente alguns conceitos:

Cultura popular – É considerada como a produção simbólica coletiva, gerada espontaneamente por um grupo social para responder às suas formas de sociabilidade. Constitui-se geralmente de manifestações coletivas, apreendidas na vida cotidiana, sem autoria reconhecida e formuladas através de padrões estéticos forjados por gerações. Estas não possuem valor de troca e não se apresentam como mercadorias. Envolvem diferentes linguagens e têm forte ligação com o público que delas participa ativamente.

Cultura erudita – Resulta de um movimento cultural burguês, de origem europeia, que serviu como forma de distinção social numa sociedade capitalista que se tornava urbana e impessoal. É produzida através de instituições que a legitimam e que estruturam o campo artístico estudado por Pierre Bourdieu. Tem autores reconhecidos que se dedicam integralmente à sua arte, dando origem ao chamado "artista moderno". É chamada de cultura clássica por sua proposta universalista e, em seus primórdios, foi patrocinada pelo mecenato promovido pela monarquia e pela corte.

Cultura de massa – Produzida industrialmente, a cultura de massa tem por objetivo a lucratividade das corporações de mídia que nela investem grande capital em máquinas e infraestrutura fabril. Utiliza tecnologia de ponta, destina-se a um grande público anônimo e impessoal e é distribuída através do mercado. Pelos investimentos tecnológicos de que se vale, depende do Estado que a regula através de uma complexa legislação que envolve concessões públicas, impostos e outras formas de regulamentação. Por ser mantida por anunciantes — governo e indústria —, seu conteúdo está também comprometido com uma ideologia condizente com seus patrocinadores.

Circularidade – Esses três tipos de produção cultural não se dão de forma isolada — integram-se no tempo e no espaço, havendo troca de influências e padrões estéticos. Buscando entender a dinâmica entre eles, diversos autores, entre eles Jesús Martin Barbero, propõem o conceito de circularidade para explicar a obra de autores que buscam na cultura popular sua inspiração ou que combinam diferentes critérios de linguagem em suas criações.

Estudos Culturais na Europa e na América Latina

Como outros autores marxistas, os pesquisadores da Escola de Frankfurt estavam especialmente preocupados com os conceitos de alienação e ideologia e julgavam que os meios de comunicação de massa, por seu caráter nitidamente mercadológico, transmitiam conteúdos identificados com os valores capitalistas. Por outro lado, a forma como se organizavam em programas e se imiscuíam na vida privada e cotidiana levava à passividade e ao conformismo. Tiveram o mérito de desenvolver análises que integravam Estado, relações de produção, conteúdo simbólico e vida cotidiana, mas foram acusados de ser elitistas, valorizando a cultura erudita em relação às manifestações de caráter popular, e de menosprezar a capacidade do público de refletir e reagir à cultura de massa.

Foram os Estudos Culturais desenvolvidos na Inglaterra que, também relacionando poder político, estrutura econômica e conteúdo simbólico, procuraram valorizar a cultura popular, considerando-a não como uma produção de menor valor do que a cultura erudita, mas como uma produção que se opõe às manifestações da chamada alta cultura. Nesse sentido, o popular, além de fundamentalmente diferente da cultura burguesa, seria emancipatório. Os meios de comunicação de massa teriam papel importante na divulgação da cultura de origem popular.

Para esses estudiosos, o caráter popular dos meios de comunicação teria um sentido de resistência e contestação que teria escapado aos estudiosos da Universidade de Frankfurt. Os pesquisadores alinhados com os Estudos Culturais preocupam-se com a ação política dos diferentes grupos sociais e o papel que nela desempenham a cultura e a produção simbólica.

As teorias desenvolvidas sob as propostas dos Estudos Culturais são eminentemente interdisciplinares, havendo interesse não só na análise das estruturas sociais, mas também da percepção e da subjetividade, para o que a psicologia social tem colaborado. Também as teorias do pós-modernismo têm sido constantemente utilizadas para mostrar as peculiaridades da cultura na atualidade, bem como a importância de conceitos como o de identidade.

> **Estudos Culturais** — Surgiram nos anos 1960, três décadas depois da Escola de Frankfurt, no Birmingham Centre for Contemporary Cultural Studies, na Inglaterra. Entre seus principais autores estão Raymond Williams, Richard Hoggart e E. P. Thompson. Para eles, a cultura é um espaço de contraposição e luta, de tensão, e não de pura dominação.

Os princípios dessa abordagem se espalharam pela Europa e pelos Estados Unidos, tendo grande repercussão também na América Latina, onde se destacaram Jesús Martín Barbero e Nestor Garcia Canclini. São dois defensores da cultura popular, e das suas relações com a cultura massiva, que chamam a atenção para o preconceito existente na divisão clássica entre alta e baixa cultura, como códigos universais de valor estético ou cognitivo. Preferem propor a existência de um espaço de oposição e luta entre cultura de elite e cultura popular, sendo papel da indústria cultural estabelecer a circularidade entre elas.

Octavio Ianni e o Príncipe Eletrônico

Um dos principais sociólogos brasileiros, Ianni é sensível às transformações da vida social no mundo globalizado, especialmente no que diz respeito ao exercício do poder. Diz ele que o capitalismo se transformou em processo de produção mundial e civilizatório com processos, relações e estruturas peculiares que dizem respeito à história contemporânea. São grupos e classes emergentes e novas estruturas de poder que se opõem em escala mundial, com novos jogos de força e diferentes formas de sociabilidade. Entre essas novas forças estão as tecnologias eletrônicas por onde fluem as relações globalizadas, obedecendo a novas hierarquias e exercícios de poder. Diz ele: "Esse é o novo e imenso palco da história, no qual se alteram mais ou menos radicalmente os quadros sociais e mentais de referência de uns e outros, em todo mundo... Esse é o novo, imenso, complexo e difícil palco da política como teoria e prática".[8] Para estudar essas diferenças e explicá-las, Ianni lança mão de uma figura secular no campo da ciência política — o Príncipe, a primeira personificação do poder político moderno, aquele em quem uma população reconhece o chefe, que atua de forma racional e planejada, e não inspirado nas tradições. Quando Maquiavel concebe o Príncipe, primeiro modelo da política moderna, o apresenta como pessoa e líder, capaz de articular a inteligência com as condições históricas.

Séculos mais tarde, Antonio Gramsci revê a noção de príncipe e apresenta esse líder de um ponto de vista coletivo e organizacional. Diz ele que, na sociedade moderna, o Príncipe só pode se materializar na forma de um partido político, esse, sim, capaz de instituir uma prática que interprete as inquietações e reivindicações de diferentes classes, setores e instituições sociais.

Ianni se propõe, então, a redefinir o Príncipe, esse líder coletivo que age de forma inteligente, planejada e de acordo com a complexidade do momento histórico que se apresenta. E apresenta o Príncipe Eletrônico, que não é uma pessoa nem um partido político, mas uma entidade nebulosa e ativa, presente e invisível, que atua por meio das estruturas de poder existentes em âmbito mundial, entre as quais as diversas mídias que ele chama de indústria da manipulação: "A indústria da manipulação das consciências é uma criação dos últimos cem anos. Seu desenvolvimento tem sido tão rápido e tão diversificado que sua existência permanece ainda hoje incompreendida e quase incompreensível".[9]

Para Ianni, o mundo da política está sendo invadido por novas relações e interesses — transformando-se em uma ágora eletrônica constituída por telefone, telégrafo, rádio, cinema, televisão, computador, fax, correio eletrônico, Internet, ciberespaço e outras combinações. É nesse universo que reina soberano o Príncipe Eletrônico.

> **Antonio Gramsci** nasceu em Ales (Itália), em 1891, e morreu em Roma, em 1937. Filósofo e cientista político, foi um dos fundadores do Partido Comunista Italiano. Passou muitos anos preso por ter combatido o fascismo. Foi uma das referências mais importantes do pensamento de esquerda.

Pierre Bourdieu e o conceito de capital simbólico

Um dos maiores sociólogos franceses da atualidade, Pierre Bourdieu analisava a so-

---

[8] Octavio Ianni, *Enigmas da modernidade-mundo*, cit., p. 144.
[9] *Idem*, p. 149.

ciedade a partir das estruturas que a organizam e a reproduzem, cuja dinâmica está além da vontade e das subjetividades individuais. A partir da estrutura social, constituíam-se instituições e modelos de conduta assim como fluxos e circulação de mensagens e bens. Os agentes, nesse universo estruturado, estão dispostos topologicamente em relações recíprocas.

Bourdieu, sobre quem já falamos neste livro, concebe a sociedade de forma pluridimensional, e esta é sua grande contribuição à sociologia. Com a noção de campo — instância da sociedade organizada para uma finalidade especial que pode ser política, econômica ou artística, com suas instituições, regras e relações — ele substitui a visão monolítica da sociedade por outra mais complexa e diferenciada. Como um espaço social, o campo representa uma topografia que localiza as pessoas na estrutura social.

Na estrutura social se opõem as classes sociais, dando às relações sociais seu caráter de violência e dominação. Essas relações se expressam também no campo simbólico de modo que toda forma de expressão seja também manifestação de poder simbólico. As trocas simbólicas reproduzem as relações sociais dispostas pela estrutura de classes — à dominância política e econômica corresponde igual poder de fala e expressão.

Desse modo, Bourdieu consegue analisar a vida social de um ponto de vista exterior aos agentes — as estruturas — e de um ponto de vista interno e subjetivo — os *habitus* — que significam a maneira como, através de diversas instituições sociais como a família e a escola, a estrutura é internalizada e expressa em ideias, valores e comportamento. Portanto, Bourdieu não isola as relações de produção material das relações e instituições de produção simbólica, percebendo correspondências entre uma e outra, ambas tendo por finalidade básica a reprodução da vida social e de suas estruturas.

Nessa mesma linha, Bourdieu fala em capital simbólico formado pelo conjunto de conhecimentos, desenvolvimento intelectual e bens culturais a que um sujeito tem acesso a partir da posição que ocupa na sociedade. Esse capital define também as classes sociais como dominantes ou dominadas.

Em seus últimos trabalhos, Bourdieu dedicou-se ao estudo dos meios de comunicação de massa que, segundo ele, estão comprometidos com a classe dominante e têm por função a reprodução da desigual estrutura de classes. Numa sociedade midiatizada, a posse e o acesso aos meios de comunicação reforçam o poder do emissor e multiplicam seu capital simbólico.

A ideia de que a linguagem, a comunicação e as artes não são meras formas de representação da realidade, mas também a prática ou o exercício do poder, foi especialmente importante para o estudo da comunicação.

> **Capital simbólico** é o outro nome que se pode dar às distinções sociais. É o espaço no qual se consubstanciam as relações de força objetiva existentes na sociedade — na luta pela imposição da visão legítima do mundo. Trata-se da autoridade que fundamenta a eficácia performativa dos enunciados e do discurso sobre o mundo social.

Guy Débord e a sociedade do espetáculo

Uma das mais contundentes críticas à sociedade midiatizada foi elaborada por Guy Débord, sociólogo e filósofo francês que escreveu uma obra de grande referência — *A sociedade do espetáculo*.[10] Tal como Bourdieu, o autor vê o mundo simbólico como uma instância na qual se manifestam diferenças, desigualdades sociais e oposições próprias das relações de produção.

A sociedade do espetáculo resulta do desenvolvimento dos meios de comunicação, mais especificamente da multiplicação das imagens que passaram a midiatizar as relações entre as pessoas. Diz ele: "o espetáculo é o reflexo fiel da produção das coisas, e a objetivação infiel dos produtores, resultado da transformação do ser em ter".[11]

O espetáculo das imagens impede que o espectador tenha consciência do que elas revelam, assim como a tecnologia e a divisão do trabalho também impossibilitam que os produtores tenham ciência daquilo que produzem e de como produzem. Assim, o espetáculo aliena, como antes fazia a religião nas sociedades modernas. Dessa forma, o espetáculo se transforma em novo ritual religioso que se situa no tempo livre do homem, tempo esse que escraviza, mas não liberta.

Todo esse processo de alienação humana "é o capital a um tal grau de acumulação que se torna imagem".[12] Débord afirma:

> É o princípio do fetichismo da mercadoria, a dominação da sociedade por coisas "suprassensíveis embora sensíveis", que se realiza absolutamente no espetáculo, onde o mundo sensível se encontra substituído por uma seleção de imagens que existem acima dele, e que ao mesmo tempo se faz reconhecer como o sensível por excelência.[13]

O exemplo mais contundente do que o autor chama de espetáculo é a transmissão pela televisão do massacre realizado pelas forças de coalizão, lideradas pelos Estados Unidos, contra o Iraque, que havia invadido o Kwait, em 1990. A tecnologia e a linguagem televisiva faziam o espectador ter a sensação de se tratar de uma ficção, quando, na verdade, assistia ao vivo a um dos maiores massacres de um país do Oriente. O que parecia ser só imagens ocorria de fato, numa guerra na qual predominava o uso da tecnologia para se alcançar objetivos políticos e econômicos.

> **Guy Débord,** filósofo e diretor de cinema, nasceu em Paris, em 1931. Com posição política e estética marxista, tornou-se um intelectual de renome internacional e uma das figuras de ponta do movimento estudantil da Europa de 1968. Um dos críticos mais contundentes do pós-guerra, morreu em 1994.

Roger Silverstone — por que estudar a sociedade midiática?

O advento e a afirmação da sociedade midiatizada, com a produção crescente de mensagens, a substituição do texto escrito pelas imagens como fonte de informação, o enriquecimento e crescente poder dos grandes conglomerados jornalísticos, levaram os sociólogos ao estudo das novas relações sociais que se produziam no mundo.

---

[10] Guy Débord, *A sociedade do espetáculo* (Lisboa: Afrodite, 1972).
[11] *Idem*, p. 17.
[12] *Idem*, p. 28.
[13] *Idem*, p. 31.

Muitos desses autores, como vimos, desenvolveram estudos críticos alertando para a emergência de novas formas de poder e enriquecimento, especialmente os autores marxistas, que se basearam no estudo da alienação, do fetiche da mercadoria e da acumulação de capital simbólico. Essas teorias, que se desenvolveram principalmente na segunda metade do século XX, percebiam transformações radicais na percepção e conhecimento humanos com o pleno uso dos meios de comunicação.

Mas, outras gerações de sociólogos e filósofos procuraram entender que um novo mundo se constituía na passagem para o século XXI, e que dele faziam parte tecnologias, mídias e imagens, não sendo possível entender a vida humana sem compreender como ela integra um universo simbólico expandido. Especialmente autores que analisam o que chamam de uma sociedade pós-moderna, tiveram de se dedicar ao estudo dos múltiplos espelhos sobre os quais se debruçam os Narcisos da atualidade. Um deles foi Roger Silverstone, que assim justifica seu interesse pelo estudo dos meios de comunicação de massa:

> **Roger Silverstone,** sociólogo inglês, nasceu em 1945 e morreu em 2006. Professor das Universidades de Brunel e de Sussex, doutorou-se em Sociologia pela London School of Economics and Political Science.

A tecnologia desafia as formas tradicionais de estar no mundo e de entendê-lo, povoando os espaços com imagens técnicas.

Quero mostrar que é por ser tão fundamental para nossa vida cotidiana que devemos estudar a mídia. Estudá-la como dimensão social e cultural, mas também política e econômica, do mundo moderno. Estudar sua onipresença e complexidade. Estudá-la como algo que contribui para nossa variável capacidade de compreender o mundo, de produzir e partilhar seus significados.[14]

Mas, os atentados de 2001, que destruíram as torres gêmeas do World Trade Center, em Manhattan (Nova York — EUA), num ataque terrorista promovido pela organização radical islâmica Al-Qaeda, dirigida por Osama Bin Laden, mostraram que era preciso estudar profundamente os meios de comunicação e como funcionam na sociedade contemporânea. Ataques simultâneos tiveram diferentes alvos — além das torres gêmeas, epicentro financeiro de Nova York, também o Pentágono deveria ser atingido por aviões pilotados por terroristas. Mas o que mais surpreendeu o mundo foi assistir pelos meios de comunicação, em tempo real e rede mundial, a esses fatos. Os meios de comunicação foram usados como arma num ataque terrorista contra o país no qual eles mais se desenvolveram e se impuseram. Esses dados colocam em outro patamar questões importantes, levantadas desde tempos remotos pelos mitos gregos, sobre a procedência e lógica das imagens. É dessa complexidade que a sociologia contemporânea procura se aproximar e desvendar as entranhas, em profundo mergulho no lago onde cada vez mais se mira Narciso.

---

[14] Roger Silverstone, *Por que estudar a mídia?*, cit., p. 13.

A tecnologia não é um acessório da vida social, é parte intrínseca da vida humana e das relações de produção que estabelecemos historicamente.

Unidade V

Tecnologia e sociedade

1. *Do* Homo faber *ao homem como força motriz*

Introdução

Entre três milhões a um milhão de anos atrás, nossos antepassados passaram da fabricação de um conjunto rústico de instrumentos de lascas de pedra e de madeira às mais sofisticadas peças do período olduvaniano. Nesse mesmo espaço de tempo, o cérebro humano quase dobrou de tamanho e, por mais que julguemos importante a fabricação de utensílios para o desenvolvimento mental da humanidade, sabemos que outros fatores alavancaram o aperfeiçoamento de nossa inteligência. O aprimoramento da caça, da linguagem e de nossa complexa sociedade foram estímulos concomitantes. Segundo diversos antropólogos, diante de todos esses fatores fomos capazes de organizar uma relação diferenciada com nossos pares, que incluía não só a capacidade de caçar e sobreviver, mas também colaborar e repartir. Assim, nossos antepassados teriam usado sua capacidade inventiva para criar laços diferenciados de relações de afeição e hostilidade, a partir dos quais se estabeleceram formas de trabalho cooperativo, para o qual foram inventados diferentes instrumentos ou artefatos. A linguagem veio facilitar, garantir e sedimentar a reprodução dessas descobertas e dessas novas formas de relacionamento.

Isso nos mostra quão importantes foram esses fatores para o desenvolvimento da humanidade, e revela um caráter peculiar do uso de instrumentos e artefatos entre os hominídeos. Há sinais de que, entre todos os utensílios inventados nesses dois milhões de anos, figuravam, além das armas que, feitas de pedra, resistiram ao tempo, as sacolas como artefatos fundamentais. Nelas, caçadores e coletores, praticando o consumo adiado, acomodavam o fruto da colheita e da caça para dividi-lo com os demais membros de seu acampamento. Segundo Marshall Sahlins, assim surgiu a primeira sociedade afluente.

> Obviamente, não há nenhum sinal dessa importante revolução tecnológica no arquivo arqueológico: como os primeiros recipientes foram confeccionados provavelmente de folhas ou de casca de árvore entrelaçada, eles simplesmente desapareceram sem deixar vestígio. A ideia de uma antiga bolsa trançada pode parecer um tanto forçada, mas, de fato, chimpanzés e gorilas são peritos tecelões... Certamente, então, não estava fora de alcance dos hominídeos primitivos ampliar essa habilidade básica a fim de confeccionar uma bolsa rústica[1].

De qualquer maneira, é importante para nós sabermos que os utensílios desenvolvidos pelos seres humanos não tinham apenas como objetivo a guerra e a conquista, mas também facilitar o relacionamento e o trabalho cooperativo, a base de nossa vida social. É significativo perceber que os utensílios, artefatos e equipamentos estiveram sempre relacionados com o desenvolvimento da linguagem, da percepção e da

---

[1] Richard E. Leakey & Roger Lewin, *O povo do lago*, cit., p. 130.

capacidade de expressão, produzindo uma forma peculiar de sobreviver no planeta — planejada, simbólica e coletiva.

Nesta Unidade, falaremos da capacidade humana de fabricar instrumentos e do papel da tecnologia no mundo contemporâneo. Esperamos estar mostrando que, além de auxiliar os seres humanos a competir, esses artefatos lhes ensinaram também a compartilhar e dividir. E, ainda, que esses artefatos foram importantes para o desenvolvimento de nosso cérebro, de nossas atividades cognitivas e de percepção da realidade. Por isso, Arlindo Machado chama as diferentes tecnologias utilizadas na comunicação de máquinas semióticas. É dessa maneira que vamos estudá-las.

Fabricar instrumentos não é uma especificidade do ser humano

Há já algum tempo os cientistas acumulam provas de que diversos animais usam ferramentas para sobreviver. Existem pássaros das Ilhas Galápagos que extraem bichinhos de fendas entre as pedras com a ajuda de hastes presas ao bico. Abutres egípcios abrem ovos de avestruz com o auxílio de uma pedra, e William Bishop garante ter visto uma lontra abrir uma concha com uma garrafa de Coca Cola.[2]

Nem sequer a especificidade de confeccionar nossas ferramentas pode ser garantida — os chimpanzés fabricam uma série de varetas com as quais conseguem agilizar a busca por alimentos. Cortando um ramo curto e flexível de capim eles o introduzem no cupinzeiro e o retiram em seguida, cheio de cupins, que engolem rapidamente, como nós fazemos com nossos espetinhos. Já para as perigosas formigas-safári eles fazem uso de uma haste longa, resistente e lisa, de mais ou menos 60 cm. Já foi observado também, entre outros primatas, o uso de esponjas para beber líquidos e pedras para romper superfícies duras. Nas disputas entre machos foi possível, também, observar galhos de árvores sendo usados como chocalhos para assustar e impressionar o adversário. Todos esses relatos dizem respeito a animais vivendo livres na natureza, e não presos ou domesticados.

Existe em todos esses casos um sofisticado exercício mental que envolve a análise da matéria-prima disponível, além de desenvolvimento de formas de manipulação e uso. Mas, certamente, o utensílio humano exige um esforço a mais — a confecção de uma forma anteriormente inexistente. "Visualizar um machadinho manual, com o formato de uma gota de lágrima, numa saliência de rocha sem forma, é um estágio intelectual posterior, pois o produto tem pouca relação com o material bruto. Somente os humanos conseguem dar este último salto intelectual."[3] Assim chegamos a uma especificidade humana — só os homens conseguem usar instrumentos para fabricar outros instrumentos. Além disso, se quisermos diferenciar nossa inteligência daquela de nossos primos chimpanzés ou babuínos, é importante considerar que, ao lado dessa habilidade de manufatura, desenvolvemos uma complexa relação interpessoal que estabeleceu regras sutis de uso dessas ferramentas. Estamos falando da caça coletiva e da armazenagem de alimentos, ou seja, de processos produtivos que envolvem divisão de trabalho e trocas de produtos. Inventamos a prática do altruísmo recíproco, esta, sim, uma atividade mental das mais complexas — nós nos aproximamos e nos afeiçoamos àqueles com quem trocamos coisas e favores, assim como nos afastamos raivo-

---

[2] *Idem*, p. 164.
[3] *Idem*, p. 169.

samente daqueles que são injustos conosco, segundo nossos sistemas de recompensa e retribuição. Assim, isso nos leva a concluir que o que desenvolveu nosso cérebro não foi simplesmente o uso de artefatos nem sua manipulação, mas as regras sociais que estabelecemos para seu uso.

Por acreditarmos nisso, não abordaremos a tecnologia de um ponto apenas material, mas também simbólico e social. É assim que somos capazes de distinguir, de fato, um artefato humano. Em razão disso, estudiosos do desenvolvimento da civilização, como o pré-historiador Grahame Clark, consideram que o padrão humano de fabrico de instrumentos envolve uma modelagem em série que demonstra a existência de um padrão cultural transmitido de geração em geração. Diz ele: "Quando nos perguntamos o grau de modificação que os objetos materiais têm de exibir antes que os aceitemos como artefatos feitos pelo homem, talvez a resposta útil seja a seguinte: quando eles pertencem a uma classe ou a uma reunião de objetos modificados segundo um padrão aceito".[4]

Portanto, quando falamos em artefatos, instrumentos e tecnologia humanos, estamos nos referindo a um processo que envolve padrões de cultura, conhecimento acumulativo, reflexão e vida social. Assim, são atividades de diferentes complexidades um animal subir em um banco e, com uma vara, alcançar um alimento no alto de uma árvore e fabricar o banco e a vara com técnicas aprimoradas na experiência e ainda guardá-las para uso em oportunidade futura.

A aceleração do desenvolvimento tecnológico

Um dos aspectos mais característicos do desenvolvimento tecnológico da humanidade é a sua crescente aceleração. De 150 mil a 40 mil anos antes de nossa era, os artefatos descobertos em escavações apresentam progressivo aperfeiçoamento — discos, raspadeiras, furadores e um certo tipo de serra demonstram que o Homem de Neandertal já era um fabricante atento. De 30 mil a 10 mil anos antes de nossa era, são encontrados arpões e agulhas feitos por homens que já são bem mais parecidos conosco e que já demonstram capacidade simbólica acentuada e princípios estéticos desenvolvidos. Mas, de 10.000 a 5.000 a.C., os seres humanos dão um grande salto — é a grande revolução neolítica ou agrária, na qual os nossos antepassados aprendem a cultivar plantas, a domesticar animais, a moer grãos, a polir metais. Nessa época, surgem os primeiros reinos com organização mais complexa e as primeiras grandes religiões conhecidas.

Depois disso, a civilização humana conheceu dois grandes períodos em que houve saltos enormes no desenvolvimento tecnológico — o primeiro foi o chamado Milagre Grego, quando, entre outras conquistas, esse povo conseguiu separar o conhecimento científico abstrato da produção material e sistematizá-lo. O outro foi a Revolução Industrial quando, na Modernidade, se deu a mecanização do trabalho. A recuperação desse processo permite ver que os intervalos de tempo diminuíram significativamente entre as grandes invenções que alteraram profundamente as relações humanas de produção material e de conhecimento.

Os estudiosos da produção humana identificam três tipos diferentes de produção e ação sobre a natureza — o artesanato, a manufatura e a indústria. Essa classificação representa três estágios diferentes das relações humanas com o meio ambiente e com a tecnologia. O artesanato correspon-

---

[4] Grahame Clark, *A pré-história* (Rio de Janeiro: Zahar, 1975), p. 36.

de a uma produção mais rudimentar e em pequena escala, cuja intenção é atender principalmente à subsistência do grupo. Karl Marx, que estudou profundamente as diferentes relações de produção e, especialmente, o capitalismo, distingue o artesanato pelo fato de o artesão ser independente e dono de sua oficina, de suas ferramentas e do seu tempo. Ele trabalha para quem quiser e pelo tempo que quiser.

Já a manufatura envolve uma metodologia mais complexa, com uma produção diversificada e em espaços mais amplos, onde se reúnem grupos de trabalhadores com tarefas diferentes. Marx considera que o predomínio da manufatura se deu entre os séculos XVI e XVIII da nossa era, quando diversos trabalhadores assalariados produzem num mesmo espaço e sob comando de um capitalista, obedecendo a uma divisão especializada de tarefas. O capitalista é dono da oficina, do capital, das ferramentas e do que é produzido. Os trabalhadores não são independentes, não decidem o que produzir, nem para quem, e muitos deles executam o mesmo trabalho. A divisão social do trabalho se intensifica à medida que se necessite acelerar a produção de bens.[5]

Dá-se o nome de indústria à produção em grande escala, resultante do trabalho de muitos operários e de máquinas, ocupados em uma atividade planejada e controlada. É importante considerar que o surgimento de formas mais complexas de produção material não eliminou as demais. O artesanato e a manufatura convivem com a indústria, embora se note, em cada tempo e lugar, a predominância de uma forma produtiva sobre as demais.

Diversos fatores levam ao desenvolvimento da indústria — o aumento populacional, o crescimento do consumo, o desenvolvimento científico, a descoberta de fontes de matéria-prima e as relações de produção vigentes. Ao que tudo indica, no mundo antigo, assim como em épocas mais recentes, não houve desenvolvimento tecnológico significativo em razão da existência da escravidão. Não há estímulo ao emprego de máquinas quando se dispõe de braços humanos para a execução de tarefas. Mas, tal como na época em que nossos

> **Técnica** — Dá-se o nome de técnica ao conjunto de procedimentos que um animal utiliza para obter determinado fim, visando sua subsistência ou conforto. Nessa ação, faz uso do raciocínio e da capacidade de improvisação.

> **Tecnologia** — Diferencia-se da técnica por integrar, nos procedimentos utilizados com determinada finalidade de sobrevivência, produção de bens ou conforto, conhecimento abstrato, sem o qual tais procedimentos não podem ser empregados. Na atualidade, o termo também é utilizado para designar, além do processo de invenção e fabrico, equipamentos, artefatos ou máquinas que resultam da aplicação da ciência na produção material ou simbólica. Assim, tecnologia se refere tanto a processos como aos instrumentos neles envolvidos, ou que deles surgem.

---

[5] Karl Marx, *O capital* (Rio de Janeiro: Civilização Brasileira, 1971), p. 388.

antepassados criaram as primeiras sacolas e armas, cada invento está associado a diferentes formas de conceber a vida em grupo e ao trabalho mental exigido.

Assim, foi a partir do Renascimento, com o surgimento do capitalismo comercial, que teve início o período de maior desenvolvimento tecnológico da humanidade que culminou, no século XIX, com o emprego de outras fontes de energia que não a humana — o vapor, a eletricidade, o petróleo e a eletrônica.

A transformação do homem em força motriz

Duas transformações são importantes nesse processo de desenvolvimento tecnológico e de produção. A primeira é que o emprego de máquinas, cada vez mais sofisticadas, na produção material fez com que o trabalho humano fosse se resumindo a tarefas gradativamente mais simples. O trabalho de um tecelão que, em sua oficina, fiava, tingia e tecia o tecido era mais complexo do que o exigido pelo tecelões que trabalham numa manufatura, cada um deles executando uma parte desse trabalho, especializando-se. A divisão do trabalho veio, potanto, ajudar a tornar o trabalho mais simples, envolvendo menos conhecimento e saber.

A outra transformação que se verifica no trabalho produtivo diz respeito à introdução de outras fontes de energia para movimentar as máquinas. O uso do vapor e da eletricidade fez com que o trabalho humano também se transformasse em energia — na força humana empregada no funcionamento da máquina. Diz Marx: "A máquina-ferramenta é, portanto, um mecanismo que, ao lhe ser transmitido o movimento apropriado, realiza com suas ferramentas as mesmas operações que eram antes realizadas pelo trabalhador com ferramentas semelhantes".[6] E, mais adiante, acrescenta:

> Muitas ferramentas põem em evidência, de maneira bem contrastante, a diferença entre o homem na função de simples força motriz e o homem como trabalhador que exerce seu ofício manual. Na roda de fiar, por exemplo, o pé age apenas como força motriz, enquanto a mão executa a operação de fiar propriamente dita, trabalhando com o fuso, puxando e tecendo o fio.[7]

Portanto, o que distingue uma simples ferramenta de uma máquina não é apenas a sua complexidade, mas também a forma como é utilizada e como se relaciona com o trabalhador. A partir do momento em que o homem se transforma em força motriz, torna-se possível substituí-lo por qualquer outra, seja a água, o vento ou a eletricidade. Esse é o princípio da mecanização e da automação. A partir do momento em que uma força atinge toda sua potencialidade, ela passa a ser substituída por outra mais potente. Assim se processa a separação entre o motor que impulsiona a máquina e as ferramentas que executam o trabalho especializado. O estágio subsequente é o sistema de máquinas, todas elas integradas e movidas por um único motor que lhes fornece energia.

O desenvolvimento industrial levou, então, às máquinas que fabricam máquinas e, finalmente, às máquinas que fabricam motores. A transformação que introduziu na produção humana isolou o trabalhador do conhecimento, que passou a se desenvolver de forma isolada, por meio da ciência. Muitos autores que descrevem esse proces-

[6] *Idem*, p. 426.
[7] *Idem*, p. 427.

so ocorrido a partir da Europa, no século XIX, não chegaram a ver o desenvolvimento da eletrônica, do qual falaremos mais adiante.

Entretanto, como o custo do investimento em tecnologia passou a ser cada vez mais alto, a substituição do trabalho humano por máquinas passou a depender, cada vez mais, do custo da mão de obra. Assim, onde os salários eram mais altos e onde os benefícios concedidos aos trabalhadores, em função do movimento operário, eram maiores, verificou-se um processo mais rápido de mecanização. Inversamente, onde os salários são mais baixos, como nos países mais pobres ou menos desenvolvidos, o investimento em tecnologia foi menor. Da mesma forma que a escravidão desfavoreceu as invenções científicas no mundo antigo, a baixa remuneração dos operários e a existência de exércitos de reserva de mão de obra, na modernidade, desestimularam a atualização tecnológica das indústrias. Marx comenta:

> Por isso, máquinas hoje inventadas na Inglaterra só são empregadas na América do Norte. Do mesmo modo, máquinas que se inventaram na Alemanha, nos séculos XVI e XVII, só foram empregadas na Holanda, e descobertas francesas do século XVIII só foram exploradas na Inglaterra.[8]

Isso nos mostra que o avanço tecnológico não pode ser visto de forma independente de outras instâncias da vida social, em especial o custo e a disponibilidade de mão de obra, o desenvolvimento científico e as pressões sociais pelo aumento da produção. Segundo Max Weber, até mesmo a religião dominante na sociedade, em determinadas épocas, pode estimular uma atitude mais científica e produtiva. Para Karl Marx, o desenvolvimento da ciência e a aplicação de máquinas na produção resultam principalmente do modo de produção dominante — foi o capitalismo, com sua abrangência global e seu anseio por lucros e ampliação da produção, que estimulou de forma inusitada as invenções e sua aplicação na indústria.

> **Exército Industrial de Reserva** é um conceito que remonta ao século XVIII, à Revolução Industrial, quando se constatou que um contingente populacional é lançado ao desemprego, de forma a constituir uma mão de obra potencial a ser recrutada pela indústria, com o intuito de substituir operários, ou diminuir salários, graças à pressão concorrencial entre trabalhadores.

Consequências sociais da tecnologia

São muitas, portanto, as consequências do emprego de uma determinada tecnologia, não só na variação da produção, como na divisão do trabalho produtivo e no montante de bens disponíveis. O tipo de trabalhador, sua qualificação e aquilo que ele recebe por seu trabalho modificam-se. O uso de outras fontes de energia para movimentar as máquinas possibilitou o emprego de mulheres na produção, por exemplo.

Por outro lado, as máquinas não são usadas apenas na produção industrial, mas pe-

---

[8] *Idem*, p. 448.

netram, cada vez mais, na vida cotidiana, como apoio às tarefas diárias do homem comum. O emprego desses equipamentos modifica os hábitos e costumes da sociedade. Basta pensarmos nas transformações provocadas na Europa Medieval pela introdução do arado na agricultura — houve excedente de alimentos que passaram a ser comercializados nas cidades, desenvolvendo a vida urbana e o comércio. A invenção do trem, do automóvel e do avião modificou até mesmo a imagem física que tínhamos do mundo e, consequentemente, o conceito que dele fazíamos.

Portanto, a tecnologia é responsável por importantes aspectos da sociedade e da cultura, a ponto de diferentes etapas históricas receberem denominações de acordo com o tipo de artefato utilizado no período. Assim, Paleolítico significa "pedra antiga", ou lascada, e Neolítico "pedra nova", ou polida. Diferentes ciências classificam etapas e períodos de tempo tendo como referência inventos humanos ou a tecnologia empregada na produção material, na comunicação ou na guerra. Daí nos referirmos frequentemente à Era do Rádio ou à Era Atômica como períodos em que a sociedade sofreu transformações pelo uso dominante do rádio, como meio de comunicação, e da energia nuclear, como tecnologia de ponta.

É preciso também levar em consideração as condições locais do uso ou da introdução de inventos tecnológicos. Uma máquina, ou uma nova forma de energia, pode ser mais ou menos aceita dependendo das variáveis sociais existentes, especialmente o jogo de forças políticas e econômicas. As variáveis naturais e geográficas também têm considerável peso. Com isso queremos dizer que a tecnologia não é determinante nem se distribui igualmente pelos diferentes países, regiões e grupos sociais.

No nosso curso de sociologia, já acompanhamos o desenvolvimento de tecnologias na civilização humana em dois diferentes momentos — o primeiro foi na Unidade II, quando tratamos da cultura de massa e abordamos a invenção dos meios de comunicação a partir da prensa de Gutenberg. O segundo foi no Capítulo 3 da Unidade IV, quando falamos sobre a era da imagem e tratamos do desenvolvimento dos meios de registro visual como a máquina fotográfica, o cinema e a televisão. Nesta unidade trataremos especialmente das chamadas novas tecnologias, ou mídias digitais, que marcam a emergência da chamada era da eletrônica. Mudanças drásticas ocorreram na sociedade, desde o século XIX, quando nova tecnologia passou a dominar a produção social. Sobre isso falaremos a seguir.

2. A emergência das mídias digitais

Introdução

Como proposto no capítulo anterior, vamos abordar, agora, as origens das mídias digitais, também chamadas de novas tecnologias, lembrando que, como as demais invenções humanas, elas são mais do que máquinas — incluem conhecimento, ciência, reflexão, produção e relações colaborativas entre pessoas. Entretanto, as transformações que introduzem na vida social, nos hábitos, nas ciências e na forma de produzir fazem com que mereçam uma unidade destinada a tratar de sua origem, dos problemas que acarretam e de suas características e qualidades. A emergência das mídias digitais é entendida pelos historiadores e pelos sociólogos como sendo uma revolução, com o mesmo impacto na vida humana que teve a Revolução Agrícola, que introduziu o cultivo de alimentos na sociedade, e a Revolução Industrial, sobre a qual acabamos de falar, responsável pela produção mecanizada e em série.

Por outro lado, essa revolução que veio modificar de maneira drástica a forma como produzimos, pensamos e nos comunicamos despertou muitas resistências. Isso não é novo, pois, como vimos ao abordar o desenvolvimento dos meios de comunicação de massa, as mudanças são sempre acompanhadas de resistência e de descontentamento. E as razões são muitas: a comodidade que sentimos diante de hábitos arraigados; o custo que envolve a mudança tecnológica, o estranhamento em relação aos procedimentos técnicos e a falta de informação.

Pela intensidade das transformações que trouxeram ao mundo, as tecnologias digitais despertaram discussão, críticas severas, hostilidade e estranhamento, mas a sua introdução em diferentes instâncias da vida social é irrecusável — uma nova forma de nos relacionarmos entre nós e com a realidade se apresenta de forma irrecusável. Vamos tentar explicar por quê. Mas, como veremos, o que chamamos de novas tecnologias é resultado de um lento processo histórico de desenvolvimento científico.

Os antecedentes

Na China Antiga, há milhares de anos (há quem aposte em 5 mil anos), foi inventado um instrumento que auxiliava comerciantes e cientistas a executar operações aritméticas — o ábaco. Feito em madeira ou bambu, com bolas ou sementes dispostas em hastes verticais, separadas em duas seções, pode ser agilmente manuseado, permitindo realizar operações de cálculo com rapidez. Seu funcionamento já permitia pensar em operações numéricas a partir de um sistema codificado — as bolas substituíam os valores numéricos e as hastes representavam unidades, dezenas ou milhares. O ábaco migrou para os países vizinhos e para a Europa, dando origem ao modelo romano feito em mármore ou *calx*, de onde derivou a palavra cálculo.

Mas foi na época das cruzadas que os europeus entraram em contato com o sistema de numeração decimal de origem indiana, o qual possibilitava realizar essas mesmas operações por intermédio da representação numérica, ou seja, da linguagem matemática, a partir da qual quantidades são representadas não por bolas ou sementes, mas por números ou algarismos. A palavra algarismo vem do nome árabe Al-Khowarizmi, autor do livro que, no século IX, difundiu o sistema decimal entre os europeus. Os signos numéricos foram chamados também de dígitos, palavra que, em sua origem, designava dedo, assim como cada uma das doze partes em que se divide o diâmetro do Sol, numa nítida alusão ao uso dos dedos nas operações matemáticas feitas mentalmente, ou com o ábaco.

O crescimento do comércio, a partir do Renascimento, e da matemática acabou por criar sistemas cada vez mais sofisticados de cálculo, auxiliados pelo maior uso do papel e do lápis, que facilitaram o desenvolvimento do raciocínio e das operações matemáticas. As invenções se intensificaram — no século XVII, foi inventada a régua de calcular por William Oughtred, e Pascal criava, aos dezoito anos, a primeira máquina de calcular, chamada Pascalina, que funcionava por meio de rodas dentadas. Depois foi a vez de Gottfried Leibnitz aperfeiçoar o invento, possibilitando que se fizessem também operações de cálculo de raiz quadrada. As duas máquinas, tanto a de Pascal como a de Leibnitz, eram manuais.

No século XIX, Charles Babbage desenvolvia novo sistema capaz também de realizar operações mais sofisticadas, como equações trigonométricas, e imprimir relatórios, sem a mediação do operador, cuja função se limitava à inserção de dados iniciais. Era uma máquina com motor movido a vapor e com dispositivos de memória. Surgiam, assim, máquinas capazes de realizar cálculos complexos e de simular operações sem uso do operador. Essas máquinas começavam a simular operações racionais humanas de forma rápida e bem-sucedida.

Em outra área que não a da matemática, outros avanços tecnológicos eram conseguidos. No início do século XIX, Joseph Marie Jacquard, mecânico francês, conseguiu automatizar o tear, produzindo diferentes padronagens por intermédio de um sistema de cartões perfurados. Era a primeira máquina programável de que se tem notícia. Com 24 mil cartões ele conseguiu tecer seu próprio retrato. Apesar das resistências e críticas, seu invento fez sucesso e seu método é até hoje usado no mundo.

Dessa forma, criavam-se máquinas cada vez mais potentes que elaboravam sozinhas cálculos complexos e eram comandadas por instruções e sistemas codificados. Com um número limitado de signos e um conjunto de regras, as mais diferentes tarefas repetitivas podiam ser automatizadas. Jacquard inventara o código binário traduzindo qualquer desenho em termos de ponto ou laçada. Esse princípio foi depois aplicado a diferentes funções, sempre na forma binária "sim" e "não", *on* e *off*, que pode significar "passar energia" e "não passar energia". Esse foi o princípio da automação do telégrafo, do tear e dos futuros computadores.

Complementando essa relação de inventos antecessores do computador, temos que fazer menção a Hermann Hollerith que, inspirado na ideia dos cartões perfurados de Jacquard, criou a Tabuladora de Censo. Dedicando-se às pesquisas estatísticas sobre a população norte-americana, desenvolveu o modelo de banco de dados fabricado por sua empresa, a Computing Tabulation Recording Company, que mais tarde deu origem à IBM — a International Business Machine.

É importante lembrarmos que essas máquinas desenvolveram-se na indústria e no campo das ciências matemáticas, nada tendo de semelhante, até esse momento, com as máquinas para registro de som e imagem estudadas na Unidade precedente. Empregadas na produção material, elas nada tinham a ver com as mídias analógicas que procuravam reproduzir o mundo em sua aparência e visualidade. Essa integração das mídias analógicas com as digitais exigiria, ainda, meio século de inventos e desenvolvimento tecnológico.

Comentando a emergência das mídias digitais

A evolução tecnológica dessas máquinas de pensar e contar para os computadores, que começaram a funcionar no século XX, foi rápida, e o impacto das transformações que trouxe ao mundo todo foi avassalador, a tal ponto que cientistas e historiadores reconhecem que se inicia, após 1950, uma nova era. Para alguns, trata-se de um novo processo produtivo característico de um capitalismo pós-industrial, que encerra uma época de produção em série e de consumo massivo. Para muitos filósofos, passamos a viver uma era pós-moderna, na qual os princípios que caracterizaram a Modernidade, como o individualismo, o evolucionismo e o nacionalismo, são substituídos por outros, como o coletivismo e a globalização. A existência de uma ruptura, ou de uma revolução, é percebida por todos, que se assustam diante da rapidez das mudanças e de sua abrangência. A disseminação das mídias digitais, na produção material, na comunicação, na educação e no conhecimento impacta o planeta e aproxima vertiginosamente os mais distantes territórios. Como afirma Manuel Castells, sociólogo espanhol estudioso da sociedade contemporânea, uma das características predominantes dessa Revolução Tecnológica é o fato de as invenções não se darem de forma isolada.

Outra característica que podemos apontar para essas transformações radicais e irreversíveis que estamos estudando é que elas promoveram a reaproximação entre produção material e ciência, entre invenção e conhecimento que, como assinalamos anteriormente, haviam se distanciado desde o Milagre Grego. Ao considerar a filosofia e a ciência como atividades do espírito, os gregos haviam criado uma divisão de trabalho entre ciência e produção material, entre invenção técnica e desenvolvimento do saber. Fotografia e cinema, por exemplo, não foram inventos de cientistas, mas de artistas e industriais. Já o desenvolvimento dos computadores e das redes de comunicação resultou do trabalho conjunto entre indústria e ciência, universidade e empresa.

Além desses aspectos, o que tem marcado a revolução tecnológica da atualidade é a rapidez com que ela penetra na sociedade e altera a vida cotidiana. A cada nova invenção, é menor o intervalo de tempo entre as primeiras experiências e a sua introdução na produção, nos serviços, e sua absorção pelas pessoas comuns, ou pelos usuários finais. Daí a impressão de permanente obsolescência das máquinas e seu título permanente de "novas tecnologias".

Peter Burke, estudando a história social das mídias, identifica como característica da revolução digital a sua convergência, ou seja, a capacidade de integrar diferentes máquinas, diversas atividades e mídias, diversos países e regiões. Diz ele que a ideia de convergência se justifica pelo fato de essa tecnologia permitir "a apresentação, sob forma digital, de todos os tipos de informação, de processar, transmitir, comprimir e arquivar dados".[1] Assim, convergência de saberes, atividades, ações e processos faz das mídias digitais um fenômeno de grande impacto e abrangência.

Todo esse processo tecnológico ocorreu durante o século XX, impulsionado pelas guerras mundiais que aconteceram na

---

[1] Peter Burke & Asa Briggs, *Uma história social da mídia*, cit., p. 272.

primeira metade do século, envolvendo os cinco continentes, e pela Guerra Fria que contrapôs as duas potências mundiais — Estados Unidos e União Soviética, que disputavam a hegemonia sobre o mundo. O desenvolvimento de tecnologias com as quais as potências mundiais desenvolviam a Guerra nas Estrelas garantiu recursos financeiros, científicos e humanos para a grande revolução digital.

Os primeiros computadores

Apesar de os antecessores industriais e científicos das tecnologias da informação com base em microeletrônica já poderem ser observados anos antes da década de 1940, foi durante a Segunda Guerra Mundial e no período seguinte que se deram as principais descobertas tecnológicas em eletrônica: o primeiro computador programável e o transistor, fonte da microeletrônica, o verdadeiro cerne da Revolução da Tecnologia da Informação no século XX.[2]

Em 1947, os físicos Bardeen, Brattain e Shockley ganharam o Prêmio Nobel pela descoberta dos transistores possibilitando o processamento de impulsos elétricos em alta velocidade. Logo em seguida, diversas empresas no mundo todo passaram a fabricar transistores feitos em germânio. O passo seguinte foi fazê-los em silício, mais abundante e barato. Dos transistores passou-se aos *chips* e aos circuitos integrados, inventados por Jack Kilby em 1957. Chegava-se à microinformática, cujo desenvolvimento foi rápido demais: "Assim, enquanto em 1971 cabiam 2.300 transistores em um *chip* do tamanho de uma unha, em 1993 cabiam 35 milhões... No tocante à velocidade, os atuais microprocessadores de 64 bits são 550 vezes mais rápidos que o primeiro *chip* da Intel, em 1972".[3]

Isso foi o que escreveu Castells em 2000, com referências que já devem estar ultrapassadas, mas testemunham a velocidade da revolução digital. O importante é lembrar que a miniaturização da eletrônica, os preços cada vez menores e a crescente especialização fizeram com que os microprocessadores passassem a fazer parte de quase todos os instrumentos e máquinas com os quais nos acostumávamos e que faziam parte de nosso dia a dia, de elevadores a relógios.

O numérico penetra, assim, irresistivelmente na indústria, tanto no domínio da produção (robótica etc.) como no dos produtos (eletrodomésticos, transportes, jogos etc.). Os *chips*, microcircuitos integrados, proliferam no interior dos objetos mais banais. Não há setor da indústria, nem do comércio ou das finanças, que não seja atingido pelo tratamento automático da informação.[4]

Mas, computadores como os que conhecemos hoje só se tornaram realidade na década de 1970, quando jovens inventores, depois de um trabalho de bricolagem com peças de diversos equipamentos, como teclados e monitores, criaram o PC, o computador pessoal, que pode ser manuseado pelo cidadão comum e não apenas por engenheiros e técnicos de informática. Idealizado por Steve Wozniac e Steve Jobs, o Apple foi um sucesso comercial. O computador havia se transformado num

---

[2] Manuel Castells, *A sociedade em rede* (São Paulo: Paz e Terra, 2000), p. 58.
[3] *Idem*, p. 61
[4] Edmond Couchot, *A tecnologia na arte — da fotografia à realidade virtual* (Porto Alegre: UFRGS, 2003), p. 159.

equipamento multimídia que podia ser manipulado mediante uma interface gráfica. "A interface atua como uma espécie de tradutor, mediando as duas partes, tornando uma sensível à outra",[5] explica Steven Johnson. Afirma que esse processo de tradução fez com que o computador deixasse de trabalhar apenas com textos e números e passasse a comunicar-se com seu usuário por meio de imagens, sinais e áreas sensíveis ao toque.

Mas, para que o mundo se constituísse como uma sociedade virtual, era preciso que mais duas invenções se incorporassem à Revolução Digital — o hipertexto e a Internet.

> **Steven Johnson** nasceu nos Estados Unidos, em 1968. Trabalhou como jornalista em muitas revistas importantes e foi o editor-chefe da primeira revista *on line* — a *Feed*. Graduou-se em Semiótica e Literatura Inglesa. É conhecido como um dos estudiosos da cibercultura.

O hipertexto

O desejo humano de organizar, registrar e disseminar informações é bastante antigo. A invenção da escrita multiplicou o número de textos, e o passar dos tempos fez com que se multiplicasse ao infinito o número de cópias disponíveis. Com os textos surgiram as primeiras coleções e bibliotecas e, com elas, a necessidade de organizar e catalogar os manuscritos. A divisão dos textos por assuntos e temas remonta à biblioteca de Alexandria. O primeiro a criar uma catalogação de pretensões universais foi Calímaco de Cirene, que dividiu os livros em rolos por classes, oito ao todo: teatro, oratória, poesia lírica, legislação, medicina, história, filosofia e miscelânea.

O sistema de classificação, porém, não era suficiente, era preciso inventar uma maneira de ligar um texto ao outro. Em 1588, Agostino Ramelli inventou a Roda de Leitura — uma biblioteca móvel e giratória que permitia que o leitor acessasse diversos textos de uma vez. Percebe-se que, já nessa época, o livro não era apenas narrativa, mas também fonte de informação. A ideia de consulta e pesquisa estava explícita.

> Esta é uma máquina bonita e engenhosa, muito útil e conveniente para qualquer pessoa que tenha prazer em estudar. [...] Com esta máquina, um homem pode ver e percorrer um grande número de livros sem sair do lugar. Esta roda é feita da maneira mostrada, isto é, é construída de tal forma que, quando os livros estão em seus leitoris, nunca caem ou saem do local em que se encontram, mesmo que a roda gire uma volta completa (citado em Tolva[6]).

A expansão da escrita ia estabelecendo uma relação indissociável entre os textos, as palavras e seus significados, mas foi apenas depois da Segunda Guerra Mundial, a mãe

---

[5] Steven Johnson, *Cultura da interface* (Rio de Janeiro: Zahar, 2001), p. 17.
[6] Cláudia Augusto Dias, "Hipertexto: evolução histórica e efeitos sociais", em *Ciências da Informação*, v. 28, n. 3, Brasília, set./dez. 1999.
Disponível em: <http://www.scielo.br/scielo.php?script=sci_arttext&pid=S010019651999000300004&lng=&nrm=iso>. Acesso em: 04 2008. doi: 10.1590/S0100-19651999000300004

da maioria das invenções do século XX, que Vannevar Bush conseguiu estabelecer conexão entre catalogação, indexação de textos, organização por temas e o interesse do leitor. O resultado era o memex — dispositivo que executava essas tarefas de forma mecânica: um grande conjunto de microfilmes tornava-se acessível por intermédio de um botão operador, e podia ser visualizado em visores translúcidos. Completava o sistema uma câmera para registro e arquivo de novos textos. Era a base do hipertexto, sistema que organiza dados mediante arquivo, processamento e acesso a informações.

Em 1965, Theodore Nelson aperfeiçoava o sistema propondo que essa organização incluísse também imagens, sons e animações, interconectados por *links*. Tratava-se de uma estrutura de "leitura" não linear que pressupunha um sistema coerente e aberto de mútua referência entre os documentos armazenados e recebeu o nome de Xanadu. Era o hipertexto.

Como já previra Vannevar Bush, em 1945, esse processo de ligação de um texto com outro mediante a associação de ideias e de conteúdos reproduzia a forma do pensamento humano. Essa ideia ele desenvolveu em um artigo cujo título era *As we may think*, ou seja, *A maneira como pensamos*. Além do cálculo, as máquinas então inventadas aprendiam a associar ideias e a estabelecer relações entre elas, como nossas mentes. Os textos passaram a ser concebidos de forma flexível e não linear. Era a informática e o gerenciamento de informações que se automatizavam e, saindo das bibliotecas, entravam na vida cotidiana.

A Internet

A Internet foi resultado de todos esses avanços somados ao projeto do governo norte-americano de construir uma rede segura de informação e espionagem para ser usada na Guerra Fria que o país travava com a União Soviética. Na acirrada oposição entre os dois impérios, o espião era uma figura estratégica, cuja importância pode ser medida pela quantidade de filmes sobre o tema e pela emergência de heróis como o 007, um espião corajoso e invencível, dado o uso de alta tecnologia.

Mas se, por um lado, o espião era uma pessoa importante, por outro, mostrava-se frágil — quando pego por mãos inimigas, a rede de informações constituída por ele era interrompida, além do perigo representado pela contraespionagem. A ideia era, portanto, criar uma rede de informações flexível e multidirecional que pudesse ser reconstruída quando algum de seus nós ou centros se tornasse inoperante, ou seja, estivesse *power off*. Universidade, empresas e Estado trabalharam juntos nesse modelo de circulação confidencial e codificado. As experiências se sucederam e, na década de 1970, mais de setenta redes locais privadas estavam em funcionamento.

Porém, como o Estado norte-americano detinha o monopólio das telecomunicações no país, foi preciso um trabalho de convencimento e mudanças legais que resultaram na privatização desse tipo de comunicação em rede, a qual poderia, a partir de então, ser comercializada com interessados. Prevalecia a ideia de livre acesso e de autonomia da comunidade criada pela Internet e seus usuários, muitos deles intelectuais e pesquisadores, em relação a qualquer poder centralizador. Vencia, também, o consenso formado pelos usuários de um sistema que se caracterizava pela participação e resposta, o chamado *feedback*.

Para evitar o caos desse processo descentralizado foi criado um comitê gestor responsável por firmar convênios com os países interessados, legitimar provedores e assegurar o tráfego de informações. Assim, a comunicação em rede criava uma comunidade planetária que, graças à criação do computador pessoal, tornava-se acessível ao cidadão comum o qual, por meio de um endereço eletrônico, poderia se conectar a essa rede globalizada.

O caráter planetário da rede de computadores era garantido por um sem-número de satélites colocados em órbita por norte-americanos e soviéticos desde a década de 1950, incluindo não só seres humanos e animais como também câmeras e computadores que enviavam informações à Terra. Em 1960, já era possível ver a olho nu o primeiro satélite, cuja principal função era a comunicação. Tratava-se do Courier IB, lançado ao espaço pelos Estados Unidos.[7]

Participação, interatividade, flexibilidade, autonomia, registro, memória e automação são algumas das características dessa nova forma de relacionamento, mediada por computadores, que viria a modificar profundamente a sociedade, introduzindo novas formas de se expressar, comunicar e interagir. As mudanças se tornavam perceptíveis a cada passo dessa longa jornada que ocupou todo o século XX, no qual se desenvolveu a Revolução Digital com máquinas potentes que podiam ser programadas, produzir e se comunicar e interagir com o homem. Máquinas altamente codificadas, que possuem na linguagem numérica sua matriz e uma amplitude interplanetária. Um momento representativo dessas conquistas foi a descida do primeiro cosmonauta em solo lunar, em 20 de julho de 1969, feito a que todo o mundo assistiu, por intermédio da televisão. Quando Neil Armstrong pisou em solo lunar disse uma frase que repercute até hoje: "Um pequeno passo para o homem, um salto enorme para a humanidade". Além do conteúdo filosófico que expressa, esse fato comemora a convergência entre ciência e mercado, mídias analógicas e digitais, trabalho e entretenimento, matemática e literatura.

Mas foi só em 1984 que William Gibson cunhou o termo ciberespaço para designar o espaço por onde fluem informações de origem e destinos diversificados, e no qual interagem seres humanos, entre si ou com máquinas, por meio de uma série de aparatos tecnológicos como computadores, câmeras, radares, sensores, telefones etc. Como podemos perceber, o ciberespaço é um espaço social criado pela tecnologia e mediado por ela. A essa sociedade da informação dedicaremos os próximos capítulos desta unidade. Nas palavras de Pierre Lévy, "o ciberespaço constitui um campo vasto, aberto, ainda parcialmente indeterminado, que não se deve reduzir a um só de seus componentes. Ele tem vocação para interconectar-se e combinar-se com todos os dispositivos de criação, gravação, comunicação e simulação".[8]

Para uma crítica da informatização

Nesse panorama histórico do desenvolvimento das mídias digitais, procuramos descrever o processo de automação da sociedade que teve repercussão imediata no sistema produtivo contemporâneo e em mudanças substanciais nas relações de trabalho que serão comentadas no próximo capítulo. É importante, entretanto, entender que esse desenvolvimento não se deu impulsionado pelas suas necessidades intrínsecas, mas, apesar de resultar de invenções muito antigas, se concretiza e se instala definitivamente como resultado da expansão sem precedentes do capitalismo e da busca incessante por dominação territorial, bélica e informacional das relações compe-

---

[7] Cristina Costa, *Educação, imagens e mídias* (São Paulo: Cortez, 2004), p. 166.
[8] Pierre Lévy, *A inteligência coletiva* (São Paulo: Loyola, 1999), p. 104.

titivas internacionais. Dessa forma, não foi por acaso que no século XX, com a emergência dos Estados Unidos como potência mundial, tenha ocorrido o desenvolvimento de formas cada vez mais racionais de exploração material, de registro e processamento de informações, de comunicação em rede.

O desenvolvimento da chamada terceira revolução tecnológica não se deu em busca de melhor desenvolvimento humano e social, mas tendo por meta a acumulação de capital, o planejamento da produção, a racionalidade administrativa e a dominação política. Podemos dizer até que esse desenvolvimento se deu à revelia dos prejuízos que pudesse causar ao meio ambiente, à sociedade e às pessoas.

Em capítulo anterior falamos das formas de representação possibilitadas pela linguagem e da distância crescente entre signos e referentes que causaria uma cada vez maior sensação de incredibilidade, possibilitando o uso ideológico das mensagens sempre mais elaboradas do ponto de vista tecnológico e menos fidedignas do ponto de vista de sua transparência. Com o advento das mídias digitais, essa distância se aprofunda — a tradução das diferentes linguagens para o código numérico e a digitalização de imagens fazem com que o contato com a realidade se torne cada vez mais mediado, editado, construído e manipulado. Acentua-se o processo de alienação do público em relação à elaboração das mensagens.

Por outro lado, o controle social se torna cada vez mais eficiente. O panóptico, projetado por Jeremy Benthan na primeira metade do século XX, um edifício em forma de anel com uma torre ao centro onde vigilantes controlam a vida de loucos e prisioneiros — torna-se obsoleto. Através da rede de computadores, todo tipo de rastreamento é possível. Há uma topologia de informações que centraliza os fluxos de informação para certos nós, criando novas hierarquias e exclusões.

Assim, servindo a interesses econômicos e políticos das grandes nações, promovendo uma alienação ainda maior entre o público e o fluxo de informações, possibilitando formas ilimitadas de controle e acentuando as desigualdades de conhecimento e informação presentes na modernidade, a revolução tecnológica foi recebida por muitos com ceticismo e descrença. A sociologia, que já havia promovido teorias críticas em relação à ação dos meios de comunicação na sociedade, fez surgir um pensamento bastante radical contra a desumanização promovida pelas mídias digitais.

Contra essa vertente, outros filósofos e pesquisadores se mostraram otimistas e escreveram inúmeros textos alardeando uma sociedade baseada na interação mediada pelos computadores, uma cultura globalizada e disponível a todos os interessados. O que reforça essa tendência é o avanço alcançado pelas ciências exatas na produtividade material e intelectual dos sujeitos, as conquistas da medicina, o cotidiano cada vez mais integrado às novas redes, dando a ilusão de economia de tempo, espaço e energia para o cidadão comum.

Diante desse paradoxo, Gordon Grahan escreve:

> A tecnologia moderna pode ter promovido grandes avanços no sentido de nos ajudar a lidar com a doença e a pobreza (embora esses tendam a ser exagerados) mas é tão tolo crer que ela abolirá a doença e o pauperismo quanto crer que a criogenia possa ser uma maneira certa de vencer a morte.[9]

---

[9] Gordon Grahan, "The Internet", em Francisco Rüdiger, *Elementos para a crítica da cibercultura* (São Paulo: Hacker, 2002), p. 19.

Porém, essas críticas não significam que a questão tecnológica esteja definida e que a vitória dos grandes grupos, governos e corporações esteja assegurada. Há resistência, e uma cultura *hacker* se alastra para implodir sistemas de segurança, para desenvolver *softwares* livres, para tornar a rede acessível ao cidadão comum. E exatamente porque essa disputa se acirra é que as questões ligadas à revolução tecnológica devem ser analisadas. A sociologia não se faz nem se fará de rogada. Para isso os sociólogos propõem a defesa de uma sociedade em que predomine a consciência e a ação política em que os determinismos tecnológicos sejam mediados por uma visão ética e humanista que tem no desenvolvimento humano seu principal objetivo.

3. Sociedade e trabalho

Introdução

O que entendemos por Modernidade diz respeito a determinadas tendências e padrões societários que tiveram início com o Renascimento, no século XV, na Europa, e se desenvolveram até o século XX, caracterizando certa visão de mundos com seus valores, estrutura produtiva, instituições, formas de poder, relações sociais, produção material e simbólica. Podemos dizer que Modernidade corresponde a um paradigma civilizatório — um modelo de estruturação da sociedade que se expressa no conjunto da vida social, das estruturas mais amplas às menores manifestações de comportamento individual. Este se traduz por determinadas características como a crença na evolução humana e no progresso; o racionalismo ou valorização do pensamento lógico; urbanização ou transformação das cidades em centros de poder; cientificismo ou aplicação do racionalismo na intervenção humana sobre a natureza; estímulo à participação política, laicização da sociedade e humanismo — concepção do homem como centro da vida social. Nesse paradigma de vida social, o trabalho como fonte de riqueza, identidade e desenvolvimento pessoal adquiriu grande importância.

A sociedade contemporânea modificou-se profundamente no século XX, fazendo com que alguns autores percebam uma mudança radical nesse paradigma moderno, fazendo supor que entramos em nova era que recebeu o nome de Pós-Modernidade. Essa posição não é unânime, e seus críticos advogam outra explicação para as mudanças que ocorrem — elas seriam apenas uma etapa mais avançada do capitalismo e da modernidade, em que as tendências vigentes estariam plenamente desenvolvidas. Sem nos aprofundarmos nessa discórdia, podemos afirmar que, estando ou não diante de um novo paradigma civilizatório, as mudanças vividas são abruptas e intensas, exigindo uma análise de suas repercussões sociais.

As mais nítidas transformações havidas nas formas de organização da sociedade dizem respeito ao Estado. Após a Guerra Fria, quando comunismo e capitalismo disputavam o domínio do mundo como diferentes formas de melhor desenvolver a sociedade e responder às necessidades humanas de justiça, igualdade e desenvolvimento econômico, assiste-se a um crescente movimento por um Estado menos intervencionista, previdenciário e responsável pela realização de seus cidadãos. Com o fim da União Soviética, o neoliberalismo se torna a doutrina hegemônica, afastando qualquer reminiscência ao Estado do Bem-Estar Social, cuja função seria a de administrar politicamente a sociedade, garantindo maior equidade na distribuição de bens e no acesso das populações aos benefícios do desenvolvimento social.

Em 1989, com o colapso do mundo comunista e o fim dessa polaridade que envolveu a Guerra Fria, emerge um mundo integrado num capitalismo global, com produção e mercado de escala mundial, tornando o capitalismo neoliberal uma tendência hegemônica e planetária. A força dessas transformações não teria se evidenciado sem o desenvolvimento tecnológico e a informatização da sociedade que criou uma rede planetária de comunicação pela qual trafegam mensagens, pessoas e bens. O que estamos estudando nesta Unidade é justamente como se deu essa revolução tecnológica e quais suas repercussões na sociedade.

Neste capítulo vamos estudar como o trabalho, um dos valores chaves da modernidade, atividade básica da vida humana e social, foi modificado pela cibernética e pela informatização social.

Novas relações de produção e trabalho

Até o advento da automação, o modelo produtivo vigente no mundo era o chamado "fordismo", nome que vem da empresa de automóveis norte-americana criada por Henry Ford, onde o modelo se desenvolveu. Baseava-se no estímulo à oferta e ao consumo, com grande capital industrial investido em exércitos de mão de obra e grandes estoques, produção em massa e crescente divisão de trabalho.

Esse modelo, que atravessou o século XX, começou a mostrar suas fraquezas na década de 1970 com as guerras e revoluções que envolviam o mundo todo, colocando em risco os complexos industriais. A década de 1960 foi especialmente tumultuada com greves e movimentos operários que ocorriam em diversos países, paralisando a produção. Todas essas circunstâncias, aliadas ao desenvolvimento das chamadas TI — tecnologias da informação —, criaram as condições necessárias para a emergência de um novo modelo de produção, o "toyotismo", nome que vem de Toyota, primeira fábrica a desenvolvê-lo.

Para enfrentar crises e variações abruptas na demanda de produtos, ocasionadas por crises econômicas e guerras, a empresa japonesa concebeu um tipo de organização da produção que, em vez de produtos em série, fabricasse de acordo com a demanda, *on demand*, como é dito em inglês. Isso envolvia o emprego de um menor número de operários permanentes, muita tecnologia, menor especialização e estoques baixos de matéria-prima. A palavra de ordem para essa organização produtiva era a flexibilidade — nada de almoxarifados cheios de matéria-prima, oficinas repletas de operários e pátios entupidos de mercadoria. A produção toda deveria ser vista em termos de qualidade total, com sistemas integrados por muitas máquinas e poucos operários, muitos funcionários autônomos e empresas terceirizadas. Com isso enfraquecia-se, também, o movimento operário que havia ganhado muita força com o desenvolvimento da indústria e a organização dos movimentos sociais socialistas que se espalharam pelo mundo e se tornaram mais expressivos a partir das primeiras décadas do século XX. A vitória da Revolução Russa e as dificuldades trazidas pelas guerras mundiais deram novo fôlego aos sindicatos e movimentos operários, que se tornaram cada vez mais atuantes.

Até mesmo os salários se tornaram flexíveis, com uma parte fixa, que na Toyota recebeu o nome de *nenko*, e outra variável, a ser paga no fim de cada ano, sob a forma de abono — o *shunto*. "Tanto na Nissan como na Toyota, os trabalhadores podem ser

> **Terceirização** é o processo de reestruturação produtiva que implica o repasse de parte das atividades para empresas contratadas. A terceirização implica a redução da mão de obra e a centralização da produção em atividades centrais da empresa.

transferidos para outras tarefas, seja numa mesma unidade, seja em outra do mesmo grupo, o que consolida a flexibilidade do modelo."[1]

Todo esse processo de reestruturação da produção industrial foi possível pelo desenvolvimento da informática, que colocou computadores no gerenciamento de tarefas. Surgia, assim, o que ficou conhecido pelo nome de reengenharia de processos, que sempre envolveu a dispensa de grandes contingentes de operários e a contratação de trabalhadores polivalentes, com conhecimentos de informática e de uso de computadores. É preciso salientar que, pela primeira vez em muitos séculos, a reengenharia desempregou também funcionários do alto escalão das empresas. Houve cortes em nível de gerência e de direção. Para se ter uma ideia, apenas num setor da própria Ford, que havia inventado o modelo que caía em desuso, no departamento de "contas a pagar", a informática e a racionalização da produção reduziram o número de funcionários de 500 para apenas 125.[2]

O resultado foi o desemprego estrutural, ou seja, a tendência mundial para emprego cada vez menor de trabalhadores em todos os setores da sociedade. Os operários dispensados dirigiram-se para outras ocupações, muitos deles como autônomos, funcionários que prestam serviços por conta própria, sem vínculo empregatício com as empresas para as quais trabalham. Procurando se acomodar a uma sociedade que emprega menos pessoas, muitos operários tiveram de mudar de setor e especialização: metalúrgicos se tornaram motoristas de táxi, contadores se tornaram corretores de imóveis. O trabalho informal, temporário e sem contrato também cresceu, aumentando a disponibilidade de mão de obra e tornando o desemprego um dos mais importantes problemas sociais da atualidade, frequentemente associado ao crescimento da violência e da criminalidade. As transformações ocorridas na produção foram de tal magnitude que hoje há quem fale em capitalismo pós-industrial, considerando que certas empresas de grande importância, com ações supervalorizadas no mercado, muitas vezes não têm nem sequer uma máquina — elaboram projetos que são desenvolvidos por empresas terceirizadas. Assim, elas se transformam em grifes, marcas, e não indústrias. A indústria da moda é um exemplo: quantos óculos a marca Gucci fabrica? Nenhum. Tudo o que ela concebe é encomendado a fornecedores que fabricam produtos com exclusividade.

Nesse cenário, o movimento dos operários e suas reivindicações são para diminuição da jornada de trabalho, de forma a reduzir a produção a níveis aceitáveis pela empresa, sem causar mais desemprego.

> **Reengenharia de processos** — Modelo de administração de empresas que visa repensar a estrutura produtiva procurando aumentar a produtividade, eliminando a divisão de trabalho e instituindo processos integrados que ocupam poucos trabalhadores. Foi o termo criado por Michael Hammer, ex-professor do MIT e consultor de empresas.

---

[1] Florência Ferrer, *Reestruturação capitalista — caminhos e descaminhos da tecnologia da informação* (São Paulo: Moderna, 1998), p. 37.
[2] *Idem*, p. 60.

A indústria automobilística na Europa já vem reduzindo a semana para quatro dias de trabalho, ficando um dia da semana para trabalhos voluntários e comunitários.

Segundo Ricardo Antunes:

> A década de 1980 presenciou, nos países de capitalismo avançado, profundas transformações no mundo do trabalho, nas suas formas de inserção na estrutura produtiva, nas formas de representação sindical e política. Foram tão intensas as modificações que se pode mesmo afirmar que a classe-que-vive-do-trabalho presenciou a mais aguda crise deste século que a atingiu não só na sua materialidade, mas teve profundas repercussões na sua subjetividade e, no íntimo inter-relacionamento destes níveis, afetou a sua forma de ser.[3]

Sociologia e trabalho na atualidade

Como já dissemos anteriormente, nem todos os estudiosos veem com pessimismo essas mudanças estruturais no emprego, no trabalho e na sociedade, promovidas pelas tecnologias da informação. Pierre Lévy, entusiasta das novas tecnologias e da comunicação em rede, defende a ideia de que a rede de computadores tem possibilitado a democratização do conhecimento — esse patrimônio de saberes coletivos do qual cada um de nós porta uma parte. Segundo ele, conectados podemos unir nossos conhecimentos e nossas significações de maneira a produzir e desfrutar coletivamente um conhecer mais amplo e vasto. Todo esse patrimônio simbólico, apropriado particular e individualmente, é reunido no ciberespaço que ele define como espaço "móvel das interações entre conhecimentos e conhecedores de coletivos inteligentes desterritorializados".[4]

A existência do ciberespaço e as possibilidades infinitas de interação, contato e produção coletiva dotam os indivíduos de uma nova autonomia e liberdade. Com as novas tecnologias, e dentre elas especialmente a Internet, torna-se mais fácil para o cidadão comum obter conhecimento e informação. Educar-se não dependerá mais de estar presente, de frequentar uma instituição de ensino, mas de estar motivado e de ser capaz de gerenciar seu próprio aprendizado. Abre-se um vasto campo de saber para os habitantes do meio rural, ou para aqueles que vivem longe dos grandes centros. Além da facilidade de formação e da possibilidade de permanente atualização dos internautas, o trabalho em rede propõe novas atividades profissionais e novas prestações de serviço que, a partir das tecnologias de informação, não estão mais restritas aos interesses locais. Os conglomerados empregam pessoas que vivem em diferentes continentes e que podem trabalhar em equipes multinacionais. Esses profissionais não dependem mais exclusivamente do mercado de trabalho local.

Educação e treinamento se tornaram mais fáceis, e o mercado de trabalho se ampliou com os novos meios de comunicação; as profissões se atualizam e surgem novas formas de trabalho e empreendimento. Para esses autores, a resistência em relação às transformações sociais trazidas pelas novas mídias é uma atitude de estranhamento e insegurança, que deverá ser ultrapassada à medida que se democratiza o uso da comunicação em rede.

---

[3] Ricardo Antunes, "A centralidade do trabalho hoje", em Leila da Costa Ferreira, *A sociologia no horizonte do século XXI* (São Paulo: Boitempo, 2002), p. 91.
[4] Pierre Lévy, *A inteligência coletiva*, cit., p. 29.

Outro que não vê com pessimismo o mercado de trabalho no capitalismo pós-industrial é Manuel Castells. Em seu livro *A sociedade em rede* ele afirma que, ao lado dos postos que se fecharam na indústria, muitos outros foram abertos em empresas que atuam no campo do processamento da informação. Por outro lado, o autor defende a ideia de que a convergência, que as novas tecnologias proporcionam na estrutura produtiva, faz com que haja grande conexão entre produção industrial, distribuição e serviços. Por intermédio dessas conexões tem havido deslocamentos de mão de obra, e não desemprego. Em razão disso, ele afirma que a ideia de um pós-industrialismo é um "mito", pois o setor de serviços está estruturalmente relacionado à produção material.

Para comprovar suas ideias, Castells fez uma pesquisa estatística da estrutura ocupacional dos países mais desenvolvidos na segunda metade do século XX e pôde identificar algumas tendências importantes:

1. O setor que mais dispensa mão de obra não é a indústria, mas a agricultura, a partir do desenvolvimento da agricultura familiar mecanizada.

2. O setor industrial continuará dispensando mão de obra, mas a um ritmo mais moderado do que nas décadas de 1970 e 1980, pois o setor de serviços ligado à indústria deverá crescer nas próximas décadas.

3. O setor de serviços, desvinculado da indústria, também tende a crescer e a empregar cada vez maior contingente de trabalhadores. Destacam-se, nesse cenário, a saúde e a educação.

4. O setor varejista está em expansão e continua empregando profissionais de baixa qualificação, influenciando nas taxas de desemprego industrial.

Finalmente, nas suas análises sobre a estrutura ocupacional no capitalismo pós-industrial, Castells sustenta que há grande diversidade em relação ao que acontece em cada país, havendo diferente resistência, por exemplo, à expansão dos serviços públicos. Há países em que a contratação de funcionários públicos continua aumentando e absorvendo a mão de obra excedente, assim como há nações em que a taxa dessas contratações está em declínio. Finalmente, o autor alerta para a importância da ação política, acentuando que o futuro de cada nação e do mundo depende, em última instância, da ação política, recusando, portanto, o determinismo tecnológico. Diz ele: "Além disso, diferentes modos de articulação com a economia global não são resultantes apenas de diferentes ambientes institucionais e trajetórias econômicas, mas de políticas governamentais e estratégias empresariais diversas".[5]

Por outro lado, é inegável que se processa uma nova divisão internacional do trabalho e que os trabalhadores de cada país, especialmente aqueles dos países em desenvolvimento, podem ser recrutados pelo mercado de trabalho global. O movimento migratório dos países pobres para os países ricos, em busca de ocupação e salários mais convidativos do que os dos países de origem, é uma realidade. Os direitos desses imigrantes nos países receptores chegam a ser um problema social importante da atualidade, e existem diversos tratados internacionais, visando limitar o número de imigrantes legais e ilegais.

A perda de significância do trabalho produtivo

Como vimos, o trabalho na sociedade contemporânea se modificou radicalmente.

---

[5] Manuel Castells, *A sociedade em rede*, cit., p. 253.

Deixou de ter espaço central nos sistemas produtivos para dar lugar à tecnologia que parece comandar a ação humana — possuir, ter, controlar máquinas confunde-se com conhecimento, aptidão, competência. A carreira, ou o desenvolvimento de uma atividade que costumava acompanhar um trabalhador por toda a vida, tende a se fragmentar numa sucessão de atividades diferentes, díspares e que muitas vezes não se somam. A ideia de emprego, como uma situação definida, legal e sustentável, cede a contratos mais esporádicos e precários. O princípio de responsabilidade do Estado para garantir segurança e sustento ao trabalhador também passa por políticas que renegam a previdência social e buscam deixar a cargo do trabalhador o seu sustento em toda a vida, inclusive em sua aposentadoria.

O tempo de trabalho necessário para a produção de bens materiais e não materiais é cada vez menor, e o consumo começa a tomar mais tempo das pessoas para além da época de férias e dos fins de semana remunerados. Uma sociedade mais frívola e espetacular, voltada para o tempo livre e para o entretenimento, vem substituir uma cultura centrada no trabalho e na produção. Podemos dizer que, com todas essas mudanças, processa-se uma desumanização do sistema produtivo.

Uma ideologia de consumismo e entretenimento busca motivar as pessoas a outras formas de vida e de identidade social, enfraquecendo os laços que elas mantinham em relação às suas atividades produtivas. Vivemos numa sociedade com menos trabalhadores, mas com mais consumidores, com menos empregados, mas com um público cada vez maior para atividades que buscam ocupar o tempo de ócio e desocupação.

Todo esse cenário está intimamente ligado ao que estudamos anteriormente sobre identidade social e sociedade midiatizada. Nesse mundo globalizado e conectado por redes, novas atividades emergem permitindo processos identitários e participação social — uma delas é o voluntariado.

O voluntário, aquele agente que trabalha pela comunidade, por uma causa ou por uma instituição, sem ter objetivos financeiros pessoais, remuneração ou proveito particular, sempre existiu em diferentes períodos da história. Na Idade Média, havia as irmandades, nas quais devotos de uma mesma santidade se reuniam para reverenciá-la e para ajuda mútua entre os "irmãos". Na modernidade persistiram as irmandades e surgiram as associações de auxílio mútuo, organizadas por populações de imigrantes, ou por minorias étnicas e raciais, que visavam defender seus interesses contra o preconceito e a discriminação. No século XX, o voluntariado se desenvolveu nos Estados Unidos, onde o protestantismo difundiu a ideia de que as pessoas bem-sucedidas deveriam retribuir a sociedade por suas vitórias, criando fundações de ação pública ligadas à educação, à cultura e ao assistencialismo.

Entre as grandes transformações promovidas pelo desenvolvimento das novas tecnologias e da globalização está o enxugamento das funções do Estado. Atividades que eram consideradas como dever do Estado, tais como promover a saúde, a educação, a segurança e a habitação dos cidadãos, foram sendo reduzidas, em função da racionalização das políticas públicas e do setor público. Assim, muitos programas de assistência social foram diminuídos, ou encerrados, em nome de um planejamento economicamente saudável. O encolhimento da ação do Estado no socorro a setores carentes da sociedade levou à mobilização da sociedade civil, que se organizou em movimentos sociais politicamente engajados e socialmente relevantes. Inúmeras organizações não governamentais e fundações civis surgiram para atender à sociedade, ou para defender uma ideia, ou uma proposta. Essa militância conta, principalmente, com o trabalho de voluntários que nela se engajam por crença, posição política ou responsabilidade social. Inúmeras associações de defesa ambiental ou de direitos humanos funcionam com a cooperação de patrocinadores, doadores e voluntários que trabalham pela adesão aos princípios defendidos por essas entidades.

Numa época de desemprego e reestruturação ocupacional, o voluntariado tem surgido como uma forma de ocupação profissional que, se não traz ganhos materiais, agrega dignidade aos profissionais engajados. Dependendo da cultura local, da capacidade de mobilização das entidades envolvidas e da disponibilidade de tempo e energia dos voluntários, será atribuída maior ou menor importância a esse tipo de militância. Entretanto, à medida que crescem e se desenvolvem as entidades filantrópicas ou assistenciais, mais elas necessitam de atuação profissional em cargos de gerência, direção e marketing. Assim, o que no século XX aparecia como um campo de ação desinteressada, hoje se apresenta como um setor em expansão, capaz de gerar empregos formais e atividade profissional qualificada.

O voluntariado e o chamado Terceiro Setor, reunindo entidades que não são nem privadas nem públicas, mostram-se como um exemplo evidente dos novos rumos tomados pela sociedade contemporânea — a emergência de atividades que não são essencialmente profissionais nem mercadológicas, mas que acabam por se apresentar como capazes de gerar emprego, receita e participação política. Entidades como o Greenpeace, em defesa do meio ambiente, mostram o potencial dessas instituições e a importância política e social do voluntariado.

O horror econômico

Mas, ao lado dos otimistas e daqueles que expressam certa neutralidade ao analisar a nova estrutura ocupacional do capitalismo, a partir da emergência da automação e da informatização da sociedade, existem autores que, efetivamente, consideram tenebrosas as perspectivas que se abrem em futuro próximo. Viviane Forrester é uma delas. Seu livro, *O horror econômico*, tem provocado consternação e foi um sucesso editorial em 1996 e 1997, na França e no mundo todo.

A autora descreve a sociedade atual, especialmente a partir de seu país de origem, a França, como uma sociedade que convive com a degradação humana provocada pela automação e pelo desemprego estrutural. Diz ela que esses fenômenos têm provoca-

---

Terceiro Setor — É assim chamado por se distinguir do primeiro setor, que se identifica com o Estado e as funções públicas, e do segundo setor, representado pelas empresas privadas e pelas atividades lucrativas. É formado por organizações não governamentais e sem fins lucrativos que atuam em defesa da sociedade e dos direitos humanos. Muitas delas vivem apenas de doações de civis e do trabalho voluntário.

Viviane Forrester nasceu em Paris (França), em 1927. É ensaísta, novelista e crítica literária. Tornou-se conhecida internacionalmente por seus livros sobre a globalização e o neoliberalismo.

do o aumento das desigualdades sociais e um grande contingente de excluídos que, além da própria miséria, devem carregar o peso da culpa de não serem suficientemente qualificados, proativos ou capacitados. Ela discute o discurso da sociedade planejada para a qual o emprego e o desemprego não aparecem como uma decisão política e econômica, mas como resultado da qualificação individual de cada trabalhador.

Sem inserção social e carregando a culpa por sua desqualificação, essa população de desempregados é relegada à marginalidade e à miséria, que os privilegiados que dela conseguem escapar observam com indiferença e passividade. Diz Forrester: "A indiferença é feroz. Constitui o partido mais ativo e sem dúvida o mais poderoso. Permite todas as arbitrariedades, os desvios mais funestos e mais sórdidos. Este século é um trágico testemunho disso".[6]

Vítima da indiferença, do preconceito e da injustiça, esse contingente de miseráveis submete-se ao isolamento, à exclusão e a viver nos guetos existentes na periferia das grandes capitais. No entanto...

O emprego tão gabado, invocado, rodeado de tantas loas, é considerado pelos que poderiam distribuí-lo apenas como fator arcaico, praticamente inútil, fonte de prejuízos financeiros. A supressão de empregos torna-se um modo de gestão dos mais em voga, a variável de ajustamento mais segura, uma fonte de economias prioritária, um agente essencial do lucro.[7]

Colocar a culpa no mercado, na concorrência acirrada, na economia mundializada é parte do discurso que nos leva à indiferença. O que é preciso é assumir a responsabilidade por nossa cumplicidade e preconceito, pela falta de visão crítica diante da realidade tão próxima e vizinha.

Uma situação contraditória

Além de uma diferença de visão crítica da sociedade contemporânea no que se relaciona à estrutura ocupacional e à inserção das tecnologias da informação no processo produtivo, essas teorias demonstram situações contraditórias e divergentes como consequência desses processos. Se, por um lado, é possível observar a crescente pobreza advinda do desemprego e do menor emprego da mão de obra humana na produção, por outro, vemos, efetivamente, aparecer novas formas de ocupação, novos postos de trabalho no setor de serviços e a exigência de melhor qualificação do trabalhador. Em razão da complexidade desse cenário, Ricardo Antunes comenta:

> Há, portanto, uma metamorfose no universo do trabalho, que varia de ramo para ramo, de setor para setor etc., que configura um processo contraditório que qualifica em alguns ramos e desqualifica em outros. Portanto, complexificou-se, heterogeneizou-se e fragmentou-se ainda mais o mundo do trabalho.[8]

Essas questões abordadas por eminentes sociólogos têm para os países em desenvolvimento e, em especial, para os da América Latina, grande importância, porque temos experimentado essas transformações de forma violenta e drástica, obrigando-nos a modificações sumárias numa estrutura produtiva e ocupacional que nem sequer

---

[6] Viviane Forrester, *O horror econômico* (Lisboa: Terramar, 1997), p. 49.
[7] *Idem*, p. 100.
[8] Ricardo Antunes, "A centralidade do trabalho hoje", cit., p. 95.

atingiu sua maturidade. Assim, é possível prever que suas consequências serão mais sentidas e sofridas entre nós do que nos países ricos e de capitalismo desenvolvido. Por isso inúmeros sociólogos no Brasil e nos demais países latino-americanos se debruçam sobre a emergência das novas tecnologias e sobre suas repercussões sociais. Esperamos com este capítulo ter contribuído para colocar em pauta essas preocupações.

4. Comunicação em rede e informação

Introdução

O impacto social do advento das novas tecnologias foi expressivo e se fez sentir em diferentes campos da ação humana: na percepção da realidade, nas relações sociais, na economia, na educação, na produção do conhecimento, nas formas de entretenimento, na vida cotidiana, na maneira como agimos com nosso corpo. Em cada um desses setores, as transformações foram radicais e ainda estão em processo. Causa espanto pensarmos que, mesmo tendo suas origens mais profundas no início do século XIX, essa revolução digital se disseminou pela sociedade há pouco mais de três décadas. Por outro lado, a rapidez com que as inovações se sucedem nos impede de fazer grandes prognósticos ou tecer críticas muito categóricas. Os sociólogos procuram acompanhar as transformações, tentando prever e diagnosticar seus efeitos, alertando a sociedade para as consequências devastadoras que podem suceder às mudanças, visando assegurar uma transição menos conturbada dos padrões em torno dos quais a sociedade se estrutura.

Há, entretanto, inúmeras dificuldades. Além da rapidez com que as tecnologias se renovam e se modificam, há o fato de elas ocorrerem numa sociedade globalizada, o que dificulta tecer considerações de caráter geral — as características regionais e nacionais acabam por apresentar especificidades importantes, que desafiam nossas pretensões a generalizações. Complementa esse cenário, que favorece o relativismo e a ambiguidade, o caráter cada vez mais interdisciplinar dos objetos de estudo. Para podermos entender como funcionam as novas mídias, temos de entender, minimamente, como elas armazenam, processam e difundem informação.

Finalmente, as mídias digitais não são mídias de massa — os usuários não estão submetidos a uma única experiência comum e coletiva, como a audiência de uma telenovela, ou o público que assiste a um filme. Ao contrário, num mesmo momento, cada computador acessa informações diferentes, por intermédio de opções diversas traçadas entre as múltiplas possibilidades do hipertexto, o que transforma essa experiência numa vivência individual. Assim, torna-se um desafio para o sociólogo perceber tendências em um tipo de comunicação altamente segmentada. As pesquisas têm demonstrado a dificuldade em se captar valores e opiniões que sejam representativas dessa sociedade conectada por computadores, ou de seus segmentos.

Por isso, no capítulo anterior procuramos destacar análises que dizem respeito às consequências da informatização da sociedade na produção material e na organização da vida social. Tentamos expor a opinião de diferentes estudiosos no que diz respeito a elementos observáveis da sociedade, como a divisão social do trabalho, e sobre os quais já existem interpretações maduras. No presente capítulo, vamos abordar outras consequências sociais da introdução das novas tecnologias na sociedade, causando reações que têm preocupado os sociólogos.

Comunicação a distância e novas sociabilidades

Um aspecto especialmente importante do uso de novas mídias nas relações humanas é a comunicação a distância. As redes de computadores locais ou mundiais colocam em contato usuários que podem estar a quilômetros de distância, que muitas vezes falam idiomas diferentes, que vivem sob regimes políticos diversos e integram culturas que pouco têm em comum. Entretanto, essas pessoas que, na sociedade concreta, teriam pouca chance de se reunir, podem estar em contato por meio de computadores ligados em rede, desde que tenham tido algum interesse comum. Esse interesse pode ser uma forma de jogo ou entretenimento, um *site* de relacionamento, uma posição política comum, um mesmo trabalho ao qual se dediquem, uma curiosidade a respeito de certo assunto. Mediante esse aspecto em comum, seus computadores entraram em contato e estabeleceram comunicação. Muitas relações se estabelecem no mundo, hoje, por meio das redes de comunicação.

Relações que se criam com a comunicação em rede, pelo compartilhamento de informações, pela interatividade proposta por um jogo, pela colaboração em alguma forma de trabalho, ou pela solidariedade em relação a algum acontecimento da sociedade, constituem novas formas de sociabilidade. Sociabilidades mais rápidas, instantâneas e fluidas, menos comprometedoras e pessoais, que duram pelo tempo que perdurarem os motivos que colocaram as pessoas em contato. Relações que podem ter um alto grau de proximidade afetiva, mas que são, também, bastante instáveis, introduzem na sociedade novas formas de cumplicidade e aliança.

Mas, por outro lado, as possibilidades da comunicação a distância não são úteis apenas para estabelecer novas relações entre pessoas que, embora distantes de um ponto de vista geográfico, podem ser próximas de um ponto de vista psicológico, ideológico ou profissional. A comunicação a distância estreita laços entre pessoas que nos são próximas, quer localmente, quer afetivamente. A troca de *e-mails*, principal serviço da Internet, permite manter contato e estreitar laços com parentes, amigos, colegas de trabalho, clientes e fornecedores, desde que estes estejam conectados a computadores. Numa sociedade que se torna cada vez mais móvel, em que as pessoas se deslocam de um espaço a outro continuamente, a rede de computadores permite manter contato com aquilo que deixamos, estreitando laços e mantendo as relações.

Podemos dizer que, com a comunicação em rede, as pessoas, de um modo geral, se tornam mais próximas umas das outras, quer pela possibilidade de enviar uma mensagem, de fazer uma crítica, de estabelecer um contato, de conversar por meio de um *site* de relacionamento ou de um *e-group*. Assim, as relações sociais se alteram de diferentes formas pela comunicação em rede — estabelecendo novas relações, dando continuidade às relações pessoais ou podendo intervir e interagir com outras pessoas e instituições. A comunicação por rede já faz parte, para muitos (cerca de 10% da sociedade brasileira), dos canais de comunicação com os quais mantemos nossas amizades, relações afetivas, parcerias, trocas profissionais e negócios.

Pierre Lévy considera que, desde as primeiras redes locais que, nos anos 1970, foram colocadas em uso nos Estados Unidos, surgiu uma nova forma de sociabilidade e de comunidade — a daqueles que interagem pela comunicação usando computadores — e passou a existir uma nova forma de participação e pertencimento.

Multimídia e novas sensibilidades

Mas, além dessa possibilidade de interação e participação aberta pela rede mundial de computadores a pessoas próximas e distantes, o fato de os usuários se comunicarem mediante programas multimídia que envolvem texto, imagem fixa, imagem em movimento, som, interatividade e uma série de programas e interfaces faz com que uma nova sensibilidade esteja sendo desenvolvida nos processos comunicativos.

Inicialmente, temos de reconhecer que a relação íntima que existia entre as mídias analógicas e o real, a partir da qual elas produziam as imagens e os sons que disseminavam pelo público, desaparece com o processo de digitalização ou numerização. Cada imagem ou som é traduzido para uma matriz numérica e como tal se torna flexível, maleável e manipulável. Por outro lado, é essa matriz numérica que permite a decodificação e o retorno para o analógico, com o qual o usuário interage no monitor. Existe, portanto, no universo digital, uma ruptura entre a informação multimídia e o real do qual ela provém. Este é o processo de simulação que lhe é próprio.

Sobre esse processo, explica Edmond Couchot:

> Quer o computador tenha procedido a partir de objetos reais numerizados ou de objetos descritos matematicamente, a imagem que aparece sobre a tela não possui mais, tecnicamente, nenhuma relação direta com qualquer realidade preexistente. Mesmo quando se trata de uma imagem ou objeto numerizado, pois a numerização rompe esta ligação — esta espécie de cordão umbilical — entre a imagem e o real.[1]

Talvez seja essa ruptura que se estabelece entre o processo de apreensão do real e sua apresentação codificada ao usuário que faz do ambiente da rede um espaço de simulação e inautenticidade. Assim, dissolve-se a aderência ao real que existe, por exemplo, na imagem fotográfica que testemunha aquilo que foi visto pelo fotógrafo. A imagem que se vê na tela do computador é informação, cuja autenticidade não pode ser preestabelecida nem comprovada.

Por outro lado, estando sujeitos às exigências de memória, processamento e compactação, a imagem e o som acabam por apresentar baixo grau de resolução, tornando-se, muitas vezes, uma metonímia daquilo que se quer representar. Uma estética minimalista toma conta da comunicação — aprendemos a conter, a compactar, a reduzir, a diminuir, a resumir as mensagens. Novos critérios de compreensão, de recepção e de apreciação estética tornam-se vigentes.

Mas, se reconhecemos que há uma perda de informação na visualidade das imagens numéricas, podemos dizer que há um ganho no que diz respeito ao cenário e ao ambiente onde elas se apresentam. Nas mídias digitais, estamos libertos do domínio da bidimensionalidade, podendo interagir num espaço tridimensional ou de múltiplas coordenadas. Em ambientes de simulação, falamos em imersão e em virtualidade, nas quais pode até mesmo desaparecer a fronteira que separa imagem e observador — podemos mergulhar na imagem e até nela nos envolvermos.

---

[1] Edmond Couchot, *A tecnologia na arte — da fotografia à realidade virtual* (Porto Alegre: UFRGS, 2003), p. 163.

São novas linguagens, novas relações e novas sensibilidades que são propostas e estimuladas pelas novas tecnologias.

Interatividade e dialogismo

A interatividade é a condição básica das mídias digitais. Ao contrário do que acontece quando assistimos a um filme ou a um programa de televisão, a comunicação em rede e o uso das mídias digitais exigem a participação do usuário, do internauta, do interlocutor. É preciso agir, escolher, navegar, "linkar", ouvir, ler, observar, responder, enviar, comprimir, "zipar", escrever, manipular, ampliar, reduzir, abrir, fechar. Por isso, as relações mediadas por computador escapam ao princípio da mera representação do real, assim como da manifestação simbólica. Utilizar mídias digitais, comunicar-se por computador, é, antes de tudo, uma forma de interação simbólica que exige atenção, planejamento, intervenção. É por meio dessa interatividade que entramos no ciberespaço e interagimos com os fluxos de informação.

A interatividade não é uma novidade — desde os primórdios da fotografia, manifestou-se o interesse do fotografado em interagir e intervir no resultado da imagem. Para isso o modelo faz pose, interpreta, atua de forma a ser uma espécie de coautor. Com o telégrafo e o telefone, a possibilidade de diálogo também estimulou a interação entre as pessoas. Por outro lado, nas artes em geral, desde os primórdios do século XX, observamos o interesse crescente das pessoas em obras que não fossem completamente fechadas ou acabadas. A obra aberta, à qual se refere Umberto Eco em um de seus mais famosos livros, tornou-se uma tendência do Modernismo, estimulando o público a brincar com objetos, a adentrar espaços, a responder ao autor.

Com o advento das mídias digitais as possibilidades de interação e diálogo foram alargadas, embora possamos identificar diferentes tipos de interação. Há formas de

A cultura digital coloca as pessoas em situações novas, medidas pelos novos meios de comunicação e definidas por conceitos novos como imersão, realidade virtual e interatividade.

comunicação em rede em que a única intervenção possível por parte do usuário é a interação mecânica — abrir, fechar ou clicar. Há outras formas de comunicação que permitem aos interagentes escolher caminhos, responder a questões, modificar textos e manipular imagens. Finalmente, num grau maior de possibilidades interativas, há experiências que permitem ao usuário modificar o programa — a cada intervenção, por meio de respostas ou *feedbacks*, o programa se reorganiza, incorporando a informação do interagente. Os programas de inteligência artificial fazem parte desta última categoria — as respostas dos usuários alimentam uma base de dados que se atualiza e incorpora a colaboração recebida. Trata-se de um processo de quase coautoria.

É importante, também, lembrar que nem sempre a interatividade possibilitada pelas mídias digitais se dá entre pessoas. Em muitos casos, interagimos com máquinas e programas em que nosso interlocutor é mera simulação. As formas de atendimento eletrônico exemplificam essa nova interatividade. Também devemos registrar que nem toda interatividade resulta em diálogo. Para isso, os programas de mensagens são os mais eficientes. De qualquer forma, tratando-se de maior ou menor interatividade, de relacionamento inter-humano ou com máquinas, de um programa de troca de imagens, sons ou textos, as mídias digitais estimulam a ação e a intervenção, transformando o ciberespaço num espaço de relacionamento e ativismo. São inúmeros os *sites* e portais de relacionamento, assim como as possibilidades de ação política, educativa e de persuasão.

A cada invento, todavia, ampliam-se as possibilidades de interação, de diálogo, de troca de informações, de trabalho colaborativo e de relacionamento. Analisar essas relações e os princípios que as regem é de especial importância para a sociologia contemporânea, assim como para as demais ciências e áreas de ação social. Está em discussão, por exemplo, a validade de videoconferências utilizadas em processos judiciais. Já na medicina esse recurso tem sido muito útil para acompanhamento médico de pacientes a distância. Compreender a diversidade das interações, e classificá-las quanto à sua validade, importância e tipo de cooperação que engendram, é de grande significado para todos os interessados nas relações humanas.

O mercado-informação

Por outro lado, não podemos esquecer que nessas relações mediadas por tecnologia, seja ela um computador ou um celular, o que trafega pelos meios não são meras mensagens, mas informação — conhecimento, identificações, ideias e conceitos que possuem valor para quem as envia ou recebe. A incorporação dos meios eletrônicos aos processos produtivos não só acelerou a produção como fez com que parte do trabalho se transformasse em produzir, registrar, armazenar e processar informação.

Imaginemos o trabalho de uma secretária do passado que em um escritório escreve cartas, classifica documentos e atende pessoas. Parte do seu trabalho se materializa em papéis e arquivos, mas outra parte se realiza na informalidade, no improviso e nos registros ocasionais de sua agenda. O saber que ela acumula no exercício de suas diferentes tarefas está em sua memória, experiência e presteza, constituindo um saber pessoal só transferível pela educação ou treinamento de uma substituta. Pensemos, agora, nesse mesmo trabalho realizado em sistemas integrados e por meio de computadores — cada ato seu, cada carta ou ofício, cada telefonema está registrado na base de dados do escritório e passa a constituir um patrimônio coletivo que ela alimenta diariamente. Esse é o processo pelo qual o trabalho dessa secretária se transforma em informação. Agora, podemos multiplicar esse exemplo ao infinito e compreender como os sistemas informacionais produzem valor e como as redes se apropriam do trabalho abstrato que é realizado em rede.

Marcos Dantas escreveu em seu livro, *A lógica do capital-informação*:

> [...] o que a grande maioria das pessoas vem produzindo em seu trabalho é informação social. Registrada em patentes de produtos ou processos; comunicada em relatórios, protótipos, desenhos, painéis de controle de máquinas, gravada em películas cinematográficas; transmitida em programas de rádio e televisão, por telegrama ou telefone. Posta nas muitas formas pelas quais possa ser socialmente gerada, registrada e comunicada, a informação tornou-se objeto imediato de trabalho da maioria dos indivíduos.[2]

Segundo o autor, o desenvolvimento da informatização do trabalho criou a indústria da informação. O valor de cada informação depende de sua capacidade inovadora e do quanto gera de ganho, de lucro e de capital. Antes da informática, um representante tinha seu capital de trabalho em sua agenda com os dados de seus clientes. A partir do momento que ele se integra a sistemas informatizados, os dados de seus clientes passam a ser informação social da empresa para a qual trabalha. Cada endereço que ele registra tem um valor que é maior do que as informações que são redundantes.

O trânsito dessas informações são os fluxos que trafegam pelas redes locais e mundiais de computadores, e a decisão sobre quem é o emissor ou o receptor da informação depende do gestor dessa rede, que monopoliza a informação. Portanto, não podemos dizer que os sistemas informatizados são democráticos — eles constituem uma topologia, entendida como o modelo de distribuição hierarquizada dos fluxos informacionais, que reflete a centralização dos fluxos em torno de receptores privilegiados. Essa topologia hierarquiza o universo das informações e cria acumulação de capital-informação.

Isso significa que, por trás das relações, das trocas de mensagens, da interatividade, da agilização da produção, processa-se um mercado de informações que espelha e reproduz as mesmas diferenças e desigualdades observadas na sociedade. Assim como a informatização faz aumentar a produção, agiliza também a concentração de capital e aprofunda as desigualdades entre grupos, classes e nações.

Nesse sentido é que sociólogos dos países de capitalismo menos avançado veem com preocupação o avanço acelerado da informatização em seus territórios. Sinônimo de progresso e desenvolvimento, as novas tecnologias parecem colocar em risco a soberania dos emergentes, não em função do pagamento de *royalties*, mas em razão da topologia do mercado-informação e de seus fluxos.

Desafios da sociologia na sociedade informacional

Octavio Ianni foi um dos sociólogos que reconheceram a importância da globaliza-

> **Informação** é a característica, medida, descrição ou identificação de um objeto, evento ou fato do mundo real, situado no tempo e no espaço e registrado de forma simbólica.

---

[2] Marcos Dantas, *A lógica do capital-informação* (Rio de Janeiro: Contraponto, 2002), p.117.

ção para o desenvolvimento da sociologia. Além da emergência de novas formas de relação, sensibilidade e dialogismo, além da mediação cada vez maior das novas tecnologias nas relações humanas, o sociólogo alerta para a necessidade de se rever princípios, objetos e métodos nas ciências sociais. Para ele, o globalismo é o novo emblema da sociologia.[3] Isso porque há emergência de novas formas de dominação e poder, novos conflitos, novas tensões que são surpreendentes. E, lembra o autor, a globalização não é o somatório dos Estados Nacionais, mas uma redefinição de suas relações desiguais que agora se manifestam em estruturas novas, como a mundialização do mercado e o trânsito que se dá de mercadorias, pessoas e informações.

Também preocupado com as questões ligadas às desigualdades nacionais, Renato Ortiz afirma que as diferenças sociais não podem ser definidas por pluralismo ou multiculturalismo. Diz ele:

> No entanto, o quadro de transformação mundial não deixa de ser também inquietante. As diferenças produzidas no seu interior vêm demarcadas socialmente, elas desnudam as desigualdades... na medida em que o sistema mundial é um conjunto integrado, as diferenças (locais, regionais, nacionais) tendem a se exprimir dentro do contexto global.[4]

Outros sociólogos procuram desmontar o discurso que envolve a globalização e a cibernética, mostrando quão utópico é o princípio de uma democracia em rede e quão inexequível é a ideia de uma sociedade virtual

Renato Ortiz nasceu em São Paulo, em 1947. Sociólogo, foi professor da Universidade de Louvain e atualmente leciona na Unicamp, em São Paulo. Estudioso da cultura e da globalização, publicou diversos livros.

Marcos Dantas nasceu no Rio de Janeiro, em 1948, é doutor em Engenharia de Produção pela Coppe UFRJ e professor do Departamento de Comunicações da PUC/ RJ.

e colaborativa. E, de uma maneira geral, tentam colocar os conceitos e metodologias consagrados da sociologia a serviço desse objeto tão novo, abstrato, interdisciplinar e volátil que é a sociedade da informação.

Nesse sentido, finalizando este capítulo, vamos transcrever a resposta dada por Zygmunt Bauman à pergunta "Qual será o futuro da sociologia?", que lhe fez o Caderno Mais!, do jornal *Folha de S.Paulo*, em 11 de março de 2007. Disse ele:

> Creio que em nenhum outro momento a sociologia foi tão necessária quanto hoje, embora os tipos de serviços que foi preparada para oferecer na fase "sólida" da modernidade não sejam mais muito solicitados (alguns

---

[3] Octavio Ianni, "A sociologia numa época de globalismo", em Leila da Costa Ferreira, *A sociologia no horizonte do século XXI*, cit., p. 16.

[4] Renato Ortiz, "Cultura, modernidade e identidade", em Francisco Capuano Scarlato *et al.*, *Globalização e espaço latino-americano* (São Paulo: Annablume/Hucitec-Anpur, 2002), p. 26.

sociólogos americanos, por exemplo, temem "perder o contato" com a agenda pública).

Em nossa época, diversas "funções públicas" foram abandonadas pelas instituições públicas e "terceirizadas" para iniciativas de mercado, ou "subsidiarizadas" para a "política de vida" individual.

Como afirmou [o sociólogo] Ulrich Beck, hoje, espera-se que os indivíduos construam individualmente, usando recursos individuais, soluções individuais para problemas comuns e produzidos socialmente.

Diante dessa tarefa, todos precisamos ter conhecimento confiável sobre os modos como os "fatos da vida" são produzidos e nos confrontam como realidade imutável.

Essas fontes e raízes não podem ser apreendidas dentro da experiência individual e permaneceriam invisíveis sem a ajuda da sociologia.[5]

> **Zygmunt Bauman,** sociólogo polonês, nasceu em 1925. Iniciou sua carreira na Universidade de Varsóvia, de onde foi afastado em 1968. Imigrou para o Canadá, os Estados Unidos e a Austrália, radicando-se na Inglaterra. Tornou-se professor titular da Universidade de Leeds. Escreveu inúmeros livros e ganhou os prêmios Amalfi e Adorno.

Automação, interatividade, animação, imersão, sistemas integrados passam a fazer parte dos processos de comunicação, assim como da produção artística contemporânea.

[5] Marcos Flamínio Peres, "O homem que inspirou Matrix", *Folha de S.Paulo*, Caderno Mais!, 11-3-2007.

RESISTEM A TÔDA "INSPEÇÃO"

As Meias RHOD de Nylon, delicadas e perfeitas, guardam na sua transparência singular o "it" irresistível que aumenta o encanto das graças femininas...

MEIAS NYLON Rhod
UM PRODUTO DA COMPANHIA BRASILEIRA RHODIACETA — FÁBRICA DE RAION

PANAM — CASA DE AMIGO

Unidade VI
Sociedade do consumo

Embora o consumo tenha sempre sido essencial ao ser humano, na sociedade contemporânea ele assume posição hegemônica entre as tendências da vida social.

1. Consumo

Introdução

O consumo sempre foi uma preocupação importante entre os estudiosos da sociedade, que procuravam entender como se produzia e estimulava a circulação de bens, fonte, segundo os economistas, de toda a riqueza. Essas teorias elaboradas desde o mercantilismo, separavam o consumo da produção, centrando suas análises nos processos de acumulação de bens, especialmente metais preciosos.

As consequências da aceitação dessas teorias estão expressas no colonialismo, especialmente o ibérico, quando populações inteiras foram dizimadas para que metais preciosos enchessem os cofres europeus. Teorias a respeito de impostos e taxas incidindo sobre a circulação de produtos continuaram a pensar o consumo de forma isolada durante toda a modernidade.

Até o início do século XX, cientistas sociais continuavam a estudar o consumo desvinculado da produção, embora já denunciando uma atitude consumista das classes abastadas e médias, como se esse fosse um problema moral ou de caráter desses segmentos.

Foi Karl Marx quem conseguiu estabelecer as bases de uma verdadeira compreensão do consumo, na medida em que o explicou como parte integrante da produção, juntamente com a circulação de bens. Vejamos a contribuição do marxismo para o entendimento do consumo. Em *Introdução à crítica da economia política*,[1] ele reafirma, mais uma vez, a prioridade das relações de produção na vida social. Diz ele: "Indivíduos produzindo em sociedade — portanto, uma produção de indivíduos socialmente determinada, este é naturalmente, o ponto de partida". Com essa consideração, ele procura descartar as análises dos economistas mais consagrados de sua época, como Ricardo e Adam Smith, que concebem a vida social e econômica a partir da análise de indivíduos isolados, como Robinsons Crusoés independentes, livres e autônomos. Marx parte da ideia de que a produção só pode ser vista sob um ponto de vista social e histórico. Vive-se determinado momento da produção porque as forças históricas assim o engendraram. E vive-se esse momento de forma social e coletiva, e não de forma isolada, livre ou autônoma.

Essa produção, que está circunstanciada pela história e pelas relações sociais entre os homens, divide-se, entretanto, em quatro instâncias bastante diferentes, que são a produção propriamente dita, a distribuição, a troca e o consumo, que ele define da seguinte maneira:

> Na produção, os membros da sociedade adaptam (produzem, dão forma) os produtos da natureza em conformidade com as necessidades humanas; a distribuição determina a proporção em que o indivíduo participa na repartição desses produtos; a

---

[1] Karl Marx, *Contribuição para a crítica da economia política* (Lisboa: Estampa, 1973), p. 211.

troca obtém-lhe os produtos particulares em que o indivíduo quer converter a quota-parte que lhe é reservada pela distribuição; no consumo, finalmente, os produtos tornam-se objetos de prazer, de apropriação individual.[2]

Vamos procurar explicar como o consumo tem se tornado uma das instâncias mais relevantes da produção, muito mais na atualidade do que na época em que Karl Marx escreveu esse texto. Vamos entender o que é o consumo e as razões de sua importância na atualidade.

A produção é também consumo

Continuando na teoria que desenvolve a respeito do processo produtivo, Marx afirma que a produção é também consumo, pois, ao produzirmos, consumimos as matérias-primas e as próprias forças vitais do trabalhador. Por outro lado, na produção há consumo dos meios de produção, que se desgastam ou entram em combustão. Esse consumo decorrente da produção recebe o nome de consumo produtivo.

Identificar essa forma de consumo é útil, principalmente por permitir compreender de maneira mais clara o que é o consumo propriamente dito, ou seja, a destruição do que foi produzido. Mas, se a produção é consumo, o consumo também é produção, como, por exemplo, quando o produto se transforma no próprio corpo do consumidor, como no caso dos alimentos.

É no consumo que o produto se realiza como tal, e justifica sua existência como produto. Assim, se não há produção sem consumo, de igual maneira, sem consumo não há produção.

O consumo produz a produção, assim como enseja uma nova produção. O consumo reproduz a necessidade que faz surgir a produção. Mas, por outro lado, a produção determina o produto e também a maneira como ele deve ser consumido. E determina esse consumo de forma tanto objetiva como subjetiva. Dessa forma, a produção cria o próprio consumidor. Assim se estabelece entre produção e consumo uma reciprocidade que lhes é própria, sendo um o intermediário do outro. No entanto, o produtor não é necessariamente o consumidor, o trabalhador produz para outros, daí a necessidade da distribuição.

É dessa maneira que Marx reafirma a importância do consumo e a prioridade da produção.

O fetichismo da mercadoria

Além dessa íntima relação estabelecida entre a produção e o consumo, a teoria marxista aponta para um elemento muito importante para entendermos o que é o consumo. Trata-se do fetichismo da mercadoria, ou seja, uma qualidade impalpável que é atribuída ao produto e que parece advir de sua materialidade, e não do fato de ser produto do trabalho humano.[3]

Cada mercadoria tem um valor de uso que é dado pela sua materialidade e pelo trabalho concreto nele consubstanciado. Além desse valor de uso, a mercadoria tem um valor de troca que se evidencia no confronto com outras mercadorias trocadas no mercado. Mas a relação entre o valor da mercadoria e o trabalho realizado de onde vem esse valor é encoberta por uma visão fantasmagórica que apresenta o mercado como uma relação entre coisas e não entre sujeitos, mercadorias e classes sociais. Essa alienação que se opera no mercado entre o valor dos objetos e o encobrimento de sua origem

---

[2] *Idem*, p. 217.
[3] Karl Marx, *O capital*, cit., p. 79.

humana é chamada por Marx de fetiche da mercadoria. Essa visão alienada percebe os produtos como se tivessem vida própria e características naturais que não lhes foram dadas pelo trabalho que os criou.

Outros autores também se deram conta de que um valor imaterial se agregava às mercadorias no mercado, alterando seu valor e seu consumo, e procuraram explicá-lo. George Simmel, sociólogo alemão, afirma que o valor das mercadorias não tem origem na materialidade dos produtos, mas no julgamento que os sujeitos fazem sobre elas. Diz o autor que o valor de mercado depende de nossos desejos e de quanto as coisas resistem a eles.

Quanto mais os desejamos, mais os produtos se tornam valiosos e, por serem valiosos, os objetos de nossos desejos exigem sacrifício para serem obtidos. Isso pode exigir que o consumidor dê algo de seu para outra pessoa que o deseje, criando, então, um sistema de trocas e sacrifício.

Assim como Marx, Simmel rejeita a ideia dos economistas clássicos, para quem o valor das mercadorias é dado pela relação oferta × demanda mas, buscando as características abstratas responsáveis pelo valor dos produtos que se manifestam por ocasião do consumo, Simmel encontra na motivação individual do consumidor uma possível origem — o quanto este está disposto a sacrificar para obter o que deseja. Dessa avaliação, segundo o autor, derivaria a demanda e, depois, a produção. A publicidade que se desenvolveu nos séculos XIX e XX também acreditava nessas qualidades abstratas e mágicas dos objetos e no consumo como sendo influenciado por motivação interna e subjetiva dos consumidores. Dessa forma, como previra Marx, as ciências sociais, assim como a publicidade, estimularam uma visão fantasmagórica, naturalista e alienada do universo da mercadoria ao julgarem o valor como decorrendo de propriedades de origem não humanas dos produtos.

O significado que as mercadorias assumem para o consumidor está ligado, portanto, aos seus predicados materiais, ao trabalho humano incorporado e a alguma coisa que transcende sua materialidade e que envolve desejo, simbolismo e sacrifício — uma qualidade impalpável, mas consciente do consumidor. Esse fetichismo aproxima os produtos dos objetos mágicos dotados de poderes sobrenaturais, presente nos mitos, nas narrativas ficcionais e nos contos maravilhosos. Como explica o folclorista Vladimir Propp, o objeto mágico é o elemento capaz de transformar a realidade e auxiliar o herói em suas conquistas.

> **Georg Simmel** nasceu em 1858 em Berlim, na Alemanha, e morreu em 1918, em Estrasburgo. Sociólogo com forte formação filosófica, foi um dos criadores da sociologia alemã. Interessado especialmente em microssociologia, preocupava-se em entender as grandes transformações pelas quais o país passava em sua época.

Propp encontra os mais diferentes objetos mágicos nas narrativas populares — botas de sete léguas, lâmpadas onde se escondem gênios, espadas encantadas, poções misteriosas, tapetes voadores —, sem os quais as histórias não teriam o desfecho desejado. Com um misto de poder sagrado e magia, esses objetos têm o dom de agir sozinhos e de auxiliar quem os possui, independentemente de suas qualidades pessoais. Daí haver grande disputa por tais objetos.

A concepção de que o utensílio não funciona movido pelo trabalho nele aplicado, mas exclusivamente por suas qualidades inerentes, leva, como já indicamos, à concepção de instrumentos que funcionam sem a interferência humana.[4]

As religiões têm alimentado esse imaginário coletivo que atribui poder aos objetos. As relíquias, as imagens, os ex-votos permitem que os fiéis expressem essa crença no poder simbólico dos objetos. Existem estudos que mostram a existência de sociedades que conseguem separar a troca de objetos simbólicos da troca voltada para a satisfação das necessidades básicas dos indivíduos.

Malinowski relatou em suas obras a existência, entre os habitantes das Ilhas Trobriand, de um importante sistema de trocas de objetos de valor simbólico — o *Kula*. Grupos nativos desse arquipélago da Polinésia produzem pulseiras, colares e adornos de conchas raras com as quais presenteiam seus vizinhos durante as cerimônias em que celebram seu contato. Os braceletes não ficam muito tempo com os receptores que, em curto prazo, devem passá-lo a outro grupo, fazendo-os circular. Esses objetos, extremamente valorizados, criam uma "dívida" dos presenteados, que devem retribuir as oferendas, se possível com maior prodigalidade. A prodigalidade é o critério que dá *status* ao vencedor dessa rivalidade — quem oferece a maior quantidade de bens é o que mais poder demonstra, ficando com créditos em relação aos receptores, que "pagam" as dádivas com obrigações sociais. Não é a posse ou acumulação desses bens que dá importância a quem os possui, mas a capacidade de dar e, no futuro, receber. Ao lado dessa troca de "dádivas" simbólicas, os trobriandeses desenvolvem também outra troca de produtos, o *gimwali*, comércio de bens primários.

Na sociedade capitalista, estruturada com base no lucro, na acumulação e na produção expandida, essa magia do objeto se manifesta no fetichismo da mercadoria, como explica Jean Baudrillard:

> [...] por detrás de todas as superestruturas da compra, do mercado e da propriedade privada, é sempre o mecanismo da prestação social que se deve ler na nossa escolha, acumulação, manipulação e consumo de objetos — mecanismo de discriminação e de prestígio que está na própria base do sistema de valor e de integração na ordem hierárquica da sociedade.[5]

Dessa forma, no capitalismo desapareceu a distinção entre diferentes processos de troca — simbólica e de bens primários — fazendo com que os produtos se tornassem receptáculos de valor simbólico de troca, de

---

Jean Baudrillard. Sociólogo, filósofo e fotógrafo francês, nasceu em 1929 e morreu em 2007. Grande estudioso da sociedade contemporânea, crítico dos meios de comunicação de massa, tornou-se um autor polêmico. Adquiriu grande popularidade, especialmente por sua teoria sobre os simulacros. Esteve no Brasil, e muitos de seus livros foram traduzidos para o português.

---

[4] Vladímir Propp, *As raízes históricas do conto maravilhoso* (São Paulo: Martins Fontes, 1997), p. 231.
[5] Jean Baudrillard, *Para uma crítica da economia política do signo* (São Paulo: Martins Fontes, s. d.), p. 12.

prestação social, de concorrência e de discriminação de posições sociais e de classe.⁶

A sociedade burguesa

Mas, se é verdade que sempre houve bens simbólicos em todas as sociedades, como comprovam as narrativas e a literatura oral, das fábulas do Santo Graal às histórias sobre os sapatinhos de cristal usados pela Gata Borralheira, na sociedade moderna e capitalista esse valor de uso simbólico se tornou mais necessário e importante, como elemento de referência das relações sociais. Na sociedade medieval, estamental e com pouca mobilidade social, por mais que tivesse elementos sígnicos como diferenciadores sociais, as evidências das diferenças de propriedade, nobreza e classe pautavam-se por elementos mais evidentes e concretos. Havia pouca necessidade de que os indivíduos exibissem sinais de poder e de classe, os quais eram sobejamente conhecidos e indiscutíveis.

Há um conto infantil que traduz bem essa ideia: uma princesa foi ameaçada por inimigos de sua família e, sem alternativa, fugiu com uma de suas servas, vestindo suas roupas. Chegaram a uma estalagem onde passaram incógnitas algumas noites.

O dono da estalagem, desconfiado dos modos delicados da falsa serva, colocou um grão de feijão sob o colchão onde ela dormia e no dia seguinte, ao perguntar como passara a noite, a princesa respondeu-lhe que muito mal, pois havia algo desconfortável em sua cama. O dono da estalagem disse não ter mais dúvidas de que se tratava da princesa desaparecida, pois só uma princesa seria capaz de sentir um grão de feijão sob um colchão. Poder, nobreza e classe eram condições indisfarçáveis na Idade Média, segundo o imaginário popular.

Foi o advento da burguesia e do capitalismo que trouxe grandes modificações na sociedade e na maneira como as diferentes classes sociais e grupos sociais passaram a ser identificados. Os burgueses não tinham nobreza nem propriedades fundiárias que os distinguissem, mas acumularam posses capazes de garantir um estilo de vida que os tornasse inconfundíveis. Essa classe emergente ansiava por destacar-se numa sociedade que instituía relações impessoais em meio ao anônimo espaço urbano. Para isso contrataram artistas a quem encomendaram de palácios a roupas, de retratos a mausoléus. A produção artística que resultou dessa tendência foi tão significativa que deu origem ao Renascimento, patrocinado pelas grandes fortunas da época. Sobre essa tendência, diz James Laver, a respeito das vestes em 1570:

> É um exemplo extremo da tendência de as roupas masculinas mostrarem que aqueles que as usavam não precisavam trabalhar, ou mesmo realizar qualquer tarefa que exigisse esforço, e, à medida que o século avançava, os rufos⁷ foram ficando cada vez maiores, a tal ponto que é difícil imaginar como as pessoas conseguiam levar alimento à boca.⁸

Uma sociedade de emergentes

A ideia de uma sociedade emergente pautada principalmente pela capacidade de uma pessoa enriquecer com o comércio e, depois, com a indústria, sem possuir herança, título ou nobreza, trazia necessidades novas de dis-

---

⁶ *Idem*, p. 13.
⁷ Rufo é um elemento do vestuário que surgiu na segunda metade do século XVI — uma espécie de babado que envolve o pescoço e que obriga o usuário a ter uma atitude empertigada.
⁸ James Laver, *A roupa e a moda* (São Paulo: Companhia das Letras, 1989), p. 91.

tinção social. Instalava-se uma sociedade do maneirismo e do olhar — em que se procurava, em meio ao anonimato das ruas, identificar quem eram os ricos e importantes e quem não o era. Sobre isso nos fala Norbert Elias, que estuda bem esse fenômeno no livro *O processo civilizador* — o aburguesamento da aristocracia europeia, que assimilou grupos emergentes de burgueses e intelectuais, ampliando seus hábitos. Diz ele:

> O novo estágio da cortesia e sua representação [...] está estreitamente ligado a essa maneira de ver e, aos poucos, isso se acentua ainda mais. A fim de ser realmente "cortês" segundo os padrões de *civilité* (civilidade), o indivíduo é até certo ponto obrigado a observar, a olhar em volta, a prestar atenção às pessoas e aos seus motivos.[9]

Nesse livro, ele explica como as elites procuraram estabelecer novas formas de comer, andar e falar, radicalmente diferentes do homem simples e comum e, especialmente, do homem que vive no campo. Atitudes mais contidas, que demonstrassem controle corporal, passaram a ser necessárias numa sociedade que valorizava as relações, o convívio social e as negociações. Cada hábito, todavia, estava relacionado ao uso de instrumentos de apoio que se tornavam símbolos de boa educação e, consequentemente, de riqueza. Por exemplo, assoar-se nas mangas tornou-se um comportamento inconveniente, e o uso do lenço tornou-se símbolo de riqueza. Diz Elias: "Luiz XIV foi o primeiro a possuir um suprimento abundante de lenços e, no seu reinado, o uso dos mesmos generalizou-se".[10] O mesmo aconteceu com o uso do garfo — como o comer com as mãos se tornou sinal de barbárie, o talher se difundiu e tornou-se símbolo de civilidade e riqueza.

Esses novos hábitos, segundo o sociólogo:

> Expressam, é claro, um grau de compulsão e renúncia, mas também se transformam imediatamente em arma contra os inferiores sociais, em uma maneira de separar. O lenço, o garfo, os pratos individuais e todos seus implementos correlatos são, no início, artigos de luxo dotados de um valor de prestígio social especial.[11]

Importante, também, é lembrar que todos esses hábitos, costumes, regras e comportamentos, ocorriam em uma época em que, pela primeira vez, cada uma dessas disposições assumia a condição de enunciados universais. Numa primeira manifestação da globalização, que continuaria avançando pelos séculos subsequentes, a sociedade burguesa pretendia-se já universal.

Diz Laver:

> No final do século XVIII as linhas gerais das roupas estavam estabelecidas: para as mulheres, uma versão do que veio a ser conhecido como o vestido Império; para os homens, um traje que já podemos reconhecer como tipicamente inglês. As duas modas, masculina e feminina, apresentaram muito poucas variações em toda a Europa. Ficamos novamente surpresos com o fato de, desde o século XVII, a cultura da Europa ocidental ser basicamente a mesma, havendo, portanto, pouca diferenciação nas roupas das várias nações,

---

[9] Norbert Elias, *O processo civilizador* (Rio de Janeiro: Zahar, 1994), p. 90.
[10] *Idem*, p. 152.
[11] *Idem*, p. 154.

pelo menos no que toca às classes superiores.[12]

O desenvolvimento da moda não alterou seu ritmo de aceleração e, do Renascimento à Revolução Industrial, a sociedade foi se tornando mais complexa e a produção de objetos para compor ambientes e personagens não parou de crescer. Com a Revolução Francesa, entretanto, e a República, a mobilidade social aumenta — uma classe média mais ampla começa a imitar o comportamento da elite e os costumes tendem a se democratizar, se não de uma forma idêntica, como um razoável simulacro. À medida que os costumes passam a ser mimetizados pelas classes populares, é hora de a elite renovar seus padrões — e a moda se modifica. O desenvolvimento da indústria só faz acelerar essa dinâmica entre as classes sociais por novos padrões de civilidade e de visualidade.

É o surgimento da indústria que faz com que essa necessidade de um consumo ostentatório — capaz de evidenciar a posição de destaque e importância de seu usuário — se confunda com a própria necessidade de renovação da indústria e da produção de massa. Não é difícil entender que a indústria passou a alimentar a necessidade das classes populares de se parecerem com as elites, e das elites de se distanciarem das camadas populares. Assim, começa uma difícil perseguição do "cão atrás de seu próprio rabo" — à medida que surgem produtos mais acessíveis, sucedâneos daquilo que usam os ricos, começa um movimento por produzir o novo para esses mesmos ricos, que deixam de apreciar aquilo que os distinguia e que, agora, são imitados pela produção voltada às classes de menor poder aquisitivo. É assim que a indústria cria a moda como a conhecemos hoje, uma lógica de produção e mercado que, por sua própria história, tem um caráter ostentatório e simbólico, assim como econômico e político.

As bases do que viria a ser uma sociedade de consumo estavam estabelecidas — uma sociedade que procura diferenciar indivíduos num cenário cada vez mais anônimo e impessoal, ao mesmo tempo que difunde ideais de igualdade, democracia e inclusão social. Uma sociedade que procura homogeneizar os diferentes grupos sociais por meio de uma produção industrial em série, ao mesmo tempo que a racionalidade econômica exige que os produtos sejam periodicamente substituídos por outros, renovando a produção. O circuito da produção da moda estava criado e, com ele, uma valorização cada vez maior do valor simbólico dos objetos consumidos, cada vez mais associados a poderes imateriais, abstratos e valorativos inalcançáveis, por processos cada vez mais tecnológicos e massivos. Mas, se as bases dessa sociedade do consumo estavam lançadas, era preciso que outras circunstâncias históricas fizessem dela uma realidade. Disso trataremos a seguir.

---

[12] James Laver, *A roupa e a moda*, cit., p. 153.

2. A indústria de massa

Introdução

Já falamos sobre o processo de industrialização e de como ele se desenvolveu a partir da urbanização, do êxodo rural e da revolução tecnológica. Sem esses ingredientes, a Europa moderna teria permanecido como outros povos tecnologicamente desenvolvidos, mas tradicionais do ponto de vista do apego a formas produtivas manufatureiras e artesanais. É o caso da China, por exemplo, de onde vem grande parte das invenções introduzidas no Ocidente, a partir do Renascimento Comercial, mas que não chegou a desenvolver a indústria. Esta foi resultado de inúmeros fatores, como o crescimento das cidades, a divisão social do trabalho e o uso de diferentes fontes de energia, aumentando a produção. Além de tudo isso, o capitalismo, com as novas possibilidades de lucro e acumulação, estimulou novas relações de produção.

Não podemos esquecer também que o assalariamento foi uma condição essencial para o desenvolvimento industrial, significando o pagamento do trabalhador não pela quantidade de produtos produzida, mas pelo número de horas trabalhadas. Essa possibilidade estimulou o emprego da tecnologia, pois, com o mesmo número de horas, o operário produzia maior quantidade de riqueza, que era imediatamente apropriada pelo capitalista. Outra consequência foi a transformação do trabalho em mercadoria — permutável a partir de seu valor/tempo com qualquer outra mercadoria ou dinheiro. Contendo o pagamento dos salários e aumentando a produtividade mediante as tecnologias empregadas, havia maior possibilidade de mais-valia, ou lucro. Essas foram as circunstâncias para o estabelecimento da indústria capitalista, já estudadas anteriormente.

Todos esses fatores levaram à consolidação do modo de produção capitalista, bem como da sociedade burguesa, dominada pelo desejo de lucro e acumulação, pelo anseio de ascensão social e pela propriedade privada. Foi nessa sociedade, e sob essas condições, que os objetos produzidos e trocados adquiriram crescente valor simbólico, instaurando uma cultura pautada na distinção social, expressa em modos de vida diferentes. Essas diferenças envolveram formas de falar, andar, vestir e pensar e todos os objetos necessários para compor diversos estilos de vida. As diferenças de classe se expressaram, também, por intermédio dessas formas de ser baseadas na conquista, obtenção e ostentação de objetos que reafirmavam os valores sociais vigentes e a constante busca por distinção e um *status* social privilegiado.

A indústria, portanto, esteve integrada à instalação e ao desenvolvimento da sociedade burguesa, alimentando o imaginário e o comportamento dos indivíduos. A revolução tecnológica, aliada à crescente racionalidade na organização produtiva, acabou por gerar uma produção cada vez mais abundante que, por sua vez, necessitou desse mesmo imaginário para estimular a circulação de mercadorias, fazendo surgir a propaganda como mecanismo importante na distribuição e consumo de objetos. Vamos agora ver o que foi o fordismo e como ele alavancou a produção e a implantação da sociedade do consumo.

"Fordismo"

A industrialização no século XX conheceu um processo de racionalização da produção que ficou conhecido por administração científica ou "taylorismo", nome que se deve a Frederick Winslow Taylor. O método pregava a economia de tempo de produção por meio de uma acentuada e bem administrada divisão de trabalho, um sistema de remuneração por ganhos e o controle da produção realizado por supervisores. Com a aplicação do taylorismo nos Estados Unidos e depois em outros países, as atividades industriais executadas por cada trabalhador se tornavam cada vez mais simples, exigindo menos conhecimentos de cada operário. As reações aos novos métodos de produção chegaram a ser violentas, pois os operários viam nessas modificações uma ameaça à sua autonomia e à sua valorização. Em 1911, os operários espancaram os cronometristas na American Locomotive Co. e, em 1916, os tecelões da Passaic entraram em greve, numa tentativa de suprimir as inovações tayloristas.[1]

Tratava-se de uma oposição ao que Karl Marx chamou de despotismo direto, ou seja, o controle da produtividade do trabalhador pela hierarquia estabelecida pela produção, com o objetivo de obter dos operários e do processo produtivo o máximo de intensidade e regularidade. A intenção de Taylor era imprimir à manufatura a mesma produtividade que se conseguia com a tecnologia.

Essa nova administração produtiva encontrou circunstâncias favoráveis, tais como o êxodo rural, o desemprego no campo e um fluxo contínuo de imigrantes que atravessavam o Atlântico em busca de emprego na América. Essa população quase sem qualificação só poderia ser empregada na indústria por esse sistema baseado em atividades muito simples e quase sem grande conhecimento prévio. Formava-se, em torno desses trabalhadores, um farto exército industrial de reserva, disposto a empregar-se assim que houvesse necessidade.

Mas acirrou-se o antagonismo entre capital e trabalho, e foi grande a resistência do trabalhador à exigência de aumento da produtividade, ao controle de sua eficiência e à cronometragem de seu trabalho. Para combater os conflitos e possíveis formas de resistência, como desperdício e ineficiência, o engenheiro norte-americano Henry Ford introduziu em sua empresa — a Ford Motor Company — a esteira transportadora, ou a chamada "linha de montagem". Houve a extensão da jornada de trabalho, o máximo de especialização e simplificação das tarefas. Ao lado de tudo isso houve a estandardização do trabalho, desaparecendo as diferenças individuais do trabalho fabril. Segundo alguns autores, a esteira nada mais era do que a mecanização do taylorismo.[2]

Além dessas modificações substanciais que elevavam os níveis de produtividade na indústria, Henry Ford adotou nova política salarial que previa aumentar a remuneração do trabalhador — os salários mais que dobraram e, assim, Ford promovia um forte incremento na renda do trabalhador, no consumo e no mercado interno dos Estados Unidos. Esse aumento salarial estava condicionado a certo perfil moral e ético do trabalhador, que deveria ser homem, casado e pai de família.

---

[1] Florência Ferrer, *Reestruturação capitalista — caminhos e descaminhos da tecnologia da informação*, cit.
[2] Francisco Paula Cipolla, "Economia política do taylorismo, fordismo e *teamwork*", *Revista de Economia Política*, vol. 23, nº 3 (91), julho-setembro de 2003.

A sociedade afluente

O que resultou dessa administração científica aliada ao fordismo foi uma grande produção material e o aumento da renda do trabalhador e, consequentemente, do mercado interno. Segundo John Kenneth Galbraith, entre 1941 e 1950,

> Os 20% inferiores registraram um aumento de 42% em sua renda; os 20% imediatamente acima tiveram um aumento de 37%. Vale a pena destacar as alterações verificadas nesses anos:

RENDA MÉDIA FAMILIAR, DEDUZIDO O IMPOSTO DE RENDA (Em dólares, ao poder aquisitivo de 1950 – EUA)			
	1941	1950	
Quinto inferior (1º) de todas as famílias	750	1.060	+42
Segundo Quinto	1.730	2.360	+37
Terceiro Quinto	2.790	3.440	+24
Quarto Quinto	4.030	4.690	+16
Quinto Superior	8.190	8.880	+8
5% Superiores	15.040	14.740	−2[3]

O resultado dessa afluência descrita por Galbraith foi o aumento do consumo, especialmente do consumo ostentatório, criando-se a partir daí a chamada sociedade do consumo. É o próprio autor quem diz:

> [...] a riqueza nunca foi, por si só, uma fonte suficiente de honrarias. É preciso que seja divulgada, e o meio normal de fazê-lo é o consumo de produtos excepcionalmente caros. Na segunda metade do século passado, nos Estados Unidos (século XIX), essa divulgação foi realizada com virtuosismo. As moradias, o transporte, os adornos femininos e a recreação foram utilizados com esse fim. O alto preço pago era destacado de modo agressivo. "Acabamos de ser informados de que o iate do Sr. Gould, que custou 500.000 dólares, entrou num determinado porto." As grandes casas, os grandes iates, os grandes bailes, as cavalariças, os peitos cobertos de joias, tudo isso era usado para identificar os indivíduos que procuravam obter as honras conferidas pela riqueza.[4]

Por outro lado, a vida urbana se tornara mais animada e sofisticada. As lojas se multiplicavam e começavam a vender todo tipo de produto e mercadoria. Lojas que antes vendiam apenas tecidos agora expõem lençóis, roupas, botões e até peles e guarda-chuvas. Como comenta Renato Ortiz, no livro *Cultura e Modernidade*,[5] os pequenos balcões foram substituídos pelos grandes bazares, que reuniam produtos antes dispersos em muitas lojas. Toda essa variedade vinha exposta em seções destinadas à casa, às roupas ou aos acessórios. Como se vê, assim como a produção, a distri-

---

[3] John Kenneth Galbraith, *A sociedade afluente* (Rio de Janeiro: Expressão e Cultura, 1972).
[4] *Idem*, p. 116.
[5] Renato Ortiz, *Cultura e modernidade* (São Paulo: Brasiliense, 1991).

buição também se racionalizava, ajudada pelo desenvolvimento da imprensa, cujos anúncios chamavam os consumidores. Os grandes magazines passam a empregar centenas de vendedores, e a indústria de roupas emprega inúmeros costureiros.

Com a Primeira Guerra Mundial esse processo se intensifica, pois novas tecnologias aceleram a produção e fazem aumentar a quantidade de bens produzidos. O consumo é o meio mais adequado para reconstituir as sociedades e as economias afetadas pela guerra. Ao mesmo tempo, a reafirmação da democracia abre espaço para o desejo de compra, para a ideia de que todos os cidadãos tinham direito ao uso dos mesmos produtos que garantiam uma determinada forma de prazer e realização.

A população, mesmo nas camadas mais baixas, passou a consumir mercadorias que se expunham nas principais ruas das cidades. Com salários menos aviltados, o mercado interno não parou de se desenvolver com produtos antes acessíveis apenas aos mais ricos. A indústria satisfazia a necessidade do homem comum de possuir, se não o objeto de luxo, ao menos um seu sucedâneo convincente, o que justificava a afirmação do Visconde Georges d'Avenel em estudo em que analisa as igualdades e desigualdades na França:

> O povo adquiriu mais bem-estar, mais luxo útil do que o rico. Além de suas mediocridades, que arrebatavam seus antigos privilégios, a riqueza possui menos gozos verdadeiros. A multidão hoje possui, com pouco dinheiro, o que o homem comum obtém facilmente com seu trabalho.[6]

Com o desenvolvimento da industrialização e do mercado interno, tem início o consumo de massa, ou seja, uma produção que ultrapassa a demanda e produz mercadorias em série, padronizadas e para um amplo público. Surge a necessidade de se alcançar o consumidor, de seduzi-lo e persuadi-lo da compra. Essa função foi realizada pela indústria cultural e pela publicidade.

Consumo e publicidade

Na primeira metade do século XX, o desenvolvimento dos meios de comunicação de massa — a imprensa e o rádio — abriu espaço para uma investida agressiva da publicidade em direção ao consumidor. O discurso publicitário dirigia-se não à família, que havia sido até então a grande instituição promotora do consumo, mas ao indivíduo, prometendo-lhe todo tipo de satisfação — realização pessoal, prestígio, sucesso, *status*. Com anúncios impressos, *jingles* facilmente memorizáveis, imagens cada dia mais sedutoras, a publicidade procurava educar o consumidor, mostrando-lhe as benesses dos novos hábitos e os milagres produzidos pelas novidades. O resultado foi que o valor simbólico começava a se separar do valor de uso — o consumidor não adquiria uma utilidade, mas um signo, uma promessa e um estilo de vida.

Ao lado da publicidade mercadológica, os meios de comunicação de massa desenvolveram também a propaganda política e ideológica — assim como se vendiam mercadorias e se desenvolviam novas necessidades no público consumidor, era possível propagar ideais políticos e sociais vinculados ao progresso, ao desenvolvimento e ao nacionalismo. Para isso foram elaborados processos massivos de controle da opinião pública, aos quais Jürgen

---

[6] Georges d'Avenel, citado por Renato Ortiz, *Cultura e modernidade*.

Habermas chamou de *esfera pública manipulada*, com a utilização de meios de legitimação política através da publicidade. Se, no mercado, o consumidor se deixa persuadir das benesses do produto, na esfera pública o cidadão é dissuadido da participação política individual ou coletiva em troca da adesão e do mero apoio ideológico. Pode-se dizer que, a partir do século XX, o Estado não se dirige mais à população como sendo composta de cidadãos, mas de consumidores de sua ideologia, de sua eficiência e de suas benesses. A aceitação dessa publicidade legitima o poder como antes o faziam os movimentos sociais, os partidos e as instituições políticas.

O efeito dessa propaganda política se faz sentir até mesmo nos movimentos sociais, na medida em que o discurso dirigido ao proletariado, convocando-o à luta contra seus opositores, foi suplantado por um discurso universalista que procurava unir a todos — empresários, trabalhadores e o cidadão em geral. Contra a mensagem mobilizadora e revolucionária dos movimentos trabalhistas, erguia-se uma publicidade ao mesmo tempo massiva e individualista, que se opunha à divisão, ao conflito e à luta entre classes sociais. Propunha-se uma nova "democracia" na qual todos os cidadãos vestiam as mesmas roupas, ouviam as mesmas músicas e acalentavam os mesmos sonhos. Contra a ideia de pertencer a uma classe, a publicidade prometia a realização pessoal num mundo de igualdades simbólicas, promovidas pelo mercado e pelo Estado.

Esse discurso publicitário valorizava o indivíduo e sua aparente liberdade de escolha, de opção e de realização, liberdade essa que se expressava, naturalmente, no ato da compra e na escolha entre marcas.

O consumismo resulta de um processo histórico que envolve a reestruturação da produção e o desenvolvimento do mercado, da publicidade e dos meios de comunicação.

O reforço a essa individualidade era dado pela posse de bens e pela adoção de um estilo de vida só possível com a posse desses produtos. Assim, fechava-se o círculo ideológico do consumo massivo: a sociedade proposta é formada por indivíduos, cada um deles podendo escolher entre os produtos disponíveis aqueles que compõem uma maneira de ser, ou seja, uma identidade. Essa liberdade de escolher transmite ao consumidor a ideia de liberdade e o apoio à sua individualidade. Ele não precisa mais ser, basta ter.

Por outro lado, a publicidade não se resume aos anúncios publicados nas revistas e aos *jingles* que alegram as transmissões radiofônicas; ela envolve a indústria cultural nascente — o cinema e, mais tarde, a televisão. Em Hollywood são produzidos os heróis modernos com sua expectativa de sucesso e realização, suas paixões e fraquezas, seus hábitos e formas de ser. Cada um deles estimula o imaginário do público, que com eles se identifica e procura imitá-los. Assim, uma mensagem subliminar procura atuar junto às audiências e aos espectadores, de forma a produzir uma mesma forma de pensar e desejar.

A indústria de bens simbólicos

Como podemos perceber, a indústria, estimulada pelo fordismo, não se limitou à produção massiva de mercadorias concretas consumíveis — roupas, transportes, imóveis, móveis, cosméticos, roupas. Nessa mesma época, tem especial importância e crescimento a indústria cultural destinada à produção de bens simbólicos. Como já tivemos oportunidade de estudar, trata-se de uma produção em série, com forte investimento tecnológico, destinada ao entretenimento e à informação e tendo como principal objetivo o lucro. Nascida com a imprensa, no início do século XIX, a indústria cultural destinava-se a um amplo público, independentemente de sexo, idade, religião, formação ou classe social. Desenvolveu-se rapidamente com outros meios de comunicação de massa, como o rádio e o cinema, alimentando um imaginário a ser consumido por plateias as mais diversas. Trata-se de uma nova mercadoria, o objeto-signo, como o chama Jean Baudrillard.[7]

Mas os signos não são arbitrários, eles reproduzem as relações sociais e têm o poder de trazer aquilo que significam à presença de seus consumidores. Assim, por exemplo, uma casa se transforma em objeto de consumo, em sonho, em desejo e, como tal, catalisa aquilo a que o consumidor tem direito. A casa-signo lhe atribui *status*, importância, situação social. Ao desejá-la e adquiri-la o consumidor reafirma sua condição social e um estilo de vida que lhe é próprio. Mas ele pode não chegar a adquirir, apenas compartilhar o que a casa representa como signo e passar a desejá-la. Isso pode ocorrer por intermédio da publicidade ou pelas diversas situações em que experimenta a casa no imaginário — filmes, programas televisivos, concursos e campanhas.

Os sonhos, os desejos, os anseios assim estimulados mobilizam o consumidor, ao mesmo tempo que reafirmam a lógica social e os padrões nos quais se sustentam. Quando chega a adquirir a mercadoria, o consumidor já não está preocupado com seu valor de uso, mas com o valor simbólico que o objeto representa na afirmação de sua identidade social. Processa-se um deslocamento entre o valor de uso e o valor simbólico — isso significa que, muitas vezes, ao adquirir o objeto-signo o consumidor nada quer de sua utilidade, mas tão somente o

---

[7] Jean Baudrillard, *Para uma crítica da economia política do signo*, cit., p. 61.

que representa enquanto *status* e prestígio. Por outro lado, outras vezes, tendo acesso ao bem simbólico, ele já não precisa obter a mercadoria útil, concreta e material. Há um deslocamento entre signo, referente, produto e utilidade, quer para o consumidor do produto, o comprador, quer para o consumidor da imagem, do bem simbólico.

A indústria cultural criou, também, outro tipo de mercadoria que não é a mera simbolização do produto consumível. Trata-se do bem simbólico ou, como é chamado hoje, a informação. É outro bem imaterial e abstrato, produzido socialmente e que tem, cada vez mais, um valor monetário, ou seja, de troca. A chamada sociedade da informação caracteriza-se por transformar suas relações, instituições e trabalho material em informação, tornando-a o mais valioso produto da sociedade. A informação distingue-se da publicidade por ter um valor concreto que coincide com sua utilidade, enquanto a publicidade, como discurso que mobiliza o consumo, tem como utilidade apenas o estímulo que representa para o mercado.

Esse deslocamento entre o objeto-signo e o objeto material que ele representa se traduz pela existência de dois sistemas de troca — um, que é o mercado onde se trocam objetos, e outro, que é o universo das trocas simbólicas e da linguagem, da indústria de bens simbólicos e dos meios de comunicação. Esses dois espaços e sistemas estão intimamente interligados — à riqueza de bens corresponde a riqueza de informação ou o capital simbólico, como o define Pierre Bourdieu, mas elas não são a mesma coisa e não se traduzem por relações simétricas. Mas é esse deslocamento entre uma e outra, entre a ordem simbólica e a ordem material, entre produção material e ideológica, que torna mais complexa a sociedade e mais ambígua a ação humana. Não podemos conceber o mercado sem as trocas simbólicas, nem estas sem a produção material à qual se referem.

Se a sociedade moderna conseguiu unir o valor mágico dos objetos à produção material das mercadorias — o que era impossível, por exemplo, entre os trobriandeses, sobre os quais falamos no capítulo anterior —, por outro lado, ela foi capaz de separar o valor simbólico do valor de uso, criando uma aparente falta de lógica que só desaparece quando conseguimos entender como se relacionam, na sociedade, as trocas materiais e as trocas simbólicas. Essa foi a intenção deste capítulo — mostrar como a produção material se ampliou no século XX, propiciando o aparecimento de uma sociedade da abundância e do consumo. Procuramos, também, relatar como o desenvolvimento dos meios de comunicação ensejou a indústria cultural, que se desenvolveu paralela e intimamente identificada com o crescimento da produção material. O caráter material da produção simbólica e o caráter simbólico da produção material são deslocamentos desse universo ideológico da sociedade capitalista moderna.

Deslocamentos — O *kitsch*

O conflito surgido na sociedade a partir do desenvolvimento exorbitante da produção, da publicidade e da indústria cultural, tornando a população cada vez mais alienada em relação à produção e à participação política, acabou por promover diferentes formas de *deslocamentos* da realidade concreta. Um deles é a aura da obra-prima, a supervalorização de obras únicas de artistas e intelectuais, consideradas como de valor inestimável. Mesmo ameaçado pela expansão da indústria cultural, o mercado de arte não parou de crescer, assim como os valores atribuídos às obras não cessaram de inflacionar. Trata-se de um deslocamento ideológico o preço de uma pintura dobrar de valor no dia seguinte à morte do artista. Outro deslocamento particularmente estudado por Baudrillard foi o colecionismo — prática compulsiva de acumular espécimes de uma determinada natureza como moedas, chaveiros, canecas, notas, bonecas. Na série, cada espécime adquire novo valor e alcança também preços exorbitantes num mercado paralelo que nasce da fetichização da mercadoria. Apenas para o colecionador pode se explicar o alto valor que pode ser alcançado por uma moeda rara fora de circulação. Embora os economistas tendam a ver esses fenômenos como resultantes das leis de oferta e procura, sabe-se que se trata de paradoxos especulativos do consumo, visto como instância autônoma da sociedade.

Explorando esses deslocamentos e esses paradoxos, surge um movimento artístico peculiar, bastante significativo do consumismo como forma de responder às contradições políticas e sociais contemporâneas — é o *kitsch*.

O termo *kitsch* surgiu na Alemanha para designar uma produção exageradamente artificial, mas acessível, pela qual se busca fazer referência a objetos valiosos que transitam na sociedade. O consumo de reproduções artificiais desses objetos é considerado como manifestação de mau gosto. Assim, o uso de uma toalha de mesa de plástico imitando uma renda feita à mão é um exemplo do *kitsch* — em vez de um trabalho artesanal, há a indústria; no lugar de um tecido de algodão, o plástico, equívocos disfarçados pela semelhante aparência entre os dois produtos.

O *kitsch* surge justamente das necessidades despertadas nas camadas populares para o consumo de bens de alto custo consumidos pelas elites. Em seu lugar, a indústria cria sucedâneos que lembram os produtos originais com diferentes formas de deslocamento: em vez do original, a cópia; no lugar do artesanal, a máquina; em vez do valioso, o vulgar. Uma lâmpada de mesa que imita uma caixa de música pode ser considerada *kitsch* — pelo caráter artificial da caixa de música e por ter havido um deslocamento de sua principal função utilitária, ou valor de uso — ela fornece luz, e não música.

Muitos autores procuraram estudar esses paradoxos e contradições advindos do desenvolvimento da produção de massa, das trocas simbólicas existentes no mercado e de uma sociedade que se faz representar não pelas relações entre pessoas, mas entre objetos, ou entre pessoas e seus objetos, ou seja, uma sociedade do consumo. Vejamos a seguir os desdobramentos dessa tendência consumista e simbólica.

3. Moda

Introdução

A moda não é um fenômeno universal; as diversas culturas tendem a conservar seus hábitos e costumes, que só se transformam pela força de fatores novos e intervenientes. Por exemplo, a arte plumária indígena brasileira foi fortemente ameaçada pela extinção de uma série de pássaros cuja plumagem era utilizada em adereços. Outros fatores podem modificar padrões culturais, como mudanças ambientais e a assimilação de costumes vindos do exterior. Pela difusão e assimilação, as culturas introduzem novas tecnologias e formas produtivas. Mas as mudanças tendem a ser lentas, sendo perceptível o peso das tradições arraigadas.

É na sociedade capitalista que assistimos ao aparecimento desse fenômeno que impõe mudanças abrangentes dos hábitos sociais em curto espaço de tempo, tornando objetos e hábitos, vigentes há bem pouco tempo, ultrapassados e em desuso. De geração em geração, os hábitos e os costumes parecem mudar consideravelmente, da forma de falar e comer à maneira de se vestir e se divertir. Valores, hábitos, estilos de vida, arquitetura, utensílios, cores, gestos, relações interpessoais são afetados pelos ditames da moda. Alguns desses hábitos, como o *design* das roupas, se alternam de ano em ano, enquanto outros, como o projeto arquitetônico dos edifícios, se renovam num intervalo maior de anos, mas a tendência geral da cultura contemporânea é a obsolescência dos objetos, das roupas, dos modelos de vida que serão, a curto e médio prazo, substituídos por outros.

Neste capítulo, vamos estudar esse fenômeno da moda, que parece ter sido produzido pelo capitalismo industrial moderno numa sociedade dividida por classes sociais. Vamos analisar, também, como a globalização do capitalismo promoveu a expansão do fenômeno da moda pelo mundo.

Origem

As causas do fenômeno da moda no mundo contemporâneo estão nas mudanças introduzidas pelo capitalismo numa sociedade de tipo estamental, como a medieval. Ao contrário das diferenças de classes existentes no mundo medieval, fundadas na tradição, na propriedade de terras e na herança familiar, o capitalismo abria espaço para um novo tipo de elite baseada na acumulação de riqueza, vinda do comércio e, depois, da manufatura. Os burgueses en-

> **Mobilidade social** designa as mudanças sociais de um indivíduo, ou grupo, em uma determinada estrutura social. Essas mudanças envolvem, geralmente, transformações na distribuição de poder e riqueza e podem ser ascendentes ou descendentes, dependendo do ponto de vista do qual se parte na análise. A maior ou menor possibilidade de mobilidade social caracteriza a sociedade como "aberta" ou "fechada".

riquecidos, sem os sinais de nobreza e distinção social, conquistaram espaço numa sociedade até então fechada, promovendo mobilidade social.

A emergência de novos grupos sociais disputando espaço na sociedade, assim como o renascimento urbano, que atraía para as cidades contingentes populacionais de origem desconhecida, fez com que as elites reagissem, procurando expressar sua importância e distinção. A sociedade tornou-se mais maneirista, com formas de comportamento sofisticadas e artificiais, criando-se o hábito de se atribuir importância social às pessoas tendo por base os signos visuais e comportamentais.

Esses hábitos foram introduzidos na nobreza e nas monarquias absolutas — a sucessão de reis era acompanhada pela mudança de estilos na arquitetura, no mobiliário, na música, na dança e no penteado. Os estilos recebiam o nome do rei que promovera a "nova moda" — Luiz XV, manoelino etc. Com a República, não só essa sucessão real deixou de existir como ganhavam espaço os ideais de igualdade social. As classes mais baixas da sociedade reivindicavam o direito ao acesso e usufruto dos bens coletivos, como museus e bibliotecas. Uma sociedade menos aristocrática surge com a República, a urbanização e a indústria.

> **Manoelino** — Nome dado à arquitetura, ao mobiliário, à escultura e a objetos de adorno do reinado de D. Manuel I, caracterizados por sua monumentalidade. Foi uma época de prosperidade e opulência em Portugal.

Não é à toa que os revolucionários franceses — artesãos e pequenos proprietários — eram chamados de *sans-coulottes*, ou sem-calção, como referência às roupas simples, de tecido grosso, que usavam. *Coulottes* era o nome dado às calças dos aristocratas.

Renato Ortiz reconhece que a ruptura das fronteiras da aparência é obra da Revolução Francesa. O decreto do 18 Brumário, ano II, de 29 de outubro de 1793, dizia:

> Ninguém, de nenhum sexo, poderá obrigar um cidadão ou uma cidadã a se vestir de uma forma particular, sob pena de ser considerado e tratado como um suspeito e perseguido como perturbador da ordem pública; cada um é livre de usar as roupas de seu sexo que lhe convêm.[1]

Exibir sinais hierárquicos passa a ser um direito de todos, ao menos na França, pois no Brasil, por exemplo, os escravos ainda eram proibidos de usar sapatos, o que mostra o papel da indumentária na certificação da posição social.

A partir do século XIX, com a busca constante por maior igualdade social, as elites continuaram a ter no consumo e nos hábitos sociais uma forma de distinção social. Mas a indústria e os meios de comunicação de massa procuraram sempre satisfazer esse desejo popular de ascensão social, oferecendo simulacros daquilo que era consumido pela elite. Surgia, assim, a moda, essa sucessão permanente de hábitos e tendências que incluem os mais diferentes aspectos da vida cotidiana, do penteado ao uso dos espartilhos, das cores à forma de falar e sentar. O fenômeno da moda é alimentado por diversos fatores: o desejo das elites de se distinguirem da massa, o desejo

---

[1] Renato Ortiz, *Cultura e modernidade*, cit., p. 129.

popular de ter acesso aos bens de prestígio, o anseio da indústria por lucro e a necessidade de expansão do consumo. Tudo isso, apoiado pelo desenvolvimento tecnológico e da ciência, resultou numa sociedade que renova seus hábitos e seu guarda-roupa permanentemente. Ao contrário das sociedades estamentais, o que passou a predominar não foi o apego às tradições, mas à inovação e à atualização.

> **Simulacro** — Conceito que teve sua origem na filosofia grega e que significa enganosa imitação. Voltou a ser usado pelos filósofos que analisaram os meios de comunicação de massa e consideraram as imagens artificiais das mídias como simulacros da realidade. Jean Baudrillard é um dos que sustentam que vivemos num mundo de simulacros, dada a quantidade de imagens falsas e artificiais que nos cercam.

Interessado nas repercussões e sentidos desse processo de substituição permanente de hábitos na sociedade que constitui a moda, Jean Baudrillard comenta:

> Com efeito, a moda não reflete uma necessidade natural de mudança: o prazer de mudar de vestuário, de objetos, de carro, vem sancionar psicologicamente constrangimentos de outra ordem, que são constrangimentos de diferenciação social e de prestígio. O efeito da moda só aparece em sociedades com mobilidade social.[2]

Individualismo X massificação

O fenômeno da moda como esse processo ligado ao consumo, pelo qual a produção oferece, de forma constante, novos produtos a consumidores ávidos por modelar, atualizar ou compor seu estilo de vida, se desenvolveu plenamente no século XX, coincidindo com a franca instalação dos meios de comunicação de massa e da publicidade. Nesse sentido, ele é contemporâneo da própria sociedade de massa, levando-nos a supor que se trata de uma reação à homogeneização que então se processa na sociedade e na cultura.

Pois, ao mesmo tempo que a sociedade de massas homogeneíza os hábitos, os valores e o próprio consumo, a moda promete diferenciação mediante discurso eminentemente individual. Apelando para os problemas que o consumidor enfrenta, para suas características individuais ou para aquelas que ele quer ter, para seus anseios e motivações, a publicidade orienta o comprador para a aquisição de um bem que parece feito para ele. Nesse sentido, a moda parece resgatar a individualidade do consumidor contra o excessivo coletivismo da sociedade moderna, expresso nas políticas públicas, no anonimato das cidades, na indústria, na padronização da vida. Reconhecer seus desejos e sua subjetividade, falar a seus sentidos e fazer menção à sua liberdade de escolha é o discurso que seduz o consumidor.

Herbert Marcuse é um dos autores que reconhecem que, na sociedade moderna, o indivíduo sofre a opressão das forças sociais massificadoras e coletivizantes. O próprio mercado pautado no dinheiro, no capital e

---

[2] Jean Baudrillard, *Para uma crítica da economia política do signo*, cit., p. 38.

no lucro criaria a ideia de equivalência geral entre coisas e seres, fazendo desaparecer aquilo que nos caracteriza e diferencia — a subjetividade. Daí o apelo pela diferenciação e pela exclusividade que a moda não cessa de defender. Além disso, a mecanização crescente extrai do trabalho seu caráter individual e a autorrealização que ele poderia promover. Trabalhando em indústrias e dependendo cada vez mais da tecnologia, o trabalhador anseia por algo que o distinga. O consumo promete isso.[3]

Por outro lado, o campo político cada vez mais totalitário, no sentido de funcionar por intermédio da burocracia e da propaganda, eficientes e racionais, oferece cada vez menos espaço à participação individual. Também diante dessa democracia de massas, burocratizada e autoritária, o cidadão sente perder-se sua individualidade. É nesse momento que a publicidade, invocando sua atenção, seu tempo e sua vontade, provoca um forte sentimento de gratificação.

O fato de o consumo estar ancorado no resgate da individualidade do consumidor pode ser comprovado pelo sentimento constrangedor que advém do fato de encontrarmos pessoas usando a mesma roupa, o mesmo cabelo, ou os mesmos sapatos que nós. Isso mostra que, embora saibamos que a indústria produz diversas peças idênticas, temos a ilusão de sermos os únicos a escolher determinado produto e a possuí-lo.

O consumo como *status* e valor

Apesar do anseio por diferenciação e individualização que está embutido em qualquer ato de compra — a ilusão de se imaginar o único possuidor do objeto, o sentimento de que a mercadoria foi criada para si, a sensação de importância que advém da posse —, cada objeto consumido é percebido como um entre muitos de uma cadeia infinita de produtos semelhantes. O mercado oferece ao consumidor uma grande variedade de mercadorias do mesmo gênero e utilidade, mas de características e preços diferentes. Diante dessas opções, o consumidor tem a sensação de exercitar sua liberdade de escolha e de afirmar sua personalidade e gosto. A sua escolha, porém, se dá numa cadeia hierarquizada de possibilidades estruturadas pelo valor de troca do produto — quanto mais caro, melhor e mais raro. Como o próprio consumidor, os produtos não estão sós e independentes, mas relacionados uns aos outros. Portanto, as mercadorias também possuem *status* — valor social de importância relativa que transmitem ao consumidor. Constituem o que Baudrillard chama de "sistema dos objetos". "Para tomar um exemplo recente, nem a saia comprida nem a minissaia têm valor absoluto — apenas a relação diferencial de uma com a outra joga como critério de sentido [...] A minissaia [...] só tem valor (de moda) por oposição à saia comprida."[4]

Por isso os produtos têm valor econômico e valor simbólico e são objetos de ostentação. A publicidade procura alardear o valor simbólico dos objetos, de maneira a acentuar as características que garantem o *status* do produto e a capacidade de promover socialmente aquele que o possui. Com isso, vai se processando um deslocamento entre a utilidade da mercadoria e seu valor econômico e simbólico. É possível que uma pessoa adquira uma bebida apenas pelo *status* que representa e empresta a seu possuidor, sendo usada apenas para exposição suntuária, como bem simbólico, sem nunca ser servida ou efetivamente consumida. Assim como certos bens podem ser adquiridos

---

[3] Herbert Marcuse, *A ideologia da sociedade industrial* (Rio de Janeiro: Zahar, 1982), p. 43.
[4] Jean Baudrillard, *Para uma crítica da economia política do signo*, cit., p. 79.

única e exclusivamente pelo seu alto valor de mercado, sendo necessário, muitas vezes, que o comprador anuncie socialmente o quanto pagou por eles. Como diz Baudrillard: "Os objetos de que nos rodeamos constituem em primeiro lugar um balanço, uma verificação do destino social".[5]

Mas, alerta o autor, muitas vezes aquilo que ostentamos é apenas a idealização que fazemos de nós mesmos e do *status* que gostaríamos de ter. Mais do que a satisfação de nossos anseios, o consumo e a moda expõem nossas fraquezas — aquilo que gostaríamos de ser, mas não somos. Mas nossos pertences descrevem uma linguagem sobre nós e nossos sonhos, sobre nossas aparentes vitórias e sobre o *status* social a que almejamos. Constituem um estilo de vida e a representação social que escolhemos para nós próprios. Fazem parte, enquanto signos, do capital simbólico que cada um de nós possui, constitui e acumula e que se manifesta nessa coisa impalpável que é o estilo de vida e o gosto. Certos objetos são adquiridos exatamente por agregarem valor a este capital de conhecimento — ao frequentar determinados lugares, assistir a certos espetáculos e adquirir certos objetos de alto valor simbólico, os consumidores são considerados como especialistas, ou como consumidores de sofisticado gosto.

Nesse sentido, os produtos culturais têm especial importância — promovem seus consumidores pelo grau de conhecimento que lhes permitem ostentar. Citar autores, conhecer títulos, distinguir gêneros de arte, demonstrar conhecimento de lugares sofisticados traduzem o consumo simbólico de uma pessoa e podem garantir-lhe destaque nesse campo de distinção social. Nesse campo da produção simbólica também há moda e ostentação, não só relativas ao enunciado de conhecimentos e informações, mas também ao próprio uso da linguagem e ao domínio dos jargões. O domínio de um ou mais idiomas também é fonte de *status* e importância, em função daquilo que expressa em termos de capital simbólico do falante.

É por os bens de consumo, materiais ou simbólicos possuírem *status* e transmitirem importância social ao seu possuidor que o consumidor se vê obrigado a "acompanhar a moda" e a substituir seus bens por outros, tão logo eles demonstrem estar perdendo importância. A atualização e substituição permanente dos bens dão ao consumidor a ilusão de garantir sua posição social e seu prestígio. Acompanhar a moda é também, por si só, um valor.

Novos-ricos, cópias, simulacros, imitações

Numa sociedade impessoal, arrivista e massificada, a importância do consumo se torna cada vez mais evidente, quer para aqueles que almejam um "lugar ao sol", quer para os que procuram referências seguras para se orientar em relação aos outros. No entanto, à medida que a sociedade se torna mais complexa, as referências ficam mais dúbias e inconsistentes. E, no campo do consumo, da posse de objetos e da exibição suntuária, os enganos são sempre possíveis. Desde o século XVII, a literatura e a dramaturgia estão cheias de narrativas que relatam os percalços dos burgueses emergentes, que se atrapalhavam ao tentar copiar a maneira de ser da aristocracia. Clássico desse gênero de comédia é *O burguês fidalgo*, de Molière, que, não por acaso, ainda faz sucesso e arranca boas risadas da plateia.

Esse burguês que, enriquecido, quer ser aceito pela aristocracia, é a imagem do cha-

---

[5] *Idem*, p. 39.

mado novo-rico — pessoa que ganhou dinheiro, nem sempre com trabalho duro, e que busca, na posse de objetos, demonstrar uma origem nobre que não possui. O que caracteriza o novo-rico é ter a posse de bens materiais, mas descuidar-se da polidez, da discrição, da contenção, valores defendidos nas classes mais abastadas da sociedade. Essa prática mostra como é difícil consumir — cada produto envolve um valor monetário, assim como um comportamento, uma atitude, uma ideia, uma aspiração. É a coerência entre todos esses fatores que constitui o estilo de vida, sobre o qual temos falado.

Por outro lado, pela importância que adquirem os objetos, a indústria se incumbe de oferecer às classes com menor poder aquisitivo sucedâneos produzidos com materiais inferiores, menos recursos e utilidades. Esses sucedâneos, à medida que são adquiridos, acabam por popularizar os objetos dos quais são cópias, fazendo com que eles percam ainda mais rapidamente o valor. Para muitos autores, esses artigos de pior qualidade são meras cópias imperfeitas dos originais, e sua posse apenas denuncia a origem proletária de seu dono. Outros autores, entretanto, veem nesse consumo de cópias uma reação das camadas mais pobres em relação aos bens a que não têm acesso. Pois, como sustenta Baudrillard, "[...] a moda, tal como a cultura de massas, fala a todos para melhor colocar cada um em seu lugar. É uma das instituições que melhor restitui e funda, sob a aparência de as abolir, a desigualdade cultural e a discriminação social".[6] Mas as cópias, ainda que imperfeitas, também têm seu valor e demonstram as aspirações de seus consumidores, bem como o conhecimento que têm a respeito desses objetos. Por isso surgiu na atualidade a fabricação em série de produtos falsos que em tudo se parecem com os originais que querem imitar. Trata-se da pirataria, amplamente combatida pela indústria de bens de luxo, que se vê ameaçada por essa prática considerada ilegal.

Mas é inegável que mesmo essa forma de transgressão reafirma o poder simbólico dos objetos e o desejo que ele suscita, pois tudo, "até a produção artística, intelectual, científica, até a inovação e a transgressão, tudo é aí imediatamente produzido como signo e como valor de troca (valor racional de signo)".[7]

Singularidades

Distinguir-se como indivíduo, como pessoa, como personalidade é um dos objetivos da moda e do imaginário que ela desencadeia e mobiliza. Esse movimento e esse anseio são tão fortes que é possível distingui-los, não só entre os consumidores, como também entre os objetos consumidos. A ideia de que uma coisa, um produto ou uma mercadoria são únicos surge em diversos momentos do consumo. Em muitos casos, é o próprio uso que transforma um objeto em uma exclusividade — o sapato velho que adquiriu o formato do pé, a caneta gasta conforme a letra do dono, a roupa que usamos quando crianças, uma peça que guarda o perfume de um acontecimento especial. Esses objetos singularizados distinguem-se como relíquias exclusivas de uma história de vida.

Outras vezes, a singularidade vem de um detalhe de valor simbólico ou material, como um livro autografado, o objeto que pertenceu a uma pessoa importante ou o selo que falta em uma coleção. Testemunhas de momentos fugazes e raros, esses objetos assumem um valor especial e se in-

---

[6] *Idem*, p. 40.
[7] *Idem*, p. 90.

dividualizam. Esses objetos adquirem uma singularidade que parece ser independente de seu valor de mercado. Quando o valor afetivo ou simbólico é atribuído por uma única pessoa, como em relação a um brinquedo com o qual alguém tenha brincado na infância, esses produtos desligam-se dos sistemas de troca convencionais e dizemos que "não têm preço". Mas, é possível que o valor de um objeto singularizado seja social e coletivo, como a camisa usada por um jogador famoso numa disputa importante. Nesse caso, esse objeto circula por setores do mercado destinados a produtos diferenciados, como os leilões e feiras, por exemplo. Nesses setores, entretanto, os valores são altamente subjetivos, e estabelecer sua equivalência e valor de troca é um processo complexo, de inúmeras variáveis.

Igualmente difíceis de serem comercializados, em razão dessas variáveis de singularidade e valor subjetivo, são os objetos estéticos. As chamadas obras de arte têm um valor relativo, dependendo do gosto e da sua raridade. E, mesmo que haja um mercado específico para esse tipo de produto, o seu valor está mais sujeito a variações de caráter subjetivo.

A vida social das coisas

O estabelecimento da sociedade de consumo implicou a instituição da moda — esse processo de contínua substituição de produtos materiais e simbólicos, para atender a um circuito ininterrupto de satisfação do consumidor, pela oferta de bens que lhe garantam prestígio, sucesso e identidade pessoal. Esses bens, cada vez mais efêmeros, necessitam de substituição prematura, numa troca constante de valor sígnico. Essa alternância introduz um ritmo constante na vida social em permanente aceleração, em função do qual produção e consumo se direcionam para o futuro, para o que ainda está por se criar e se produzir. Assim, se instaura a moda do descartável, do efêmero, do previamente obsoleto.

A produção é planejada prevendo essa obsolescência e essa permanente substituição, a qual gera, por sua vez, uma constante insatisfação. Os produtos envelhecem e trocam de mãos, passando de uma classe social a outra. Dos ricos, as mercadorias passam às mãos dos mais pobres, e desses para outros ainda mais necessitados. Portanto, quer do ponto de vista simbólico, quer do ponto de vista material, a moda estabelece uma trajetória social em círculos descendentes. Mas, quando chegam às camadas mais pobres, os produtos perdem o *glamour* e se deslocam de sua função sígnica, expressando uma evidente deterioração.

Acompanhar esse circuito, bem como a trajetória dos objetos desde sua produção até seus diferentes usos, passando pelas diversas funções e valores que assumem, é uma nova proposta para a sociologia. Como afirma Arjun Appadurai, "somente pela análise destas trajetórias podemos interpretar as transações e os cálculos humanos que dão vida às coisas".[8] Essa é a vida social dos objetos e mercadorias, que expressam de forma cabal a organização da sociedade e as forças que a impulsionam. Fazer isso, entretanto, implica, necessariamente, reconstituir os circuitos da moda e os sistemas de trocas que ela estabelece.

---

[8] Arjun Appadurai, *A vida social das coisas* (Niterói: Eduff, 2008), p. 17.

4. Consumismo contemporâneo

Introdução

A organização da produção capitalista na primeira metade do século XX, combinando a produção em série, divisão social do trabalho, alta tecnologia, altos salários e expansão do consumo, fez o capitalismo conhecer um período de ouro, nem sequer empanado pela Segunda Guerra Mundial. Porém, nos anos 1960, esse desenvolvimento começou a se reduzir drasticamente, com sucessivas crises do petróleo e de superprodução. Como resposta, houve arrocho salarial e redução do emprego. Somou-se, a essa fonte de insatisfação, o desenvolvimento dos meios de comunicação de abrangência mundial e o surgimento de movimentos sociais contestatórios como o feminismo, o movimento estudantil e a mobilização dos negros contra o racismo nos Estados Unidos. Nesse cenário, a Guerra Fria começa a apresentar suas contas aos dois países em disputa — a Guerra nas Estrelas e a pesquisa atômica custavam caro aos cofres dos Estados Unidos e da União Soviética. Completando os motivos de tensão, com as conquistas obtidas pelos trabalhadores nas últimas décadas os partidos de esquerda se encontravam mobilizados, as reivindicações cresciam e as greves se sucediam.

Ao lado desse conturbado panorama, novas tecnologias começam a reorganizar a produção na indústria — é o início da era da informação e da comunicação por rede de computadores. Com o desenvolvimento de pesquisas realizadas em parceria entre empresas de telecomunicações, o Estado norte-americano e as universidades, novas formas de trabalho e produção começaram a ser adotadas. Inicialmente as transformações ocorreram nos Estados Unidos, mas logo se alastrariam pelo mundo, modificando radicalmente a produção. A nova ordem não era mais de produção em massa, mas de integração produtiva e flexibilização. Para enfrentar as crises de superprodução, ou de escassez de matéria-prima, a produção deveria se reorganizar para responder a demandas voláteis, instáveis e diferenciadas.[1]

O nome dado a essa nova administração produtiva, como vimos no capítulo 3, foi "toyotismo", mais uma vez um modelo inspirado em uma empresa de produção automotiva, mas agora sediada no Japão. Como veremos, além dessa modificação no modelo de organização produtiva, a sociedade, a partir da segunda metade do século XX, se caracteriza pela globalização da economia e da comunicação, modificando profundamente a vida social em todo o planeta. O consumo também foi abalado por todas essas circunstâncias, e podemos falar na existência de um consumismo contemporâneo, que veio substituir aquele da sociedade afluente. Vejamos como ele se desenvolve.

O "toyotismo"

Eiji Toyoda, depois de conhecer a indústria automobilística norte-americana, percebeu que o modelo lá implantado não poderia ser utilizado na reconstrução do

---

[1] Florência Ferrer, *A reestruturação capitalista*, cit.

Japão no pós-guerra — um país pequeno, sem matéria-prima abundante e com pequeno mercado interno. Assim, com Taichi Ohno, propôs um modelo revolucionário mais simples e flexível, que obteve grandes resultados — o toyotismo. Sua proposta baseava-se na redução de estoques, grande investimento em tecnologia e na automação da produção. Promovia, assim, a redução da especialização, do número de empregados e de produtos previamente produzidos. Passava a existir uma produção flexível, ou seja, organizada em função da disponibilidade de matéria-prima e da demanda.

A empresa passava a ser gerida como um conjunto de oficinas integradas e gerenciadas por sistemas de informação, cada uma delas responsável por um determinado tipo de serviço. Projeto, coordenação e fabricação estão interligados; e os trabalhadores têm consciência dessa integração. O resultado é a demanda por trabalhadores mais qualificados e de habilidades mais gerenciais, que recebem por produtividade.

Além dessas características, os processos foram racionalizados, as empresas se especializaram naquilo que era seu negócio, terceirizando as atividades subsidiárias e de apoio. Por outro lado, a comunicação por redes mundiais de computadores permitiu globalizar a produção, com unidades internacionais atuando em conjunto e de forma sistêmica. A adaptação das empresas a esse novo modelo foi chamada de "reengenharia" e promoveu mudanças substanciais na economia e na sociedade como um todo.

O sistema implantado na Toyota japonesa em 1948 foi sendo aperfeiçoado por duas décadas e acabou por ser utilizado nas empresas japonesas existentes nos Estados Unidos, de onde se espalhou pelo mundo. Implica um relacionamento estreito e cooperativo entre grandes empresas e subsidiárias, entre fornecedores de matéria-prima e produtores, entre sedes e filiais, assim como entre gerentes e funcionários. As características desse processo visam a melhor qualidade dos produtos, maior dinamismo no processo produtivo e no escoamento dos produtos, menos burocracia e aperfeiçoamento tecnológico.

O período que se seguiu a essa radical mudança na economia foi chamado de pós-modernidade, por ter alterado profundamente os valores e as relações sociais existentes. O consumo foi uma das instâncias influenciadas pelo novo cenário mundial, a começar pela organização de grandes conglomerados da moda, que estenderam seus tentáculos pelo planeta. Neste capítulo, vamos tratar desse consumismo pós-moderno e globalizado.

Produção por demanda

Uma das modificações mais drásticas introduzidas pela adoção do toyotismo foi a substituição da produção em série e em massa por uma produção flexível e de baixos estoques, o que implica a fragmentação do processo produtivo em etapas, permitindo a adaptação do produto aos anseios pessoais do consumidor. Assim, em vez de milhares de produtos absolutamente idênticos, procura-se, hoje, produzir mercadorias com características individualizadas. Em vez dos carros idênticos que saíam das esteiras da Ford, os processos produtivos fragmentados (ou em etapas) podem ceder às exigências do comprador — o produto só é terminado após escolha e decisão do consumidor.

Assim, contra a massificação que caracterizou a primeira metade do século XX, a industrialização, na atualidade, produz mercadorias que podem se adaptar ao gosto, às necessidades e aos desejos individuais. Diferentes cores, tamanhos, formas, composições dos produtos permitem ao comprador ter maior sensação de liberdade e de afirmação de sua personalidade. Essa nova forma de organização produtiva foi possível graças à informatização da indústria.

Como aponta Manuel Castells, "as novas tecnologias permitem a transformação das linhas de montagem típicas da grande empresa em unidades de produção de fácil programação, que podem atender às variações de mercado (flexibilidade do produto) e das transformações tecnológicas".[2] Essa flexibilidade resultou não só da fragmentação do processo produtivo das grandes indústrias como das terceirizações, subcontratações e parcerias estabelecidas com pequenas e médias empresas, estas sempre mais adaptáveis às mudanças. Esse novo modelo fez com que a produção industrial substituísse a tradicional verticalização por uma estrutura horizontal, integrando diversas unidades.

Também chamado de capitalismo pós-industrial, esse tipo de organização produtiva abandonou a visão massiva dos consumidores, substituída pelo reconhecimento da existência de segmentos de comportamento consumista diferenciado e divergente. Atender a essas tendências díspares passou a ser a preocupação dos produtores. Aplicado esse objetivo à produção e ao consumo, o resultado foi o pluralismo de propostas, tendências, mensagens e usos.

Outra consequência dessa reorganização produtiva foi a importância crescente da marca. À medida que as empresas gerenciam processos complexos envolvendo uma sede, inúmeras filiais e subsidiárias que fornecem matéria-prima produzem, distribuem os produtos, financiam a produção e aplicam o capital da *holding*; o que possibilita reunir esse processo fragmentado é a marca. É nela que a empresa-sede investe para garantir sua soberania sobre o processo como um todo, contra a concorrência e sobre o consumidor. Tudo é permitido nessa luta, desde transformar as roupas usadas pelos compradores em *outdoors* ambulantes da empresa. Associar-se às celebridades que circulam pela mídia, transformar-se em notícia, ser assunto dos *chats* na internet são outras iniciativas que têm dado resultado. Na atualidade, a moda não reverencia mais o soberano que ocupa o poder, mas a própria empresa que a produz.

Globalização e desterritorialização do consumo

Entre as novas tendências do consumo na sociedade pós-industrial está a globalização da economia e da produção. Os grandes conglomerados estendem suas redes de filiais pelos cinco continentes, abrindo fábricas em diferentes países, onde instalam setores estratégicos de sua produção e estabelecem sociedades com empresas locais. Assim, podem diminuir os gastos com matérias-primas e transporte, empregar mão de obra mais barata e obter maiores lucros. São produtos, serviços e processos produtivos que se instalam e que, por sua vez, sofrem influências locais — o resultado dessa produção internacionalizada é uma intensa homogeneização da cultura mundial.

Mas se, por um lado, os mesmos produtos passam a fazer parte do cotidiano das mais diferentes nações, por outro, o consumidor se vê diante de uma oferta bastante diversificada de modismos, hábitos e costumes. Uma sociedade de grandes migrações, com turismo crescente e estimulante mobilidade, gera um pluralismo que estimula o desejo e a criatividade. Estabelece-se no mundo o consumo sem fronteiras. Hoje, é possível encontrar comida japonesa ou chinesa em todas as grandes cidades mundiais,

---

[2] Manuel Castells, *A sociedade em rede*, cit., p. 176.

em restaurantes abertos ao lado de redes de hambúrgueres industrializados.

Muitos autores temem que essa mundialização do consumo implique a homogeneização das culturas e a perda das especificidades existentes entre nações e etnias. Outros, entretanto, e entre eles Néstor García Canclini, percebem na adoção dessa cultura globalizada um processo intenso de acomodação da produção material e simbólica aos padrões locais. Diz ele:

> Como observei em povos indígenas do México, a introdução de objetos exteriores modernos é aceita desde que possam ser assimilados pela lógica comunitária. O crescimento da renda, a expansão e variedade das ofertas de mercado, assim como a capacidade técnica para se apropriarem dos novos bens e mensagens, graças ao acesso a níveis de educação mais elevados, não bastam para fazer com que os membros de um grupo se atirem sobre as novidades. O desejo de possuir "o novo" não atua como algo irracional ou independente da cultura coletiva a que se pertence.[3]

Por outro lado, a fragmentação da produção faz com que os produtos possam ser fabricados em partes, cada uma delas em um país diferente, numa nova e acentuada divisão internacional do trabalho. Dessa forma, os produtos também acabam por ter origem diversa, híbrida e miscigenada. Muitos objetos típicos do Ocidente, como as calças jeans e os tênis, são fabricados no Oriente, onde os salários são mais baixos. Isso sem falar nos produtos culturais que circulam pelo mundo de forma quase instantânea, por intermédio dos meios de comunicação — misturam-se ritmos, idiomas e funcionalidades. Diz Canclini:

> Vivemos um tempo de fraturas e heterogeneidade, de segmentações dentro de cada nação e de comunicações fluidas com as ordens transnacionais da informação, da moda, do saber. Em meio a esta heterogeneidade encontramos códigos que nos unificam, ou ao menos que nos permitem que nos entendamos. Mas esses códigos compartilhados são cada vez menos os da etnia, da classe ou da nação em que nascemos.[4]

Ócio, lazer e entretenimento

Desde a monarquia, o consumo sempre esteve relacionado ao ócio, quando os aristocratas que viviam à custa do Império procuravam adotar um estilo de vida que expressasse justamente seus privilégios, e isso incluía também o número de servos que realizavam as atividades braçais e cotidianas. Por isso a moda prescrevia saltos altos, cabeleiras empoadas, golas monumentais, chapéus com mais de um metro de altura e rituais que dispendiam tempo e serviço alheio. Assim, o luxo sempre representou, secundariamente, acréscimo na demanda por produtos e serviços, trazendo lucro e riqueza para quem trabalha e para quem negocia os bens de luxo. Ortiz comprova isso, quando diz:

> Em 1893, do total de 3,5 milhões de francos de exportação francesa um terço é composto por bens de luxo — tecidos de seda, rendas, bi-

---

[3] Néstor García Canclini, *Consumidores e cidadãos* (Rio de Janeiro: UFRJ, 1997), p. 60.
[4] *Idem*, p. 62.

belôs, modas, flores artificiais, vidros, cristais, joias, relógios etc. Gaston Worth estima em 1 bilhão de francos a produção anual da confecção e da costura em 1893, empreendimento que mobiliza cerca de 700 mil operários.[5]

O luxo e o ócio, entretanto, eram repudiados pelos burgueses, homens de negócio que lutavam por manter suas atividades produtivas e seu lucro. Como tão bem descreve e analisa Max Weber, em *A ética protestante e o espírito do capitalismo*, o ascetismo puritano oriundo da Reforma Protestante representava uma nova ética que repudiava o fausto, o fútil, bem como a dependência dos ricos em relação ao Estado. Uma oposição parece ter se estabelecido na sociedade burguesa, desde então, entre o trabalho, que faz o trabalhador merecedor da graça divina e de sua fortuna, e o luxo, o ócio e o consumo.

No século XIX e início do século XX, entretanto, a organização do movimento operário e o desenvolvimento de novas máquinas e fontes de energia acabaram por reduzir o tempo de trabalho e garantir direitos trabalhistas, como o descanso remunerado e as férias. Os trabalhadores conseguiram, assim, intervalos, também chamados de tempo livre, nos quais não trabalhavam, mas consumiam. Assim foi inventado o lazer, como o conhecemos na modernidade, quando trabalhadores podem consumir, viajar, divertir-se e gastar com atividades não ligadas à sua manutenção e sobrevivência. Esse dispêndio estabelecia uma mediação na clássica oposição entre trabalho e luxo, produção e ócio — as elites restringiram a exibição de seu luxo, e os trabalhadores conseguiram aumentar seu poder aquisitivo e o direito ao lazer.

Hoje, com o toyotismo e as adaptações aos novos processos produtivos, o número de trabalhadores formalmente envolvidos na produção material e simbólica é cada vez menor, com um crescente desemprego estrutural. Mas a produção de bens nunca foi tão grande. Quem irá consumi-los? Acirra-se, novamente, a oposição entre consumo e trabalho, numa sociedade baseada principalmente no trabalho autônomo e informal, em que o próprio trabalhador tem que custear suas férias e seu lazer. Daí falar-se em sociedade do ócio ou do "des-trabalho" — menos empregados serão vinculados ao trabalho produtivo e mais pessoas terão por incumbência o consumo. Em função disso, defende-se a redução das jornadas de trabalho industrial, o emprego temporário e o empreendedorismo, que nada mais é do que trabalho autônomo ou "por conta própria". De outro lado, o mercado oferece cada vez mais alternativas para o lazer, o descanso, o turismo e o ócio.

A oposição entre trabalho e consumo continua mal resolvida, e estudam-se as diferentes alternativas para fazer da vida dos desempregados, ou informalmente empregados, uma trajetória digna, que em nada se assemelha à dos aristocratas europeus. Voluntariado, atividades filantrópicas, esportes e ocupações sociais são algumas das alternativas apresentadas. Enquanto essas possibilidades se desenvolvem na sociedade contemporânea, o mercado do lazer, ligado ao turismo, ao divertimento e ao entretenimento, aparece também como saída para profissionais de diversas áreas, que sobrevivem numa sociedade chamada por alguns como do "des-trabalho".

Nesse cenário de escassez de trabalho e emprego, que obriga as pessoas e suas famílias a diversos expedientes para sua manutenção e reprodução, temos que lembrar

---

[5] Renato Ortiz, *Cultura e modernidade*, cit., p. 137.

que a informatização financeira e a globalização abriram espaço para uma série de atividades lucrativas que nada têm a ver com o conceito tradicional de trabalho. Especulação financeira, venda de informações, intermediação de negócios, financiamentos em rede de processos produtivos, fazem nascer fortunas do dia para a noite, desestimulando as atividades produtivas baseadas no trabalho humano. É o valor trabalho que é desacreditado e substituído pelo valor moeda.

Por outro lado, é inegável que pelos processos informacionais e com a ajuda da comunicação em rede, juntando-se o trabalho formal e informal, os empregos temporários, os serviços domésticos e autônomos, os "bicos" e até atividades consideradas ilegais, em nenhuma outra época se trabalhou tanto. Por isso, apesar do desemprego estrutural que vivenciamos, o consumo tem se expandido, assim como a obsolescência das mercadorias, que nos faz permanentemente insatisfeitos com aquilo que possuímos.

Efemeridade, informalidade, informação

O mundo pós-industrial, ou pós-moderno, abalou as estruturas sociais da modernidade, modificando valores, comportamentos, hábitos e instituições. Vivemos um momento de grandes transformações, em que antigas tendências se apresentam em declínio e as novas ainda se anunciam. Uma delas é a aceleração no processo de envelhecimento e obsolescência das mercadorias e a consequente necessidade de sua atualização e substituição.

A durabilidade era um valor que distinguia os produtos e pesava em seu valor de troca. Hoje, entretanto, nessa sociedade globalizada e consumista, os produtos são feitos para ter pequena duração. A efemeridade, a obsolescência, a fugacidade passaram a ser valores, na medida em que estimulam a reposição e a produção. Essa efemeridade faz parte da moda e atribui valor às coisas, como antes ocorria com os bens duráveis.

Em compensação, o lixo, formado por produtos fora de moda, obsoletos e já inúteis, transformados em sucata que resulta da sua efemeridade, se amontoa na sociedade contemporânea. A reciclagem se tornou uma atividade produtiva das mais importantes, empregando pessoas e gerando renda.

O consumismo representa uma cultura que valoriza o supérfluo, assim como a efemeridade e a obsolescência das mercadorias. Figurinos de papel são símbolos dessa tendência.

No outro extremo dessa tendência ao sucateamento da produção, ao desperdício de materiais, à obsolescência dos bens não duráveis, está a volatilidade e imaterialidade do produto mais valorizado da atualidade — a informação. Na sociedade pós-industrial, em que o ritmo da indústria e da ciência se intensificou, a informação, o conhecimento, o saber, a educação, a experiência são os bens mais valorizados, custosos e dispendiosos. Por outro lado, são bens invisíveis e voláteis, que vêm promovendo uma oculta e definitiva divisão social entre pessoas, produtos, empresas, nações. Em busca de informação estão as indústrias, os trabalhadores, os Estados, os consumidores — esse valor impalpável e imaterial que rege todas as ações importantes do mundo.

Consumo sustentável

O desenvolvimento do capitalismo pós-industrial em sua fase de plena globalização, assim como o desenvolvimento da ciência e da tecnologia, levaram à percepção dramática de um consumo que tem aumentado vertiginosamente e com crescente rapidez — o consumo dos recursos ambientais do planeta. A diminuição da camada de ozônio e o aquecimento global, decorrente do efeito estufa, pela emissão crescente de gases provenientes da indústria e dos veículos; a devastação das florestas, a poluição de rios e mares têm resultado em previsões catastróficas dos ambientalistas. Movimentos sociais procuram refrear esse processo, assim como agências internacionais e congressos mundiais buscam reunir governos e comprometê-los com políticas preservacionistas. O alerta é geral, pois o ambiente global parece ser o único bem que não tem sucedâneo, ao menos por enquanto.

Entre esses movimentos, há o "consumo sustentável", palavra que veio do conceito de desenvolvimento sustentável, criado pela ONU para definir o desenvolvimento econômico e industrial que não compromete o futuro e não esgota os recursos naturais e humanos disponíveis. O consumo sustentável defende a ideia de que pessoas, empresas e governos devem ser responsabilizados pelo consumo que promovem dos bens ambientais coletivos e globais. Economia e parcimônia nos hábitos cotidianos, reciclagem de produtos, uso adequado de fontes de energia, restrição aos supérfluos, destinação adequada do lixo são algumas das bandeiras erguidas pelos ambientalistas em favor do consumo sustentável.

Podemos dizer que começa a surgir uma nova ética na sociedade contemporânea que estimula a não colecionar bens, a não desperdiçar produtos, a não ter mais do que se pode usar, mas a preservar, racionalizar, repartir, reciclar. Podemos dizer, também, que há um alerta geral para aquilo que Karl Marx definia como consumo produtivo, ou seja, o consumo de bens provocado pela própria produção. A expansão da produção não deve, de forma nenhuma, esgotar o planeta e as condições gerais em que viverão as próximas gerações. Os consumidores, por sua vez, devem ser também previdentes e econômicos.

Consumo consciente e direito do consumidor

Diante das transformações radicais que estamos vivendo, especialmente no que diz respeito ao consumo, além da consciência política expressa nos movimentos ambientalistas há, ainda, uma outra tendência, que é a consciência que o consumidor vem adquirindo de sua importância e de como a indústria age de forma muitas vezes irresponsável em busca de mais compradores e maiores lucros. Ele se conscientiza de como a publicidade tenta seduzi-lo e convencê-lo, induzindo-o a uma possível compra ineficaz, ou ao uso inadequado de um produto.

Em consequência disso, surgem movimentos de alerta e em defesa do consumidor, em alguns países como uma forma de política pública e dever do Estado.

Sobre o poder das mensagens publicitárias sobre o consumidor, diz Ladislau Dowbor:

> Os custos de cada mensagem são elevadíssimos. E as empresas desembolsam essa fortuna simplesmente porque a mensagem funciona, ainda que as mesmas empresas dediquem um tempo crescente da mídia para nos explicar que na realidade não funciona, que a opção é nossa. "Sua majestade o cliente", proclama uma bela página de publicidade.[6]

Mas, à medida que adquirimos consciência do poder manipulador da publicidade e de que somos também consumidores de propaganda, começa uma mobilização para exigir transparência e coerência nas mensagens e responsabilidade em relação ao que provocam. A adoção de medidas reguladoras da publicidade, como as imagens aterrorizadoras alertando sobre os males do tabagismo, impressas nos maços de cigarro, comprova que se tomam iniciativas legais em favor do consumidor.

Há setores da administração pública, órgãos reguladores do mercado internacional, serviços públicos e privados, área das Ciências Jurídicas que se dedicam à defesa do consumidor. Por isso é cada vez mais importante que o consumo se torne uma reflexão e um assunto de debate, antes de ser o império das ilusões sobre a busca fácil da felicidade.

---

[6] Ladislau Dowbor, "Economia da comunicação", em *Revista USP*, n° 55, set.-nov. 2002, p. 18.